四川历史名人丛书
传 记 系 列

苏轼传

潘殊闲　张志烈 - 著

天地出版社｜TIANDI PRESS

"四川历史名人丛书"编委会名单

主　任：何志勇

副主任：李　强　王华光

委　员：谭继和　何一民　段　渝　高大伦　霍　巍
　　　　　张志烈　祁和晖　林　建　黄立新　常　青
　　　　　杨　政　马晓峰　侯安国　刘周远　张庆宁
　　　　　李　云　蒋咏宁　张纪亮

"四川历史名人丛书"总序

——传承巴蜀文脉,让历史名人"活"起来

文化是民族的血脉,是哺育民族成长壮大的乳汁,是一个国家、一个民族的灵魂,文化兴国运兴,文化强民族强。从十八大到十九大,习近平总书记以政治家的战略眼光,以唯物主义的科学态度,从中华文化的思想内涵、道德精髓、现代价值和传承理念等方面多维度、系统化地阐述了对待中华文化的根本态度和思想观点。他将中华优秀传统文化提升到"中华民族的基因""民族文化血脉""中华民族的根和魂"和"中华民族的精神命脉"的崭新高度,指出"一个国家、一个民族不能没有灵魂","优秀传统文化是一个国家、一个民族传承和发展的根本,如果丢掉了,就割断了精神命脉",要"加强对中华优秀传统文化的挖掘和阐发",从传统文化中提取民族复兴的"精神之钙","对历史文化特别是先人传承下来的道德规范,要坚持古为今用、以古鉴今,坚持有鉴别的对待、有扬弃的继承",努力实现传统文化的"创造性转化、创新性发展"。总书记的一系列著名论断,从中华民族最深沉精神追求的深度、国家战略资源的高度、推动中华民族现代化进程的角度,把中华文化的发展提

升到一个新高度,升华到一个新境界,推向了一个新阶段。

　　中华文化源远流长,积淀着中华民族最深沉的精神追求,是中华民族独特的精神标识,为中华民族生生不息、发展壮大提供了丰厚滋养。沧海桑田,古印度、古埃及、古巴比伦文明早已成为阳光下无言的石柱,而中华文明至今仍然喷涌着蓬勃的生机。四川作为中华文明的重要发源地之一,历史文化源通流畅、悠久深厚。旧石器时代,巴蜀大地便有了巫山人和资阳人的活动。新石器时代,巴蜀创造了独特的灰陶文化、玉器文化和青铜文明。以宝墩文化为代表的古城遗址,昭示着城市文明的诞生;三星堆和金沙遗址,展示了古蜀文明的不同凡响;秦并巴蜀,开启了与中原文化的融通。汉文翁守蜀,兴学成都,蜀地人才济济,文章之风大盛。此后,四川具有影响力的文人学者,代不乏人。文学方面,汉司马相如、王褒、扬雄,唐陈子昂、李白,宋苏洵、苏轼、苏辙,元虞集,明杨慎,清李调元、张问陶,近现代巴金、郭沫若等,堪称巨擘;史学方面,晋陈寿、常璩,宋范祖禹、张唐英、李焘、李心传、王称、李攸等,名史俱传。此外,经过一代代巴蜀人的筚路蓝缕、薪火相传,还创造了道教文化、三国文化、武术文化、川酒文化、川菜文化、川剧文化、蜀锦文化、藏羌彝民族风情文化等,都玄妙神奇、浩博精深。瑰丽多姿的巴蜀文化,是中华文化的重要组成部分,有着鲜明的地域特征和独特的文化品格,是四川人的根脉,是推动四川文化走向辉煌未来的重要基础。记得来路,不忘初心,我们要以"为往圣继绝学"的使命担当,担负起传承历史的使命和继往开来的重任,大力推动巴蜀文化的传承、接续与转生,让巴蜀文化的优秀基因代代相传,"子子孙孙无穷匮也"。

四川历史文化异彩独放,民族文化绚丽多姿,红色文化影响深广,历史名人灿若星辰,这是四川建设文化强省重要的文化资源。中共四川省委、四川省人民政府秉持高度的文化自觉和文化自信,借助四川文化资源富集的优势,持续深入推进文化强省建设,先后出台《四川省"十三五"文化发展规划》《关于传承发展中华优秀传统文化的实施意见》《建设文化强省中长期规划纲要》等一系列战略规划及措施,大力推进古蜀文明保护传承、三国蜀汉文化研究传承、四川历史名人传承创新、藏羌彝文化保护发展等十七项优秀传统文化传承发展工程,着力构建研究阐发、保护传承、国民教育、宣传普及、创新发展、交流合作等协同推进的文化发展传承体系,不断探索传承守护中华文脉的四川路径。

"四川历史名人文化传承创新工程"是四川启动最早、影响最广的一项文化工程。自2016年10月提出方案,经过八个多月的论证调研、市(州)申报、专家评审,最终确定大禹、李冰、落下闳、扬雄、诸葛亮、武则天、李白、杜甫、苏轼、杨慎为首批十位四川历史名人。这十位历史名人,来自政治、文化、科技、艺术等多个领域,他们是四川历史上名人巨匠的首批杰出代表,各自在自己专业领域造诣很高,贡献杰出:李冰兴建都江堰,功在千秋;落下闳创制《太初历》,名垂宇宙。李白诗无敌,东坡才难双。诸葛相蜀安西南，杜甫留诗注千家。大禹开启中华文明，则天续唱贞观长歌。扬雄著述称百科全书，千古景仰；升庵文采光辉耀南国，万世流芳。

十大名人之所以值得传颂，不仅在于他们具有雄才大略、功勋卓著、地位崇高、声名显赫，更在于他们身上所承载的思想理念、人文精神、气质风范、文化品格等，是中华民族和巴蜀文化的集中表达。大禹公而忘私、为民造福的奉献精神，李冰尊崇自然、求真务实的科学态度，落下闳潜心研究、孜孜不倦的探求意志，扬雄悉心著述、明辨笃行的学术追求，诸葛亮宁静淡泊、廉洁奉公的自律品格，武则天巾帼不让须眉的豪迈气概，李白"直挂云帆济沧海"的博大胸怀，杜甫心系苍生、直陈时弊的忧患意识，苏轼宠辱不惊、澄明旷达的坦荡胸襟，杨慎公忠体国、坚守正义的爱国情怀，都是中华民族优秀文化的浓缩和凝聚，是四川人民独特气质风范的体现，是社会主义核心价值观的本源和本质，是四川发展的宝贵资源和突出优势。

历史名人要有现实意义才能活在当下。今天我们宣传历史名人，不能停留在斯土有斯人的空洞炫耀，而要用历史的、发展的、辩证的思维去深入挖掘、扬弃传承、转化创新，不断赋予时代内涵，不断呈现当代表达，让历史名人及其文化"站起来""活起来""动起来""响起来""火起来"，真正走出历史、走出书斋、走进社会、走向世界、走向未来。"四川历史名人文化传承创新工程"实施三年多来，全社会认知、传承、传播历史名人文化的热潮蓬勃兴起，成效显著：十大名人研究中心全面建立，一批中长期规划先后出台，一批优秀成果陆续推出；十大名人故居、博物馆、纪念馆加快保护修复，展陈质量迅速提升；十大名人宣传片全部上线，主题突出，画面精美；名人大讲堂、东坡艺术节、人日游草堂、都江堰放水节、广元女儿节等品牌文化活动多地开花，万紫千红；以名人为元素打造的储蓄罐、笔记本、手机壳、冰箱贴等文创产品源源上市，深受民众喜爱；话剧《苏东坡》《扬雄》，川剧《诗酒太白》《落下闳》，歌剧《李冰父子》，曲艺《升庵吟》，音乐剧《武侯》，交响乐《少陵草堂》等一大批舞台艺术作品好戏连台，深入人心……

"四川历史名人丛书"的编纂出版，是实施振兴四川出版战略、实现文化强省目标的重要举措，其目的是深入挖掘提炼历史名人的思想精髓和道德精华，凝练时代所需的精神价值，增强川人的历史记忆、文化记忆，延续中华文化的巴蜀脉络，推动中华文化传承创新，彰显巴蜀文化的生命力和影响力。

"四川历史名人丛书"的编纂出版，始终坚持正确的政治方向、出版导向、价值取向，深入挖掘名人的精神品质、道德风范，正面阐释名人著述的核心思想，借以增强川人的文化自信，激发川人了解家乡、热爱家乡、建设家乡的澎湃力量；始终坚守中华文化立场，着力传承中华文化的经典元素和优秀因子，促进人民在理想信念、价值理念、道德观念上团结一致；始终秉承辩证唯物主义和历史唯物主义观点，用客观、公正、多维的眼光去观察历史名人，还原全面、真实、立体的历史人物，塑造历史名人的优秀形象，展示四川文化的独特魅力，让历史名人文化为今天的社会发展提供精神动能。

"四川历史名人丛书"的编纂出版，注重在创新上下功夫，遵循出版规律，把握时代脉搏，用国际视野、百姓视角、现代意识、文化思维，将思想性、知识性、艺术性、可读性有机结合，找到与读者的共振点，打造有文化高度、历史厚度、现代热度的文化精品，经得起读者检验，经得起学者检验，经得起社会检验，经得起历史检验；注重在质量和水平上下功夫，立足原创、新创、精创，努力打造史实精准、思想精深、内容精彩、语言精妙、制作精美的文化精品，全面提升四川出版的知名度和美誉度，为建设文化强省、助推治蜀兴川再上新台阶提供思想引领、舆论推动、精神鼓励和文化支撑，为增强中华文化影响力贡献四川力量。

"四川历史名人丛书"编委会

2019年10月30日

第一章　自古文宗出西蜀

天府毓秀 _ 003

喜得贵子 _ 008

少年苏轼 _ 010

苏母赐教 _ 013

祖父余庆 _ 016

儿时之乐 _ 019

第二章　科场惊艳动京华

蜀中拜谒 _ 025

闯荡京城 _ 030

三苏成名 _ 036

苏母病逝 _ 040

迁居京城 _ 044

第三章　为民情怀铸华章

初仕凤翔 _ 049

悲喜两重 _ 058

京城斗法 _ 065

通判杭州 _ 075

北上密州 _ 087

南下徐州 _ 101

第四章　一蓑烟雨任平生

湖州惊雷 _ 113

狱中惊魂 _ 121

初贬黄州 _ 126

第五章　赤诚无畏守初心

北上登州 _ 151

入奉禁闼 _ 163

再莅杭州 _ 171

出入中外 _ 176

出知定州 _ 193

第六章　不辞长作岭南人

南迁岭南 _ 199

惠州安居 _ 202

惠州惠民 _ 206

痛失朝云 _ 212

再遭厄运 _ 214

第七章　海南万里真吾乡

漂洋过海 _ 219

桄榔庵主 _ 222

海南风光 _ 226

海南民风 _ 232

海南情结 _ 235

孝子小坡 _ 243

第八章　云散月明谁点缀

喜回大陆 _ 247

仙逝常州 _ 252

参考书目 _ 261

后记 _ 263

第一章 自古文宗出西蜀

在四川盆地西部，有一片富饶的沃土，这就是成都平原，它曾是古蜀国的核心地区。这里因为地势低洼，史前时期曾为沼泽，有赖大禹、开明、李冰、文翁等先圣接续治水和教化文明，从而彻底改变了这里的自然与文化生态，一跃而成为享誉天下的"天府之国"。

苏轼的家乡眉山地处天府之国境内，这里钟灵毓秀，孕育了包括苏轼在内的一大批文宗，故"自古文宗出西蜀"成为一道亮丽的风景。

苏轼生于斯，长于斯，这片美丽的故土和苏轼温暖的家庭，带给苏轼永远的乡土情结与人生印记。

天府毓秀

在中国西南腹地，有一个富饶美丽的成都平原，它是古蜀国的中心。在公元前316年之前，这里还是一个独立的王国——蜀国。公元前316年，秦国攻灭蜀国，蜀国融入中原，古蜀国随之成为历史。

就是这样一块偏于西南一隅的地方，历史上人杰地灵，人才辈出，特别是才华卓异、建树广博、影响深远的文宗大家，代有其人，故有"自古文宗出西蜀"之说。这片神奇神秘的盆地，尽管有蜀道的险阻，但正因为四围有"屏障"，所以成为一方"乐土"，对域外之人有相当的吸引力，于是，"自古诗人例到蜀"又成为另外一道风景。

"自古文宗出西蜀"与"自古诗人例到蜀"这两道风景，注定要将蜀地推向历史的灿烂舞台，因为这里与司马相如、扬雄、诸葛亮、李白、杜甫、苏轼、陆游、杨慎、张问陶、李调元等辉映历史星空的文化巨星紧密相连。

眉山位于成都平原的南端，与成都平原的中心成都相隔不远。成都平原的灵秀福佑眉山，眉山自然也成为钟灵毓秀之地。

但成都平原并非一开始就是这样的美丽宜人。从大量的文献和考古资料来看，史前时期的成都平原，因为与岷江上游的落差有上千米，从春季岷山雪水融化到夏秋雨季，成都平原往往就会变成一片汪洋，水退去之后，又变成沼泽。这也可从古蜀先民沿岷江上游河谷地带逐层下迁得到印证。成都平原成为膏腴之地的天府之国，得益于几位伟大的人物，一是大禹，一是古蜀开明帝，一是李冰父子。

大禹是中华民族古代的治水英雄，也是夏王朝的开国首领。他出生于西羌地区岷江河谷。大禹治水首先从家乡开始。之后古蜀王国的开明氏也以善于治水而闻名于世。《蜀王本纪》载："时玉山出水，若尧之洪水。望帝不能治，使鳖灵决玉山，民得安处。"玉山即玉垒山，鳖灵即开明氏。鳖灵所凿之玉山口在今四川金堂，又称鳖灵峡、金堂峡。《华阳国志》对此也有记载："会有水灾，其相开明，决玉垒山以除水害。帝遂委以政事，法尧舜禅授之义，遂禅位于开明。帝升西山隐焉。"由此记载可以看到，时为望帝之相的开明氏决玉山而消除了水患，使百姓得以"安处"。因此，望帝禅位于开明。《太平御览》所引《蜀王本纪》中，"民得安处"写为"民得陆处"。"陆处"相对于"安处"，更加形象生动，也从一个侧面反映了治水前后的差异。

而真正使成都平原成为宜居之福地的乃秦统一巴蜀之后的第三任蜀郡守李冰。他带领蜀郡人民在前人已有的基础上对川西水利及其他设施进行了大规模的综合治理，这既包括都江堰渠首工程，也包括全面整治了渠首下游的渠道水系，还制定和总结了一套长期维护、保养的科学方法。

李冰所主持的都江堰水利工程在防洪、灌溉、运输等方面发挥了巨大的作用。正因为有李冰的治水之功，昔日屡成泽国的成都平原变成了天府之国。常璩在《华阳国志》中曾由衷赞美道："于是蜀沃野千里，号为'陆海'。旱则引水浸润，雨则杜塞水门，故记曰：'水旱从人，不知饥馑，时无荒年，天下谓之"天府"也。'"成都平原与天府之国的关联，由此发生。

这一自然生态的改变，彻底奠定了天府之国的生产与生活的基础，后人每每赞叹不已。宋代诗人范成大在《吴船录》中曾这样描述他的亲眼所见："一路江水分流入诸渠，皆雷轰雪卷，美田弥望，所谓岷山之下沃野者正在此。""美田弥望"之语，可以给我们无限的遐想，特别是每年油菜花开的时节，黄的菜花与绿的小麦，点缀川西平原一望无际的"美田"，确实美不胜收！

当然，仅有成都平原自然生态的改善，还不足以让成都平原发展成为令世人仰慕的文化高地。成都平原真正成为人文荟萃之地，还需要文化生态的改善。西汉时，文翁担任蜀郡守，进一步改变了蜀地的自然与文化生态。《华阳国志》

载："孝文帝末年，以庐江文翁为蜀守，穿湔江口，溉灌郫繁田千七百顷。是时，世平道治，民物阜康；承秦之后，学校陵夷，俗好文刻。翁乃立学，选吏子弟就学。遣俊士张叔等十八人东诣博士，受七经，还以教授。学徒鳞萃，蜀学比于齐鲁。巴、汉亦立文学。孝景帝嘉之，令天下郡国皆立文学。因翁倡其教，蜀为之始也。"文翁不仅进一步治理蜀中水环境、水生态，而且更重要的是兴办郡学，选派优秀学生进京深造，回来之后教授蜀地学子，改善蜀地文化生态，使蜀中"学徒鳞萃，蜀学比于齐鲁"。这是历史文献中第一次出现"蜀学"二字，其包孕的深刻含义及其对后世绵延不绝的影响，尤值得大书特书。

的确，文翁的这一教育创新影响是非常大的，在他的带动下，不仅郡府有郡学，各州县也有州学县学，于是，一个以郡学为中心的学校体系在巴蜀地区形成。这种教育教化的结果，即从汉代开始，巴蜀地区人才辈出。仅以汉代为例，闻名全国的就有一代"赋圣"司马相如、辞赋大家王褒、著名哲学家严君平、"西道孔子"扬雄等。

这就是历史上著名的"文翁化蜀"。

从大禹、开明、李冰的治水到文翁的兴学助教，成都平原已卓然挺立为自然与人文并举的"天府之国"。

不可否认，天府之国得天独厚的自然条件，使生活在这一区域的人们享受着"水旱从人，不知饥馑"的悠闲幸福生活。川西平原沟渠纵横，良田肥美，翠竹掩户，处处是景。自然条件的优越，不仅使物产丰富，而且使这一地区的人们有较多的农闲时光。而较为充裕的物质生活基础，则熏陶出这一地区的人们崇礼重教、敦厚质朴、悠闲放旷、诙谐幽默的乡风民俗与性格情趣。

对于融入中原仅一百六十余年的偏于西南一隅的西蜀之地，能快速实现"学徒鳞萃，蜀学比于齐鲁"，确实是不容易的。这句话描述的历史事实，可以从数量与质量两个方面来解析。从数量上来说，蜀中学人众多，常璩用"鳞萃"比喻，即说蜀中学人的规模可以比肩齐鲁；从质量上来说，蜀中学人学术水平所达到的高度，可以与孔孟之乡的齐鲁媲美。这当然是了不起的成就，也是十分惊艳的。而这当中，"耕读传家"的社会氛围与教育的普及，则是发挥了至关重要的作用。

比如，地处成都平原南翼的眉山，得都江堰灌区的灵气，自古就有"古之形胜地"的美誉，"山秀水清，通衢平直"，为"江山秀气所聚"，自来人杰地灵，在人文教育方面尤得风气之先，"学者独盛，以诗书为业，以名节相尚"（祝穆《方舆胜览》）。

具体来说，眉山位于成都西南约八十公里处，介于岷山、峨眉山之间，有所谓"峨眉揖于前，象耳镇于后。山不高而秀，水不深而清"（李贤《明一统志》）之誉。岷江纵贯全境。眉山境内，岷江之边，在一片稻田、果园和菜园中涌起一座浅丘——蟆颐山，因状如蟆颐而得名。"吾家蜀江上，江水绿如蓝"（苏轼《东湖》）是苏轼对家乡的由衷赞美。

毋庸讳言，眉山为成都平原的一颗闪亮的明珠，这里山清水秀，富饶美丽，实乃风水宝地。大诗人陆游游览至此，不禁大发感叹："蜿蜒回顾山有情，平铺十里江无声。孕奇蓄秀当此地，郁然千载诗书城。"（陆游《眉州披风榭拜东坡先生遗像》）

可见，千古眉山渥岷江之丰润，撷峨眉之灵气，钟灵毓秀，物华天宝。古云"一方水土育一方人"，生长在这样的人间胜地，诞生人杰才俊，当是迟早的事。难道不是吗？眉山有山有水，有宽阔平畴的田野，有密如蛛网的沟渠，"水旱从人，不知饥馑"的膏腴之地滋养了眉山人的大气，峨眉的俊秀孕育了眉山人的灵气，北宋立国以来的"百年承平"带来了眉山经济社会的富庶繁盛，重教崇文的乡风民俗改变着这里的文化生态。

宋人赵与时在《宾退录》中曾这样写道："嘉眉多士之乡，凡一成之聚，必相与合力建夫子庙，春秋释奠，士子私讲礼焉，名之曰乡校。亦有养士者，谓之山学。眉州四县，凡十有三所。嘉定府五县，凡十有八所。他郡惟遂宁四所，普州二所，余未之闻。"由这段话可以看出，乐山、眉山这一带崇文重教的社会风气相当浓厚。这里所谓的"山学"，就是私学。官学与私学相互促进，推动眉山文化教育的兴隆发达。苏轼曾在《谢范舍人书》一文中描述过家乡读书的盛况，他说西蜀在仁宗时代"释耒耜而执笔砚者，十室而九"，又说"通义蜀之小州，而眉山又其一县，去岁举于礼部者，凡四五十人"。"释耒耜而执笔砚"，这是文化隆盛、读书至上的形象表述；而一年"举于礼部者，凡四五十人"，亦可以

四川眉山三苏祠南大门(刘清泉 拍摄)

看到眉山人读书仕进的高比例。置身在这样的社会氛围之中,人们不可能不受到濡染。所谓的"知书达理",所谓的"耕读传家",就是在这样的社会氛围中不断发酵、不断弘扬、不断升华的。

喜得贵子

一代文豪苏轼就诞生在这样一个具有知书达理、耕读传家良好社会风气的地方。

四川眉山三苏祠苏轼像（刘清泉 拍摄）

那是北宋景祐三年（1036）腊月十九日的卯时（早上五点到七点），在眉山城内纱縠行的一个宅院内，一名男婴呱呱坠地了——他便是苏轼。苏轼的到来，彻底给苏家一大惊喜。原来,在苏轼之前,尚有一男两女,可惜均先后夭亡了。苏家男主人苏洵心心念念,不得已,只好出入寺庙,寻求神的庇佑。仁宗天圣八年(1030)九月九日,苏洵曾来到成都玉局观求子。

> 洵尝于天圣庚午重九日至玉局观无碍子卦肆中见一画像,笔法清奇,乃云:"张仙也。有感必应。"因解玉环易之。洵尚无子嗣,每旦必露香以告,逮数年,既得轼,又得辙,性皆嗜书。乃知真人急于接物,而无碍子之言不妄矣。故识其本末,使异时祈嗣者于此加敬云。
>
> (苏洵《题张仙画像》)

喜得贵子,让苏洵情不自禁。该给孩子取什么名字呢?苏洵从《左传·庄公十年》所记曹刿"下视其辙,登轼而望之"中得到灵感。"轼"为车前横木,是登高望远之依托,这不就是为父的愿望吗?三年之后,苏洵再得一子,于是,这句话变成了苏洵寄望二子的依据。

> 轮辐盖轸,皆有职乎车,而轼,独若无所为者。虽然,去轼,则吾未见其为完车也。轼乎,吾惧汝之不外饰也。
> 天下之车莫不由辙,而言车之功者,辙不与焉。虽然,车仆马毙,而患亦不及辙,是辙者,善处乎祸福之间也。辙乎,吾知免矣。
>
> (苏洵《名二子说》)

从后来苏轼、苏辙两兄弟的人生际遇来看,父亲的这段告白,确乎其"神"哉!

少年苏轼

苏轼八岁入眉山天庆观北极院，跟随道士张易简学习三年，深得老师青睐。苏轼后来对自己的这段学习经历有这样的追述：

> 吾八岁入小学，以道士张易简为师。童子几百人，师独称吾与陈太初者。太初，眉山市井人子也。余稍长，学日益，遂第进士制策，而太初乃为郡小吏。其后余谪居黄州，有眉山道士陆惟忠自蜀来，云："太初已尸解矣。蜀人吴师道为汉州太守，太初往客焉。正岁旦，见师道求衣食钱物，且告别。持所得尽与市人贫者，反坐于戟门下，遂卒。师道使卒舁往野外焚之，卒骂曰：'何物道士，使吾正旦舁死人！'太初微笑开目曰：'不复烦汝。'步自戟门至金雁桥下，趺坐而逝。焚之，举城人见烟焰上眇眇焉有一陈道人也。"

（苏轼《东坡志林》卷二）

陈太初是苏轼的同学，当初都曾得到老师张易简的称道，后来各自走了不同的人生道路。尽管如此，苏轼对这位小学同学异样的人生故事还是特别关注，所以，当他贬谪黄州（今湖北黄冈）时，眉山道士陆惟忠来访，谈起陈太初的往事，他格外兴奋，最后在《东坡志林》中留下一笔。

在天庆观北极院，苏轼从京师来的士人那里知道了范仲淹、欧阳修。

之后，苏轼与弟弟苏辙还到眉山城西寿昌院跟随州学教授刘微之学习属对、声律，以应付未来的科举。刘微之是当时眉山有名的学者，曾赋《鹭鸶》诗，末云："渔人忽惊起，雪片逐风斜。"少年苏轼意气风发，认为该诗"断章无归宿"，觉得应该改为"雪片落蒹葭"。刘微之对眼前这位学生的才华感到十分惊奇，赞叹道："吾非若师也。"苏轼兄弟后来要赴京应制科考试，临别之时，老师刘微之赠诗云："惊人事业传三馆，动地文章震九州。老夫欲别无他祝，只愿双封万户侯。"（叶寘《爱日斋丛抄》卷四）从苏轼后来的造化看，老师的眼光不可谓不独到。所以，刘微之去世时，范镇曾作悼亡诗，中云："案前曾立二贤良。"此"二贤良"正是苏轼、苏辙兄弟。

苏洵的二哥、苏轼的二伯父苏涣于天圣二年（1024）进士乙科及第，这在当时是震惊眉山的特大喜讯，他不仅打破了苏氏三代不仕的局面，而且为乡里开辟出了由科举而仕宦的康庄大道，成为开风气之先的人物。自然，对苏洵也是极大的鼓励。在父亲的督促下，苏洵开始为应试而读书，学习句读、属对、声律这些当时科举考试的主要内容。但天性豪纵的苏洵难以为这些所束缚，自天圣五年（1027）参加进士考试以来，屡试不中，甚至有一段游荡不学的经历。但苏洵并非平庸之辈，他厌倦的是束缚人思想的科举时文，而对经世致用的文章情有独钟。在游历中，苏洵结识了不少士大夫，眼界大开，并了解到诗文革新运动的不少情况，进一步坚定了自己追寻圣贤之文的决心。

在自我深化的同时，苏洵又着力培养两个日渐长大的儿子。此时由于伯父苏涣为官，加之母亲程夫人治家有道，苏家经济条件逐渐好转。特别是经过苏序、苏涣、苏洵的积累，苏家的典籍渐次增多；最为难得的是，此时的苏洵正醉心于经史百家之书，他亲自辑校数千卷书，以之作为教材，并对儿子说："读是，内以治身，外以治人，足矣。"（苏辙《藏书室记》）

苏洵教育苏轼、苏辙，循循善诱，因材施教，不愧是二苏之启蒙良师。二苏从小能饱读经史百家，实依赖苏洵的垂范。苏辙后来曾这样感叹："惟我与兄，出处昔同。幼学无师，先君是从。游戏图书，寤寐其中。"（苏辙《再祭亡兄端明文》）

苏洵曾以颜太初（字醇之，号凫绎处士）的诗文创作为例教育苏轼、苏辙，指出颜太初的诗文,"皆有为而作,精悍确苦,言必中当世之过,凿凿乎如五谷必可以疗饥,断断乎如药石必可以伐病",苏洵将颜太初的十余篇诗文拿给儿子们观摩学习,并预言:"后数十年,天下无复为斯文者也。"(苏轼《凫绎先生诗集叙》)颜太初的这种文风显然对苏洵父子都产生了深远的影响,他们能联袂荣登唐宋八大家行列,与这种务实的文风是分不开的。苏轼后来曾回忆父亲的教导:"自少闻家君之论文,以为古之圣人有所不能自已而作者。故轼与弟辙为文至多,而未尝敢有作文之意。"(苏轼《南行前集叙》)这与刘勰所说的"诗人什篇,为情而造文;辞人赋颂,为文而造情"(刘勰《文心雕龙·情采》)是相通的。也就是有感而发(为情而造文)能打动人,无病呻吟(为文而造情)难以动人,因为"为情者要约而写真,为文者淫丽而烦滥"(刘勰《文心雕龙·情采》)。所以,苏轼的文章(包括诗歌)情真意切,拥有众多粉丝,这与他从小所受的教育是分不开的。

苏母赐教

在苏轼的成长过程中，母亲的教育也发挥了相当重要的作用。苏轼的母亲程夫人是大理寺丞程文应的女儿，出身于眉山名门望族，"其先武昌人，唐广明中讳琦者从僖宗入蜀，遂家于眉州"（晁公遡《程邛州墓志铭》），后来成为新兴的科宦之家。程夫人之祖父程仁霸，曾摄录事参军；程夫人之父程文应，为大理寺丞；程夫人之兄程浚，与苏涣同举进士；程夫人之侄程之才（字正辅）、程之元（字德孺）、程之邵（字懿叔），都仕宦有声。

程夫人从小受过很好的教育，是苏氏家族见诸记载的第一位知书达理的才女，"生而志节不群，好读书，通古今，知其治乱得失之故"（苏辙《坟院记》），在教育苏轼、苏辙两兄弟做人做事方面有非常成功的经验，对苏轼的成长有极大的帮助。有关这位母亲的教子方法，文献中有不少的记载。

因为苏洵长期在外游历，教育儿子、辅导儿子的重任就落在了程夫人身上。苏轼十岁那年，程夫人辅导苏轼读《后汉书·范滂传》。范滂，字孟博，汝南征羌（今河南漯河）人，东汉著名的清节之士。当时冀州大饥，盗贼四起，官吏却置百姓生死于不顾，巧取豪夺。朝廷派范滂去查处贪官。两年后，范滂因政绩卓著，被任命为光禄勋主事。汉灵帝建宁二年（169），宦官专权，大诛党人。作为清流派人物的范滂早已罢官在家。当时督邮吴导奉诏索拿范滂，来到汝南，竟伏床大哭。范滂知道吴导是为自己而来，遂投案。临行前，与老母诀别，希望母亲不要过分悲伤。范母坚强地安慰儿子："汝今得与李杜（指李膺、杜密，皆当时名士，亦同时被征身亡）齐名，死亦何恨。既有令名，复求寿考，可兼得乎？"范母如此胸襟，范滂如此从容，千载流芳。程夫人读到这里，慨叹再三。苏轼不解其中缘由，痴痴地问母亲："如果长大了我成为范滂那样的人，母亲您赞许吗？"母亲告诉苏轼："你能成为范滂，难道我就不可以成为范滂的母亲吗？"苏轼从小立志学习范滂之忠诚坦荡、大义凛然，母亲高兴地夸奖儿子："吾有子矣！"少年时代母亲所给予的这种名节教育，在苏轼的心中产生了深远的影响，这可以从苏轼一生"微官敢有济时心"（苏轼《和柳子玉过陈绝粮二首》之二）的伟大抱负和"不以一身祸福，易其忧国之心"（陆游《跋东坡帖》）的人生实践中看到母亲程夫人的教育之果。

苏家在程夫人的经营下，经济条件大为改善，在眉山纱縠行老宅添置了几亩地，建造了一处环境幽雅的五亩庭院，院子里种满了竹子、柏树以及各种花草，风景宜人，引得鸟雀频频光顾。程夫人要求家中小孩、仆人等不许猎杀雀鸟，雀鸟也就不避人群，将巢筑在很低的树枝上，幼鸟叽叽喳喳地叫个不停，人们俯下身子就能看得清清楚楚。这当中有一种名叫桐花凤的鸟，在梧桐树开花的时节，栖息于园中杂树间。桐花凤的羽毛红绿相间，分外漂亮。苏轼在诗中写道：

昔我先君子，仁孝行于家。家有五亩园，么凤集桐花。是时鸟与鹊，巢縠可俯拏。忆我与诸儿，饲食观群呀。里人惊瑞异，野老笑而嗟。云此方乳哺，甚畏鸢与蛇。手足之所及，二物不敢加。主人若可信，众鸟不我遐。

（苏轼《异鹊》）

这段往事，苏轼在《东坡志林》中有较为详细的记述：

吾昔少年时，所居书室，前有竹柏杂花，丛生满庭，众鸟巢其上。武阳君恶杀生，儿童婢仆，皆不得捕取鸟雀。数年间，皆巢于低枝，其縠可俯而窥也。又有桐花凤四五，日翔集其间。此鸟羽毛，至为珍异难见，而能驯扰，殊不畏人。闾里间见之，以为异事。此无他，不忮之诚，信于异类也。有野老言：鸟雀巢去人太远，则其子有蛇鼠狐狸鸱鸢之忧。人既不杀，则自近人者，欲免此害也。由是观之，异时乌鹊巢不敢近人者，以人为甚于蛇鼠之类也，苛政猛于虎，信哉！

"不忮之诚，信于异类"，道出了苏家的家风。这种万物平等、热爱众生、不杀生灵的家庭教育观念，对苏轼的人生也产生了深远的影响。

在苏轼的童年及青年时期，还有两件事对他产生了重要的影响。也是《东坡志林》所记：

> 昔吾先君夫人僦宅于眉之纱縠行。一日，二婢子熨帛，足陷于地。视之，深数尺，有大瓮覆以乌木板。先夫人急命以土塞之，瓮中有物，如人咳声，凡一年乃已。人以为此有宿藏物，欲出也。夫人之侄之问者闻之，欲发焉。会吾迁居，之问遂僦此宅，掘丈余，不见瓮所在。其后某官于岐下，所居大柳下，雪方丈不积；雪晴，地坟起数寸。某疑是古人藏丹药处，欲发之。亡妻崇德君曰："使吾先姑在，必不发也。"某愧而止。

这段故事有几分神异。前半段讲述的是苏轼眉山纱縠行老宅发生的事，后半段讲述的是苏轼在凤翔府为官时在其住处庭院中发生的事。但苏轼所记，当是亲身经历，不会杜撰。它的核心思想，是苏轼从小受母亲的教育，不贪恋钱财，尤其是来历不明、来历不正的钱财，这在后来的《赤壁赋》中表露得十分清楚："夫天地之间，物各有主。苟非吾之所有，虽一毫而莫取。"苏轼从小所受的财富观教育，成为他一生行为做事不可逾越的道德底线，所以，一生正气的苏轼才有"功废于贪，行成于廉"的经典概括。

为了培养苏轼兄弟吃苦耐劳的精神，程夫人于苏轼兄弟二人准备迎考时让他们"日享三白"：一撮盐、一碟生萝卜、一碗饭。这种历练，为兄弟二人日后经受贬谪生涯的考验奠定了基础。特别是到了岭南，自然条件的艰苦非常人所能忍受，若没有少年时期的磨炼，肯定难以适应。

祖父余庆

在苏轼的童年，还有一位亲人对他产生了影响，这就是他的祖父苏序。苏序生于开宝六年（973），殁于庆历七年（1047），苏轼与祖父一起生活了十年。所以，苏轼对祖父是有深刻印象的。

苏序虽然一生未仕，也没有读太多的书，但对孩子的教育却很有一套经验。在他的鼓励下，三个儿子都参加了科举。长子苏澹举文学进士，因学业未精，未中。又于景祐四年（1037）早亡，未有所成。二子苏涣于天圣二年（1024）进士乙科及第，三子苏洵虽"壮犹不知书"，但作为父亲，苏序并不强之，且"纵而不问"，如果有人问及，苏序则"笑而不答"，并对人说"是非忧其不学者也"。原来，作为父亲，苏序知道儿子苏洵性格豪纵，不愿受拘束，特别是不愿受声律、对仗等科举之学的约束；他知道自己的儿子不是一般的浑噩之辈，他有理想，有爆发力，一旦"醒悟"，下定决心，必能有所成。果然，后来苏洵二十七岁始奋发力学，尽管屡次考试未中，却最终成为文章大家。

苏序为人厚道，待人真诚，谦逊礼让。曾有荒年，苏序卖掉自己的田产以救济灾民。待到来年灾民丰收了，要还给他，他却坚辞不收，理由是本来就打算卖掉，并不是因为要帮助别人。由此，苏序成为远近闻名的"好人"，大家认为古代的所谓"隐君子"也赶不上他。

其实，苏序并不是一个"粗人"，他很有才华，颇有诗书情韵，"晚乃为诗，能白道，敏捷立成，凡数十年得数千篇，上自朝廷郡邑之事，下至乡闾子孙畎渔治生之意,皆见于诗",诗虽不工,但却是一个"表里洞达"的"豁然伟人"(苏洵《族谱后录下篇》)。这对后人产生了积极的影响。的确,苏序的豪迈性格及过人才气,为后代所传承,也被子孙所称扬。比如,在祖父去世多年之后,苏轼曾向学生们谈起祖父,说:"祖父名序,甚英伟,才气过人,虽不读书,而气量甚伟。"(李廌《师友谈记》)可以这样说,苏序修身行义,未显于国却显于乡党。他乘时得志,不在己身而在儿孙。宋人应俊在《琴堂谕俗编》中曾做过这样的述评:

余尝闻眉山苏仲先序,为人疏达,轻利好施,救人之急,孜孜若不及。及岁凶,卖田以赈其邻里乡党。至冬间丰熟,人将偿之,公辞不受,由是破散其祖业,迫于饥寒,然公未尝以为悔,而好施愈甚。遇人无疏密,一与之倾心焉。或欺而侮之,公亦不变色。人莫测其用心。后生子曰洵老泉先生,孙曰轼东坡先生,曰辙颍滨先生,皆显名天下,人以为善恤乡邻之报。

这样讲,似不无道理。事实上,因为苏序的"行善积德",自苏序后,眉山苏氏家族文星闪耀,轩冕相继,成为震古烁今的文化大家族,这其中的因由,不能不让人对这位苏氏家族的先辈、苏轼的祖辈油然生敬。

也正因为祖父、父亲和母亲的言传身教,苏轼从小耳濡目染,对读书与做人有了非常真切的感受与认知。家庭环境的熏陶让幼小的苏轼有了一种高度的认同感与幸福感。不妨来看苏轼自己的描述:

先君昔未仕,杜门皇祐初。道德无贫贱,风采照乡闾。何尝疏小人,小人自阔疏。出门无所诣,老史在郊墟。门前万竿竹,堂上四库书。

(苏轼《答任师中家汉公》)

"门前万竿竹,堂上四库书"的家庭,必定是知书达理的家庭,必定是"风采照乡闾"的家庭。苏轼对这种家庭的激赏,正是他自己志趣情怀的表达。一门三父子,一同跻身唐宋八大家的行列,正是对这种家训家风的最真实写照。

受祖辈父辈的影响，苏轼从小就酷爱读书，其中有一种读书之法甚为有效，且可以一举三得，那就是抄书。宋人何薳《春渚纪闻》曾引苏轼学生晁补之的话说："苏公（苏轼）少时，手抄经史，皆一通。每一书成，辄变一体，卒之学成而已。乃知笔下变化，皆自端楷中来，尔不端其本，而欺以求售，吾知书中孟嘉，自可默识也。"明人张丑在《真迹日录》中也说："苏长公（苏轼）手录《汉书》全部及《金刚经》。"这个功夫了得，一方面练习了书法，另一方面仔细阅读了经典，再者手抄一过，比纯粹眼睛阅读又多了一种记忆的过程，所以，学得很深。《春渚纪闻》又引苏轼的另一位学生秦观的话说："公（苏轼）尝言观书之乐，夜常以三鼓为率。虽大醉归，亦必披展至倦而寝。"如果说这些都是外人的转述，偶有误传失真的话，那么，苏轼的弟弟苏辙的记述，则应当是较为客观的了。苏辙曾在诗中回忆过往的学习经历：

我家亦多书，早岁尝窃叩。晨耕挂牛角，夜烛借邻牖。经年谢宾客，饥坐失昏昼。堆胸稍蟠屈，落笔逢左右。

（苏辙《张恕寺丞益斋》）

苏辙与苏轼一同长大，苏辙的学习经历，正是苏轼学习经历的映照。苏辙在《再祭亡兄端明文》中，对这种共同学习的经历有深情的描述："惟我与兄，出处昔同。幼学无师，先君是从。游戏图书，寤寐其中。"

由上面引述可以想象，手不释卷的阅读习惯加上日积月累的持之以恒，苏轼的学问就这样不断丰富，不断完善，不断成熟。"落笔逢左右"，恰是苏轼与弟弟苏辙的客观写照。

儿时之乐

少年时期的苏轼也有他的不少童真、童趣与童乐。我们今天通过苏轼或他人的文字，可以了解一些梗概。比如：

> 我昔在田间，但知羊与牛。川平牛背稳，如驾百斛舟。舟行无人岸自移，我卧读书牛不知。前有百尾羊，听我鞭声如鼓鼙。我鞭不妄发，视其后者而鞭之。泽中草木长，草长病牛羊。寻山跨坑谷，腾趠筋骨强。烟蓑雨笠长林下，老去而今空见画。世间马耳射东风，悔不长作多牛翁。
>
> （苏轼《书晁说之〈考牧图〉后》）

这是一幅很有趣的牧童生活画卷，而且蕴含珍贵的畜牧知识。虽然是针对晁说之《考牧图》有感而发的，但孩童时期的真实经历却分外真切动人。苏轼躺在牛背上，一边看书，一边牧羊。"泽中草木长，草长病牛羊"尤值得玩味。按人们的理解，水泽边，水草肥美，对牛羊来说当是好事，但苏轼却说"病牛羊"。道理何在？宋人王十朋在《东坡诗集注》中为我们揭开了谜底："次公先生尝言：有人见牧童驱羊于瘠地牧之，人谓曰：'彼泽地草美，何不就？'牧童曰：'美草则见食，羊何自而肥？瘠地之草，羊细咀其味，乃得肥也。'"原来，沼泽地的草，水分重，细嫩，羊爱吃，但营养不够，所以不长膘；而贫瘠地的草，因为土壤薄，水分不充分，长得慢，比较老到，但营养价值高，有嚼劲，所以，羊细嚼慢咽,虽然吃得少,但营养价值高,吸收好,所以长膘。原来,生活处处都是学问。牧童苏轼在实践中增长了畜牧知识。童年时期的放牧经历,成为他人生的一种财富。这种劳动的快乐与幸福,在他的种树体验中也得以展现:

我昔少年日,种松满东冈。初移一寸根,琐细如插秧。二年黄茅下,一一攒麦芒。三年出蓬艾,满山散牛羊。不见十余年,想作龙蛇长。夜风破浪碎,朝露珠玑香。

(苏轼《戏作种松》)

看着松树一年年长大,那种成就感与幸福感,溢于言表。

与小伙伴的游戏,方式很多,趣味也很多。如苏轼儿时与表弟程之元的"野趣":

我时与子皆儿童,狂走从人觅梨栗。健如黄犊不可恃,隙过白驹那暇惜。醴泉寺古垂橘柚,石头山高暗松栎。

(苏轼《送表弟程六知楚州》)

那时的兄弟俩,精力旺盛,漫山遍野地狂跑,去找寻那些能吃的果实。有时,小伙伴(群儿)又会凿地为戏:

轼年十二时,于所居纱縠行宅隙地中,与群儿凿地为戏。得异石,如鱼,肤温莹,作浅碧色,表里皆细银星,扣之铿然。试以为砚,甚发墨,顾无贮水处。先君曰:"是天砚也。有砚之德,而不足于形耳。"因以赐轼曰:"是文字之祥也。"轼宝而用之。

(苏轼《天石砚铭并叙》)

多少年后,苏轼贬谪黄州,将其赠送给儿子:"元丰二年秋七月,予得罪下狱,家属流离,书籍散乱。明年至黄州,求砚不复得,以为失之矣。七年七月,舟行至当涂，发书笥，忽复见之，甚喜，以付迨、过。"（苏轼《天石砚铭并叙》）少年时期游戏中所得的天然石，如此珍爱，足见苏轼的真性情。

蜀人为古蜀先帝蚕丛的后裔，养蚕、缫丝、织锦等，成为昔日蜀中乡民的群体生活记忆。而每年的二月十五日，则为这种群体生活记忆的节日符号——名曰"蚕市"，与蚕有关的各种交易，成为蜀中乡民的隆重"典礼"。苏轼有诗为证：

蜀人衣食常苦艰，蜀人游乐不知还。千人耕种万人食，一年辛苦一春闲。闲时尚以蚕为市，共忘辛苦逐欣欢。去年霜降斫秋获，今年箔积如连山。破瓢为轮土为釜，争买不翅金与纨。忆昔与子皆童丱，年年废书走市观。市人争夸斗巧智，野人喑哑遭欺谩。诗来使我感旧事，不悲去国悲流年。

（苏轼《和子由蚕市》）

这当是苏轼、苏辙两兄弟共同的儿时记忆。每当"此时"，蜀中乡民"共忘辛苦逐欣欢"。这种狂欢，吸引包括尚为"童丱"的两兄弟，竟然"废书走市观"，可见"蚕市"的吸引力、影响力甚至震撼力之强烈。但同时，"市人争夸斗巧智，野人喑哑遭欺谩"又反映了少年时代的苏轼就已经有了关注社会矛盾、体恤社会底层民众疾苦的良心、善心与爱心。这与日后那个敢爱敢恨的清官良吏的苏轼形象是一脉相承、渊源有自的。

成都平原因为有秦岭的阻挡，所以冬天并不是特别的寒冷。每到正月初，百姓有踏春的习俗。这时节，城里的人喜欢涌入乡下，去呼吸新鲜的空气，去集市讨好兆头，凑各种热闹。苏轼用诗为我们留存了这张珍贵的踏青游乐图：

春风陌上惊微尘，游人初乐岁华新。人闲正好路旁饮，麦短未怕游车轮。城中居人厌城郭，喧阗晓出空四邻。歌鼓惊山草木动，箪瓢散野乌鸢驯。何人聚众称道人，遮道卖符色怒瞋。宜蚕使汝茧如瓮，宜畜使汝羊如麇。路人未必信此语，强为买服襐新春。道人得钱径沽酒，醉倒自谓吾符神。

（苏轼《和子由踏青》）

如果说苏轼的和诗更多地突出踏青之人的种种神态与心态的话，苏辙的原诗则更多地突出此时的自然风貌：

江上冰消岸草青，三三五五踏青行。浮桥没水不胜重，野店压糟无复清。松下寒花初破萼，谷中幽鸟渐嘤鸣。洞门泉脉龙睛动，观里丹池鸭舌生。山下瓶罂沾稚孺，峰头鼓乐聚簪缨。缟裙红袂临江影，青盖骅骝踏石声。晓去争先心荡漾，莫归夸后醉从横。最怜人散西轩静，暧暧斜阳著树明。

（苏辙《记岁首乡俗寄子瞻二首》之一《踏青》）

两诗对读，昔时眉山家乡初春时节自然萌动，人心也随之躁动的浮世图跃然眼前。

苏轼七岁的时候，曾在眉山见到一位老尼姑。这位老尼姑姓朱，已有九十多岁，曾跟随师父进入蜀主孟昶的宫中。有一天晚上很热，蜀主与花蕊夫人到成都的摩诃池避暑，花蕊夫人即兴作词一首，这位朱姓尼姑还能记诵。四十年后，苏轼对童年时期的这段记忆还很清晰，将其首两句直接援用，以"洞仙歌"为词牌，写下了这样的歌词：

冰肌玉骨，自清凉无汗。水殿风来暗香满。绣帘开，一点明月窥人；人未寝，欹枕钗横鬓乱。

起来携素手，庭户无声，时见疏星渡河汉。试问夜如何？夜已三更，金波淡，玉绳低转。但屈指西风几时来，又不道流年暗中偷换。

（苏轼《洞仙歌·冰肌玉骨》）

儿时的记忆如此刻骨铭心，以至年届半百的苏轼，回想四十年前的经历，就如同当年给他追忆往事的朱尼姑，有种恍如隔世的感觉。

第二章 科场惊艳动京华

苏轼的父亲苏洵虽然自己科试之路坎坷不幸，但他多年在外的交游经验让他深刻地意识到，如果不想让家中两个羽翼日渐丰满的儿子重蹈自己的故辙，就必须带他们尽快走出家乡眉山，到成都、京城等文化大都去拜谒名流，拓展影响。

苏洵的正确抉择，加上当朝仁宗的开明以及一大批求贤若渴的社会贤达的奖掖推举，让刻苦努力的苏轼、苏辙两兄弟如虎添翼，一举称雄嘉祐二年（1057）科场。

但天有不测风云，正当苏轼兄弟闪亮京城的时候，远在家乡的苏母程夫人积劳成疾，溘然长逝。苏洵悲痛欲绝，对仕路彻底失望。但梅尧臣给苏洵寄诗中的"家有雏凤凰"一句，惊醒了伤痛中的苏洵。苏洵安顿完夫人的后事，苏轼、苏辙也为母亲守孝期满，父子三人做出了人生重大的抉择，决定举家迁往京城，一家人从此不再分离。

蜀中拜谒

苏洵虽然科场命运欠佳,屡受打击,但多年的游历,特别是到京城的经历,让他大开眼界,也结识了不少知名的士大夫。同时,对如何培养两个渐长的儿子更有办法和信心。

比如,当苏洵发现苏轼与弟弟苏辙掌握对偶、声律学有余力时,就及时调整策略,让兄弟俩学写古文,以孟子、韩愈、欧阳修的古文为范例。因为这些古文有深厚的根底,学习它们,不仅仅是应付当下的考试,更重要的是要养成朴实的文风和开阔的思维。这一决策,让苏轼兄弟别开生面,如虎添翼。

至和元年(1054),张方平出任益州(治今四川成都)太守。治蜀期间,他很注意访求人才。有人告诉他,眉山处士苏洵便是人才。张方平对真正的人才分外看重,表示愿意与苏洵相会。苏洵得到此消息后,也很高兴,他抓住机会,给张方平写了第一封信:

> 洵有二子轼、辙,龆龀授经,不知他习,进趋拜跪,仪状甚野,而独于文字中有可观者。始学声律,既成,以为不足尽力于其间,读《孟》、韩文,一见以为可作。引笔书纸,日数千言,坌然溢出,若有所相。年少狂勇,未尝更变,以为天子之爵禄可以攫取。闻京师多贤士大夫,欲往从之游,因以举进士。洵今年几五十,以懒钝废于世,誓将绝进取之意。惟此二子,不忍使之复为湮沦弃置之人。今年三月,将与之如京师。
>
> (苏洵《上张侍郎第一书》)

从苏洵的介绍可以知道，苏轼、苏辙从龆龀（儿童）开始，就学习经书，后又学习声律，再后来是读《孟子》、韩愈文，取法乎上，现在学已成，笔泉喷涌，一日可达数千言。为父的不希望两个儿子像自己那样湮没无闻，希望他们能到京城结识名流，举进士。

苏洵的想法当然是很正确的，因为眉山是小地方，又偏于西南，远离京城，虽然苏洵自己已经饱学，但毕竟尚未引起社会的广泛注意。要让两个儿子走向广阔的人生舞台，苏洵意识到必须走出眉山，离开蜀地，来到当时的政治与文化中心汴京，结交政治与文化名流，快速拓展影响。

基于这样的认识，至和二年（1055），苏洵带着苏轼到成都拜谒张方平。张方平很赏识苏洵，欲推举他为成都学官。但苏洵对此不满意。

嘉祐元年（1056）春，苏洵携二子拜访雅州（今四川雅安）知州雷简夫（字太简）。官职不高的雷简夫慧眼识苏洵，盛称苏洵有王佐之才，撰书大力推荐给当朝名臣欧阳修、韩琦和张方平，并在推荐信中称苏洵为天下奇才，将苏洵视为当代的司马迁。在给欧阳修的信中，雷简夫直言不讳，言辞激动恳切，以致有一种催逼在里面："起洵于贫贱之中，简夫不能也，然责之亦不在简夫也。若知洵不以告于人，则简夫为有罪矣。用是不敢固其初心，敢以洵闻左右。恭惟执事职在翰林，以文章忠义为天下师，洵之穷达，宜在执事。向者洵与执事不相闻，则天下不以是责执事，今也读简夫之书，既达于前，而洵又将东见执事于京师，今而后，天下将以洵累执事矣。"（邵博《邵氏闻见后录》卷十五）雷简夫真是一位心直口快、古道热肠、惜才爱才的官员。这封信说得很直白。雷简夫坦言自己没有能力让苏洵崛起于寒微，但他有责任举荐苏洵。如果他发现了苏洵是一个难得的人才而不去举荐，那他是有罪过的。现在推荐给了"以文章忠义为天下师"的欧阳修，而且苏洵马上还将到京城来拜访欧阳修，如果还不能让苏洵得到应有的重视和应有的职位，发挥应有的作用，那责任就不在我雷简夫，而是你欧阳修了。

有意思的是，雷简夫也是仁宗从草野中纳荐出仕的："仁宗以西戎方炽，叹人才之乏，凡有一介之善，必收录之。杜丞相衍经抚关中，荐长安布衣雷简夫才器可任，遽命赐对于便殿。简夫辩给，善敷奏，条列西事甚详，仁宗嘉之，即降旨中书，令依真宗召种放故事。是时吕许公当国，为上言曰：'臣观士大夫有口才者，未必有实效，今遽爵之以美官，异时用有不周，即难于进退，莫若且除一官，徐观其能，果可用，迁擢未晚。'仁宗以为然，遂除耀州幕官。"（魏泰《东轩笔录》卷十）同有草野经历的雷简夫对尚处在草野的苏洵渴望进达的心情是十分了解的，也是十分同情的，因而，施以援手也最为积极、直率和执着。

除推荐给欧阳修外，雷简夫也向韩琦和张方平推荐苏洵。

雷简夫在给韩琦的信中说："一日，眉人苏洵携文数篇，不远相访。读其《洪范论》，知有王佐才；《史论》得迁史笔；《权书》十篇，讥时之弊；《审势》《审敌》《审备》三篇，皇皇有忧天下心。"（邵博《邵氏闻见后录》卷十五）

雷简夫在给张方平的信中说："简夫近见眉州苏洵著述文字，其间如《洪范论》，真王佐才也。《史论》，真良史才也。岂惟西南之秀，乃天下之奇才尔。令人欲麋珠齑芝，躬执匕箸，饫其腹中，恐他馈伤。且不称其爱护如此，但怪其不以所业投于明公，问其然，后云：'洵已出张公门下矣。又辱张公荐，欲使代黄亷为郡学官。洵思遂出张公之门，亦不辞矣。'简夫喜其说。窃计明公引洵之意，不只一学官，洵望明公之意，亦不只一学官，第各有所待也。又闻明公之荐，累月不下，朝廷重以例检，执政者靳之，不特达。虽明公重言之，亦恐一上未报，岂可使若人年将五十，迟迟于涂路间邪？昔萧昕荐张镐云：用之则为帝王师，不用则幽谷一叟耳。愿明公荐洵之状，至于再，至于三，俟得其请而后已，庶为洵进用之权也。"（邵博《邵氏闻见后录》卷十五）雷简夫推荐苏洵之心如此执着、坚定，且无所顾忌地替苏洵解围说话，称学官之职既非苏洵的理想，也非张方平本人的意愿，希望张方平发挥他的作用，一而再，再而三地推荐苏洵，直到成功为止。

带着雷简夫的推荐信，在这个嘉祐元年（1056）的春天，苏洵再次携苏轼、苏辙到成都拜会张方平。张方平虽无草野受拔经历，但对苏洵也十分赏识。他没有不悦雷简夫带有指责性的催逼与干涉，而是跟雷简夫有同样的求贤、荐贤的气度、雅量与胸襟。

张方平对苏洵父子三人甚为看重，以国士之礼相待。这两次见面，对三苏一生至为重要，它已成为眉山苏氏家族改变命运的重要契机，以至对宋代文学与文化都产生了深远的影响。

张方平、雷简夫均非生于蜀中之人，但到蜀中为官，仰慕蜀中良好的历史文化生态，不约而同地要不拘一格荐拔人才，为蜀中文脉再续新枝。

张方平与三苏一见倾心。张方平在《文安先生墓表》中回忆了他与苏洵及其两个儿子的交往过程：

> 仁宗皇祐中，仆领益部。念蜀异日常有高贤奇士，今独乏耶？或曰："勿谓蜀无人，蜀有人焉。眉山处士苏洵，其人也。"请问苏君之为人？曰："苏君隐居以求其志，行义以达其道，然非为亢者也，为乎蕴而未施，行而未成，我不求诸人，而人莫我知者，故今年四十余不仕。公不礼士，士莫至。公有思见之意，宜来。"久之，苏君果至。即之，穆如也。听其言，知其博物洽闻矣。既而得其所著《权书》《衡论》阅之，如大云之出于山，忽布无方，倏散无余；如大川之滔滔，东至于海源也，委蛇其无间断也。因谓苏君："左丘明、《国语》、司马迁善叙事，贾谊之明王道，君兼之矣。远方不足成君名，盍游京师乎？"因以书先之于欧阳永叔。君然仆言，至京师，永叔一见，大称叹，以为未始见夫人也，目为孙卿子。献其书于朝，自是名动天下，士争传诵其文，时文为之一变，称为老苏。……初君将游京师，过益州与仆别，且见其二子轼、辙及其文卷，曰："二子者将以从乡举，可哉？"仆披其卷，曰："从乡举，乘骐骥而驰闾巷也。六科所以擢英俊，君二子从此选，犹不足骋其逸力尔。"君曰："姑为后图。"遂以就举，一上皆登进士第。再举制策，并入高等，今则皆为国士。

文安先生即苏洵。张方平的这段文字，包含了丰富的内容，尤其值得细细品味。

第一，张方平作为益州太守，对蜀地的历史文化很了解，知道蜀地人才辈出，因此，非常重视挖掘举荐地方贤达。这是苏洵及其二子能够走出眉山，快速轰动全国的前提条件。

第二，苏洵虽然已经四十多岁尚未入仕，但很有个性。如果得不到尊重，他是不会贸然去求见的。张方平是真重才，所以，给苏洵抛出橄榄枝。

第三，苏洵给张方平的第一印象极好，见其形"穆如"，听其言"博物洽闻"，读其文，汪洋恣肆，磅礴大气，甚为赞叹。张方平与苏洵可谓一见倾心，对苏洵甚为赏识，鼓励苏洵到京师去游历发展，认为在远离京城的眉山这样的地方，是无法成就其名声的。因此，张方平是荐举苏洵进京的关键人物，没有他向当时文坛领袖欧阳修的推荐，苏洵尚不知道什么时候能够在名师大家云集的京城崭露头角。

第四，张方平鼓励苏洵将二子直接送到京城参加考试。如果不是张方平的慧眼识珠和正确指引，苏轼、苏辙先在家乡考试，可能真如张方平所言，"乘骐骥而驰闾巷"，说不定二苏的人生道路又得改写。

第五，张方平是三苏拜晤的第一位大学者和大官员，他在三苏的成长、发展的道路上，发挥着重要的作用。

所以，从以上层面来说，张方平是三苏的发现者、举荐者、引路人，后来，苏轼仕履坎坷，甚至遇险，张方平等人又扮演了保护者、营救者的角色。

同年，苏洵又到犍为拜访县令吴中复，并送其赴京。吴中复与苏洵之兄苏涣同科进士及第，并"六载为蜀官"（苏洵《忆山送人五言七十八韵》），故与苏洵交好。吴中复这次进京带着苏洵的文章，并呈交给欧阳修。

闯荡京城

这时的苏洵已经下定携二子远离眉山到京城闯荡的决心。为了安顿好在家辛苦操劳的妻子程夫人，苏洵为她找好帮手与陪伴，同时，也为了让两个儿子安心远游，在苏洵的主持下，苏轼、苏辙先后在家乡完婚。至和元年（1054），先是苏轼娶了母亲同乡青神县乡贡进士王方之女王弗，当时苏轼十九岁，王弗十六岁。第二年，苏辙又娶了史姓大户人家之女为妻，当时苏辙十七岁，史氏十五岁。

安顿好家里之后，嘉祐元年（1056）三月，苏洵带着两个儿子离开了眉山，一路北上，从褒斜道出蜀，经过长安，五月底到达京城汴京。他们一路多有艰辛，比如在河南崤山，连马都累死了，不得已只好改为骑驴继续前行。在渑池，他们借宿于寺庙，住持奉闲热情接待了他们，兄弟俩还兴致勃勃地在寺壁上题诗留念。五年之后，苏轼要西行去凤翔为官，苏辙留在京师侍奉父亲，苏辙料想苏轼要经过渑池他们当年借居的这座寺庙，就写了一首《怀渑池寄子瞻兄》寄给苏轼：

相携话别郑原上，共道长途怕雪泥。归骑还寻大梁陌，行人已渡古崤西。曾为县吏民知否，旧宿僧房壁共题。遥想独游佳味少，无言骓马但鸣嘶。

苏轼看到苏辙的诗后，勾起了对往事的记忆。谁能料到，仅仅五年时间，住持奉闲已经圆寂，曾经的题壁已经损坏，不见踪影。时值隆冬，苏轼看到一路的积雪以及积雪上的脚印，再回味苏辙诗中"相携话别郑原上，共道长途怕雪泥"的感叹，不禁倾心怀旧，写下了这首经典的《和子由渑池怀旧》：

> 人生到处知何似，应似飞鸿踏雪泥。泥上偶然留指爪，鸿飞那复计东西。老僧已死成新塔，坏壁无由见旧题。往日崎岖还记否，路长人困蹇驴嘶。

"雪泥鸿爪"，经苏轼点化，从此成为漂泊人生的一种象喻，它道尽了人生的种种深情，也饱含了人生的种种无奈。这种感慨，不独成为苏轼自己的人生写照，冥冥之中也烛照出万千人生的苍凉与孤寂。

尽管人生无常，有时也很无奈，但对于第一次远离家乡、初入京师的青年苏轼而言，应该说是非常幸运的，因为他遇到了人生难得的伯乐与贵人。苏洵带着他和弟弟苏辙到京城后，受到欧阳修等人的热情接待和大力帮助。围绕张方平的举荐与欧阳修的赏识，历史上还有这样的传闻：

> 张安道与欧（阳）文忠素不相能。庆历初，杜祁公、韩、富、范四人在朝，欲有所为。文忠为谏官，协佐之，而前日吕申公所用人多不然。于是诸人皆以朋党罢去，而安道继为中丞，颇弹击以前事，二人遂交怨，盖趣操各有主也。嘉祐初，安道守成都，文忠为翰林。苏明允父子自眉州走成都，将求知安道。安道曰："吾何足以为重？其欧阳永叔乎？"不以其隙为嫌也。乃为作书办装，使人送之京师谒文忠。文忠得明允所著书，亦不以安道荐之非其类，大喜曰："后来文章当在此。"即极力推誉，天下于是高此两人。子瞻兄弟后出入四十余年，虽物议于二人各不同，而亦未尝敢有纤毫轻重于其间也。
>
> （叶梦得《避暑录话》卷下）

张方平、欧阳修尽管因为趣操有异,互不买账,但两人因为推举苏洵及其二子而不计前嫌,其惜才、爱才、荐才、识才、用才的智慧、气度与涵养,成就了历史上一家三父子的辉煌。名不见经传的"三苏"能够成为唐宋八大家的"三苏",张方平与欧阳修实在是功不可没。

就在苏洵频繁与京师名公交游的同时,苏轼兄弟则积极备考。嘉祐元年(1056)九月,苏轼、苏辙顺利通过举人考试。次年正月,在以礼部侍郎兼翰林侍读学士欧阳修为主考官,以国子监直讲梅尧臣(字圣俞)为参详官(即负责编排详定事务)的礼部试中,苏轼兄弟双双脱颖而出,一举成名。客观地说,苏轼兄弟能够成功,与欧阳修、梅尧臣、韩琦等先辈的赏识乃至偏爱分不开。不妨来看这些材料:

> 苏子瞻自在场屋,笔力豪骋,不能屈折于作赋。省试时,欧阳文忠公锐意欲革文弊,初未之识。梅圣俞作考官,得其《刑赏忠厚之至论》,以为似《孟子》。然中引皋陶曰"杀之三",尧曰"宥之三",事不见所据,亟以示文忠,大喜。往取其赋,则已为他考官所落矣,即擢第二。及发榜,圣俞终以前所引为疑,遂以问之。子瞻徐曰:"想当然耳,何必须要有出处?"圣俞大骇,然人已无不服其雄俊。
>
> (叶梦得《石林燕语》卷八)

> 东坡先生省试《刑赏忠厚之至论》有云:"皋陶为士,将杀人,皋陶曰'杀之三',尧曰'宥之三'。"梅圣俞为小试官,得之以示欧阳公。公曰:"此出何书?"圣俞曰:"何须出处!"公以为皆偶忘之,然亦大称叹。初欲以为魁,终以此不果。及揭榜,见东坡姓名,始谓圣俞曰:"此郎必有所据,更恨吾辈不能记耳。"及谒谢,首问之,东坡亦对曰:"何须出处。"乃与圣俞语合。公赏其豪迈,太息不已。
>
> (陆游《老学庵笔记》卷八)

> 至和、嘉祐间,场屋举子为文尚奇涩,读或不能成句。欧阳文忠公力欲

革其弊，既知贡举，凡文涉雕刻者，皆黜之。时范景仁、王禹玉、梅公仪、韩子华等同事，而梅圣俞为参详官。未引试前，唱酬诗极多。文忠"无哗战士衔枚勇，下笔春蚕食叶声"，最为警策。圣俞有"万蚁战时春日暖，五星明处夜堂深"，亦为诸公所称。及放榜，平时有声如刘辉辈，皆不预选，士论颇汹汹。未几，诗传，遂哄哄然，以为主司耽于唱酬，不暇详考校，且以言五星自比，而待我曹为蚕蚁，因造为丑语。自是礼闱不复敢作诗，终元丰末几三十年。元祐初，虽稍稍为之，要不如前日之盛。然是榜得苏子瞻为第二人，子由与曾子固皆在选中，亦不可谓不得人矣。

（叶梦得《石林诗话》卷下）

东坡云：国朝试科目昔在八月中旬，顷与黄门公既将试，黄门公忽疾卧病中，自料不能及矣。相国韩魏公知之，辄奏上曰："今岁召制科诸士，惟苏轼、苏辙最有声望，今闻苏辙偶病，未可试，如此人兄弟中一人不得就试，甚非众望，欲展限以俟。"上许之。黄门病中，魏公数使人问安否。既闻全安，方引试。凡比常例展二十日。自后试科目并在九月，盖始于此。比者相国吕微仲语及科目何故延及秋末之说，东坡为吕相国言之，相国曰："韩忠献其贤如此，深可慕尔。"

（李廌《师友谈记》）

以上材料虽偶有相互抵牾之处，但总体而言可信度是很高的，因为李廌是苏轼的学生，叶梦得与苏轼的后人关系甚笃，陆游以博学多闻见称，他们的记录当有相当的依据。上述文字可以给我们一些重要的信息，尤其值得玩味：

第一，作为考官的欧阳修、梅尧臣特别赏识苏轼的创新意识。苏轼的省试之文，无所藻饰，一反险怪奇涩的"太学体"，且语出惊人，不落俗套，而这正契合欧阳修等"疾时文之诡异，思有以救之"（苏辙《亡兄子瞻端明墓志铭》）的古文革新的初衷。换言之，苏轼省试之文不落俗套的"率意"与别致，给主考官欧阳修耳目一新的感觉，欧阳修异常惊喜，"以为异人"。苏轼兄弟生逢其时，赶上了欧阳修倡导的古文革新的伟大时代，成为古文革新承前启后的重要人物。

有学者指出:"宋初承唐习,文多俪偶,谓之昆体。至欧阳公出,以韩为宗,力振古学。曾南丰、王荆公从而和之,三苏父子又以古文振于西州,旧格遂变,风动景随,海内皆归焉。"(刘埙《隐居通议》卷二十一)又说:"宋家南北三百余年,文运实三苏氏扶助而振起之。"(郑真《三苏画像赞》)从三苏崛起的历史背景及其之后的发展演变来看,这些评论的确十分允当。由此再来反观欧阳修、梅尧臣等人的慧眼识珠与奖掖扶持,宋代诗文革新的彻底成功,自有其内在的逻辑关联与历史必然。

历史上关于苏轼省试文中"皋陶曰'杀之三',尧曰'宥之三'"的出处依据,尚有不少争鸣,但在主考官欧阳修的眼里,苏轼"可谓善读书,善用书,他日文章,必独步天下"(杨万里《诚斋诗话》),并对梅尧臣说:"读轼书,不觉汗出。快哉快哉!老夫当避路,放他出一头地也!可喜可喜。"(欧阳修《与梅圣俞书》)甚至欧阳修已经预感到自己主盟的文坛后继有人,不妨来看看宋人朱弁《曲洧旧闻》中的这段话:

> 东坡诗文,落笔辄为人所传诵,每一篇到,欧阳公为终日喜,前后类如此。一日,与棐论文及坡,公叹曰:"汝记吾言,三十年后,世上人更不道着我也。"崇宁、大观间,海外诗盛行,后生不复有言欧公者。是时朝廷虽尝禁止,赏钱增至八十万,禁愈严而传愈多,往往以多相夸。士大夫不能诵坡诗,便自觉气索,而人或谓之不韵。

欧阳修作为北宋诗文革新的领袖,确实有领袖的风范、气度与眼光。他没有倚老卖老,而是想办法让真正有才能的年轻人尽快成长,甘愿做他们的"人梯",甘愿退居后台,让苏轼他们这些有为青年勇挑大梁。而欧阳修的确也正是借助苏轼、苏辙这样的青年才俊,给那些"太学体"以当头一棒。尽管欧阳修出人意料的选择让那些"平时有声"、志在必得的人愤怒哗然,但选择苏轼兄弟在他们看来,是绝对正确的,也就是叶梦得评论的"不可谓不得人"。事实上,在欧阳修、梅尧臣等人的一再品评和抬举之下,那些哄然于途的人也渐渐服气。苏轼兄弟不负众望,成为欧阳修文学集团的希望之星。

第二，苏轼、苏辙遇到了胸襟开阔、热心扶持奖掖后进的名公大臣。从上述材料可以看到，这些声名显赫的前辈，对崭露头角的新人给予的是欣赏、扶助和期许，完全没有小肚鸡肠的嫉妒、打压。换言之，苏轼、苏辙遇到了真正的知音和贵人。李廌《师友谈记》所记韩魏公韩琦因苏辙忽染疾卧病而将制科国试时间延后二十日的做法，这种关爱，大大超出了常情，不是谁都能享受到的，足见苏轼、苏辙在韩琦这些名重一时的大人物眼里的"分量"，甚至韩琦还为苏轼、苏辙考试做舆论宣传："顷同黄门公初赴制举之召，到都下，是时同召试者甚多。一日，相国韩公与客言曰：'二苏在此，而诸人亦敢与之较试，何也？'此语既传，于是不试而竟去者，十盖八九矣。"（李廌《师友谈记》）还没有考试，就因韩琦的一句话，让十之八九的考生主动弃权，这实在是一种厚爱。

第三，苏轼、苏辙不负众望，终成大家，让这些关爱他们的前辈甚感欣慰。嘉祐五年（1060），欧阳修、杨畋分别荐举苏轼、苏辙应才识兼茂明于体用科。嘉祐六年（1061）八月，宋仁宗御崇政殿，试苏轼、苏辙等人，考官为胡宿、沈遘、范镇、司马光、蔡襄等人。苏轼入最高等三等，苏辙为四等。仁宗对苏轼兄弟甚为赏识，直言"吾为子孙得两宰相"（《宋史·慈圣光献曹皇后传》）。苏轼、苏辙从此开始了自己的仕宦之旅。自此，苏轼兄弟以其卓越的才情睿智，成为文坛翘楚，欧阳修"三十年后，世上人更不道着我"的预言，确成现实。苏轼接过欧阳修的大旗，成为名副其实的文坛领袖，且成就和影响超过恩师，苏辙也成为文学大家，荣入唐宋八大家之列，这当是那些慧眼识珠、苦心栽培、热心扶持二苏的前辈所乐见的。这段逸事注定要成为中国文学史和中国文化史上的千古美谈。

三苏成名

以苏轼为首的三苏的出道（以三苏名动京师，苏轼、苏辙释褐，开始仕宦生涯为标志）主要在仁宗朝（1023—1063）。总的来说，仁宗是一位明君，在他身边有一群颇有才干的忠臣贤辅，危害宋室的朋党之祸，此时尚处于萌芽状态，故仁宗一朝，人称"盛治"。正如王夫之所论："仁宗之称盛治，至于今而闻者羡之。帝躬慈俭之德，而宰执台谏侍从之臣，皆所谓君子人也，宜其治之盛也。夷考宋政之乱，自神宗始。神宗之以兴怨于天下，贻讥于后世者，非有奢淫暴虐之行；唯上之求治也亟，下之言治者已烦。"（王夫之《宋论》卷四）

以苏轼为首的三苏幸而崛起于仁宗朝，如果延至神宗朝，像三苏这样有个性、直言不讳、敢说敢为、不愿随波逐流的人，可能早就被扼杀在萌芽状态，因此，也就绝不可能有辉耀中国历史的三苏存在。苏轼、苏辙后来坎坷于神宗、哲宗两朝已经作了最好的注解。

析而论之，以苏轼为首的三苏崛起于仁宗朝，有以下政治文化背景值得特别关注：

第一，仁宗胸襟开阔，以选贤任能著称。苏洵以一介布衣隐居乡间，最终能名动京师，在于"闻天子复用正人"（苏辙《欧阳文忠公神道碑》）；而苏轼、苏辙能克服多重障碍，脱颖而出，也有赖于此。比如，嘉祐六年（1061），仁宗主持的崇政殿御试中，苏轼以一篇《御试制科策》入最高等三等。而苏辙在对策中极言得失，云：

陛下即位三十余年矣，平居静虑，亦尝有忧于此乎？无忧于此乎？臣伏读制策，陛下既有忧惧之言矣。然臣愚不敏，窃意陛下有其言矣，未有其实也。往者宝元、庆历之间，西羌作难，陛下昼不安坐，夜不安席，天下皆谓陛下忧惧小心如周文王。然自西方解兵，陛下弃置忧惧之心二十年矣。古之圣人，无事则深忧，有事则不惧。夫无事而深忧者，所以为有事之不惧也。今陛下无事则不忧，有事则大惧，臣以为忧乐之节易矣。臣疏远小臣，闻之道路，不知信否。

近岁以来，宫中贵姬至以千数，歌舞饮酒，优笑无度，坐朝不闻咨谋，便殿无所顾问。三代之衰，汉、唐之季，女宠之害，陛下亦知之矣。久而不止，百蠹将由之而出。内则蛊惑之所污，以伤和伐性；外则私谒之所乱，以败政害事。陛下无谓好色于内不害外事也。今海内穷困，生民愁苦，而宫中好赐不为限极，所欲则给，不问有无。司会不敢争，大臣不敢谏，执契持敕，迅若兵火。国家内有养士、养兵之费，外有北狄、西戎之奉，陛下又自为一阱以耗其遗余。臣恐陛下以此得谤，而民心不归也。

（苏辙《颍滨遗老传上》）

客观地说，这篇对策相当坦率真诚，无所顾忌，直言不讳，没有一定的勇气确实不敢这样说。它得到复考官司马光的赏识，被选为三等。但初考官胡宿认为苏辙直斥皇上，出言不逊，则力请黜落。这引起了一番激烈的争论。司马光据理力争，上奏仁宗，极言苏辙对策"辞理俱高，绝出伦辈"。仁宗也不同意黜落，说道："吾以直言求士，士以直言告我，今而黜之，天下其谓我何？"（苏辙《遗老斋记》）因此之故，被定为四等。仁宗因得苏轼兄弟而喜出望外，直言"为子孙得两宰相"。面对如此直白的"直言"，仁宗居然能够接受，且未"惩治"言者，仁宗的大度、惜才，于此可以概见。

第二，有一批优秀杰出的贤臣名公主持朝政，成为仁宗的得力干将和辅佐，如富弼、文彦博、韩琦、欧阳修等，他们都是在多方面卓有建树、颇有名望的能人，朝中政务总体上说是积极健康的。苏辙曾有这样的评论："文忠公以文章名当世，其风节尤峻。蚤岁以言事不合，流落于外。仁宗亮其忠，晚用之，亦参知政事。仁宗、英宗之际，其所以绥靖朝廷者，与丞相忠献韩公相为表里，盖二公之功名，士大夫举知之。"（苏辙《欧阳文忠公夫人薛氏墓志铭》）可见，这些名公在士大夫中有良好的口碑。

第三，有一批爱才、惜才且有话语权的贤臣慧眼识珠，不遗余力地发现、荐举、扶持三苏，使僻远西蜀的三苏能够以较快的速度、便捷的方式名动京师。关于苏洵受知于欧阳修一事，苏辙曾有这样的概述："嘉祐之初，公在翰林。维时先君，处于西南。世所莫知，隐居之深。作书号公，曰'是知予'。公应'嗟然，我明子心。吾于天下，交游如林。有如斯文，见所未曾'。先君来东，实始识公。倾盖之欢，故旧莫隆。遍出所为，叹息改容。历告在位，莫此蔽蒙。报国以士，古人之忠。公不妄言，其重鼎钟。厥声四施，靡然向风。"（苏辙《祭欧阳少师文》）这种知遇之恩确实可谓可遇而不可求。

第四，以欧阳修为首的古文革新在三苏身上找到了新的力量，借三苏之力将古文革新推向深入，取得决定性的胜利，已成为历史的必然。换言之，三苏，特别是苏轼、苏辙可谓生逢其时。关于二苏决胜科场一事，两人曾有这样的阐释：

> 轼长于草野，不学时文，词语甚朴，无所藻饰。意者执事（欧阳修）欲抑浮剽之文，故宁取此以矫其弊。人之幸遇，乃有如此。感荷悚息，不知所裁。
>
> （苏轼《谢梅龙图书》）

> 嗟维此时，文律颓毁。奇邪谲怪，不可告止。剽剥珠贝，缀饰耳鼻。调和椒姜，毒病唇齿。咀嚼荆棘，斥弃羹胾。号兹古文，不自愧耻。公（欧阳修）为宗伯，思复正始。狂词怪论，见者投弃。踽踽元昆（苏轼），与辙偕来。皆试于庭，羽翼病摧。有鉴在上，无所事媒。驰词数千，适当公怀。擢之众中，群疑相豗。公恬不惊，众惑徐开。滔滔狂澜，中道而回。匪公之明，化为诙俳。
>
> （苏辙《祭欧阳少师文》）

苏轼说"人之幸遇，乃有如此"，苏辙说"驰词数千，适当公怀"，都道出了二苏坦易晓畅的文风与擅长用当时的策论文正从根本上符合了以欧阳修等倡导的古文革新运动以及科场文风改革的需要，二苏确实堪称时代的幸运儿。

苏母病逝

能遇上欧阳修等当朝名臣，名动京华，三苏确可谓"三生有幸"。但老子所言的"福兮祸之所伏"，有时竟是那样的无奈。天有不测风云，人有旦夕祸福，就在苏轼、苏辙金榜题名、文星闪耀的时候，嘉祐二年（1057）四月七日，积劳成疾的苏母程夫人突然病逝于眉山，享年仅四十八岁。讣告于五月抵达京城。三苏闻此噩耗，不敢相信这一事实。这晴天的霹雳，让父子三人手足无措。他们抑制住内心的悲恸，匆忙踏上返乡的路程，竟来不及跟京城的故交新知告别。苏洵在《与欧阳内翰第三书》中描述了这一过程的前后经过：

昨出京仓惶，遂不得一别。去后数日，始知悔恨。盖一时间变出不意，遂扰乱如此，怏怅怏怅。不审日来尊履何似？

二子轼、辙竟不免丁忧。今已到家月余，幸且存活。洵道途奔波，老病侵陵，成一翁矣。自思平生羁寒不遇，年近五十，始识阁下。倾盖晤语，便若平生。非徒欲援之于贫贱之中，乃与切磨议论，共为不朽之计。而事未及成，辄闻此变。孟轲有云："行或使之，止或尼之。"岂信然邪？

洵离家时，无壮子弟守舍，归来屋庐倒坏，篱落破漏，如逃亡人家。今且谢绝过从，杜门不出，亦稍稍取旧书读之。时有所怀，辄欲就阁下评议。忽惊相去已四千里，思欲跂首望见君子之门庭，不可得也。

所示范公碑文，议及申公事节，最为深厚。近试以语人，果无有晓者。

每念及此，郁郁不乐。阁下虽贤俊满门，足以啸歌俯仰，终日不闷，然至于不言而心相谕者，阁下于谁取之？

自蜀至秦，山行一月，自秦至京师，又沙行数千里。非有名利之所驱，与凡事之不得已者，孰为来哉？洵老矣，恐不能复东。阁下当时赐音问，以慰孤耿。病中无聊，深愧疏略，惟千万珍重。

从这封信，可以看出苏洵对欧阳修的敬重，反过来，也可以想象欧阳修对苏洵的推崇。"倾盖晤语"之说，表明欧阳修与苏洵相见甚欢，谈吐甚洽，彼此可谓倾心交盖。书信的第三段交代了当时父子三人离开眉山时，家中无壮男的现实。现在回到家中，看到"屋庐倒坏，篱落破漏"的现状，甚为伤感，一句"如逃亡人家"的形容，见出苏洵的伤感和内疚。这种矛盾心理，在苏洵决意携子游京之时的感叹，就可以看出作为丈夫的苏洵与作为父亲的苏洵的痛苦抉择："一门之中，行者三人，而居者尚十数口。为行者计，则害居者；为居者计，则不能行。悢悢焉无所告诉。夫以负贩之夫，左提妻，右挈子，奋身而往，尚不可御。……今也望数千里之外，茫然如梯天而航海，蓄缩而不进，洵亦羞见朋友。"（苏洵《上张侍郎第一书》）而现在，女主人已溘然长逝，苏洵的伤感、内疚甚至深深的自责，更是挥之不去。

苏洵为亡妻选好了一块风水宝地，它位于眉山城东的安镇乡可龙里（今四川眉山东坡区土地乡）。这里有一口终年不涸、深不见底的老翁井。程夫人的墓就在老翁井旁。苏洵含泪写下《祭亡妻程氏文》：

呜呼！与子相好，相期百年。不知中道，弃我而先。我徂京师，不远当还。嗟子之去，曾不须臾。子去不返，我怀永哀。反复求思，意子复回。人亦有言，死生短长。苟皆不欲，尔避谁当？我独悲子，生逢百殃。

有子六人，今谁在堂？唯轼与辙，仅存不亡。咻呴抚摩，既冠既昏。教以学问，畏其无闻。昼夜孜孜，孰知子勤？提携东去，出门迟迟。今往不捷，后何以归？二子告我：母氏劳苦。今不汲汲，奈后将悔。大寒酷热，崎岖在外。亦既荐名，试于南宫。文字炜炜，叹惊群公。二子喜跃，我知母心。非官实好，要以文称。我今西归，有以借口。故乡千里，期母寿考。归来空堂，哭不见人。伤心故物，感涕殷勤。

嗟予老矣，四海一身。自子之逝，内失良朋。孤居终日，有过谁箴？昔予少年，游荡不学。子虽不言，耿耿不乐。我知子心，忧我泯没。感叹折节，以至今日。呜呼死矣，不可再得！

安镇之乡，里名可龙，隶武阳县，在州北东。有蟠其丘，惟子之坟。凿为二室，期与子同。骨肉归土，魂无不之。我归旧庐，无不改移。魂兮未泯，不日来归。

这篇祭文把苏洵对妻子的真挚情感表达得淋漓尽致。苏洵坦言自己年轻时，曾游荡不学，妻子"耿耿不乐"，是担忧丈夫从此"泯没"。后来发愤，带着两个儿子到京城拼搏，赢得"群公"惊叹。本来想回乡报喜，谁知现在"归来空堂，哭不见人"。睹物思人，抚物伤怀。联想自己年届半百，"内失良朋"，四海孑然一身，不觉对未来失去信心。爱他的人已逝，再去追求那些功名还有何意义？苏洵在亡妻墓旁修筑了一间草亭，终日陪伴生前没有好好陪护的爱妻。苏洵没有别的奢求，只希望自己有一天能真的弃绝红尘，与爱妻永远同穴长眠。对此，他对爱妻安息之地顿生无限的情意，挥笔写下《老翁井铭》：

丁酉岁，余卜葬亡妻，得武阳安镇之山。山之所从来甚高大壮伟，其末分而为两股，回转环抱，有泉坌然出于两山之间而北附，右股之下畜为大井，可以日饮百余家。卜者曰吉，是在葬书为神之居。盖水之行常与山俱，山止而泉洌，则山之精气势力自远而至者，皆畜于此而不去，是以可葬无害。

他日乃问泉旁之民，皆曰是为老翁井。问其所以为名之由，曰：往数十年，山空月明，天地开霁，则常有老人苍颜白发，偃息于泉上，就之则隐而入于泉，莫可见。盖其相传以为如此者久矣。因为作亭于其上，又甃石以御水潦之暴，而往往优游其间，酌泉而饮之，以庶几得见所谓老翁者，以知其信否。然余又闵其老于荒榛岩石之间，千岁而莫知也，今乃始遇我而后得传于无穷。遂为铭曰：

　　山起东北，翼为南西。涓涓斯泉，坌溢以弥。敛以为井，可饮万夫。汲者告吾，有叟于斯。里无斯人，将此谓谁？山空寂寥，或啸而嬉。更千万年，自洁自好。谁其知之，乃讫遇我。惟我与尔，将遂不泯。无溢无竭，以永千祀。

丁酉岁，即嘉祐二年。苏洵为亡妻卜得一爿"神居"阴宅，又筑亭于上，而旁边老翁井又有神奇的传说，这多少给孤独的苏洵一份心灵的慰藉，所以，写下这篇铭文，以期"传于无穷"。苏洵不仅作铭文，还作有一诗《老翁井》：

　　井中老翁误年华，白沙翠石公之家。公来无踪去无迹，井面团团水生花。翁今与世两何与，无事纷纷惊牧竖。改颜易服与世同，无使世人知有翁。

迁居京城

虽然苏洵已经绝意仕进,但苏洵在京城的影响并未因苏洵的离开而湮灭,毕竟有欧阳修等人不遗余力的推荐。在苏轼、苏辙为母守孝期间,苏洵得到两次被征诏入京试紫微阁、试秘书省校书郎的机会,但都被苏洵婉拒了。

苏洵在给梅尧臣的信中有自己的解释:"自离京师,行已二年,不意朝廷尚未见遗,以其不肖之文犹有可采者,前月承本州发遣赴阙就试。圣俞自思,仆岂欲试者?惟其平生不能区区附合有司之尺度,是以至此穷困。今乃以五十衰病之身,奔走万里以就试,不亦为山林之士所轻笑哉?自思少年尝举茂才,中夜起坐,裹饭携饼,待晓东华门外,逐队而入,屈膝就席,俯首据案。其后每思至此,即为寒心。今齿日益老,尚安能使达官贵人复弄其文墨,以穷其所不知邪?且以永叔之言与夫三书之所云,皆世之所见。今千里召仆而试之,盖其心尚有所未信,此尤不可苟进以求其荣利也。"(苏洵《与梅圣俞书》)

苏洵对科举之试已彻底失望,所以,他绝不就试。在他看来,欧阳修已作了推荐,代他所献的"三书"即《权书》《衡论》《几策》,大家都已看到,如果还要让他去考试才能决断,表明决策者尚有不信任的地方,在这种情况下,更不能贸然去追逐荣利。这一点,可充分看出苏洵的矜持与刚毅。

此事除给梅圣俞写信外,苏洵还给雷简夫写信,表达自己婉辞诏试的内心真实想法:"仆已老矣,固非求仕者,亦非固求不仕者。自以闲居田野之中,鱼稻蔬笋之资,足以养生自乐,俯仰世俗之间,窃观当世之太平;其文章议论,亦可以自足于一世。何苦乃以衰病之身，委曲以就有司之权衡，以自取轻笑哉？然此可为太简道，不可与流俗人言也。向者《权书》《衡论》《几策》，皆仆闲居之所为。其间虽多言今世之事，亦不自求出之于世，乃欧阳永叔以为可进而进之。苟朝廷以为其言之可信，则何所事试？苟不信其平居之所云，而其一日仓卒之言，又何足信邪？恐复不信，只以为笑。"（苏洵《答雷太简书》）

在苏洵给雷简夫的这封回信中，苏洵说得更加清楚。他认为他作的这些论世之文，本没有炫世的意图，只因为欧阳修觉得可以进奉朝廷，才呈递上去的。如果朝廷觉得所言可信可用，又何必再行考试呢？如果朝廷觉得他平居沉心静气写出来的文章都不足信，那场屋中仓促写成的文字更何足信？苏洵此话的确在理。

梅尧臣接到苏轼的信后，甚感惋惜，于是写下《题老人泉寄苏明允》：

泉上有老人，隐见不可常。苏子居其间，饮水乐未央。泉中若有鱼，与子同徜徉。泉中苟无鱼，子特玩沧浪。日月不知老，家有雏凤凰。百鸟戢羽翼，不敢呈文章。去为仲尼叹，出为盛时翔。方今天子圣，无滞彼泉傍。

也许是梅尧臣"家有雏凤凰"这句触动了苏洵的神经，他猛然惊醒：对啊，我的两个儿子正是凤凰需要展翅的时候，我这样跟当下朝廷闹得不愉快，何苦呢？

苏洵终于想通了，他决定不再隐遁山林、消沉避世。

嘉祐四年（1059）十月，苏轼、苏辙为母亲守孝期满。这时，他们父子三人做出了人生重大的抉择，决定举家迁往京师，一家人从此不再分离。于是，苏洵带着苏轼、苏辙两个儿子及其儿媳王弗、史氏，还有小孙子苏迈、苏轼的乳娘任采莲、苏辙的乳娘杨金婵，离开故乡眉山，向着汴京进发。

这次他们选择水路加陆路。先从眉山乘船，沿岷江直抵嘉州（今四川乐山），再从宜宾（今属四川）入长江，在江陵（今属湖北）选择陆路北上，经襄阳（今属湖北）、许州（今河南许昌）抵京。一路上，父子三人诗兴大发，凡是两岸或者陆路沿途有名胜古迹，他们要么倚船眺望，要么停船上岸，或寻路近观。一家人难得有这样的欢乐旅程。四个多月的行程，父子三人竟有一百七十多篇诗赋留存。后来，他们索性将其汇辑成册，命名为《南行前集》和《南行后集》。苏轼在《南行前集叙》中讲述了这段"为情而造文"而非"为文而造情"的难忘记忆：

夫昔之为文者，非能为之为工，乃不能不为之为工也。山川之有云，草木之有华实，充满勃郁，而见于外，夫虽欲无有，其可得耶？自少闻家君之论文，以为古之圣人有所不能自已而作者。故轼与弟辙为文至多，而未尝敢有作文之意。

己亥之岁，侍行适楚，身中无事，博弈饮酒，非所以为闺门之欢。而山川之秀美，风俗之朴陋，贤人君子之遗迹，与凡耳目之所接者，杂然有触于中，而发于咏叹。盖家君之作，与弟辙之文皆在，凡一百篇，谓之《南行集》。将以识一时之事，为他日之所寻绎，且以为得于谈笑之间，而非勉强所为之文也。

时十二月八日，江陵驿书。

嘉祐五年（1060）二月十五日，苏洵一家到达京城。

第三章 为民情怀铸华章

嘉祐六年（1061）八月，苏轼通过制科考试，很快就被任命为大理评事、签书凤翔府判官，由此开启了人生的仕宦生涯。但祸福相倚，苦乐相随。就在苏轼踌躇满志，擘画未来之时，苏轼的发妻王弗突然病逝于京城，随后父亲苏洵又病逝。接连的家庭变故与人生打击，让年轻的苏轼痛不欲生。服丧期满，苏轼续娶前妻王弗堂妹王闰之为妻。此时，年仅十九岁的神宗继位登基，急欲变法图强，重用王安石等人。苏轼对激进的改革颇不认同，屡屡犯颜直谏，坦陈直言，但频遭嫉恨和陷害。为避免卷入更大的政治旋涡，苏轼请求外任。于是，杭州、密州、徐州南北为官的政治迁徙，不断改变苏轼的人生，也让苏轼的政声政绩与美文佳诗播扬天下。

初仕凤翔

苏轼、苏辙于嘉祐二年（1057）进士及第，本来朝廷应该及时授予官职，但因为母亲程夫人突然病故，所以回家守孝三年。现在苏轼、苏辙守孝已满，回到京城，通过授职前的基本考试，两人均获得官职。苏轼被授予福昌县主簿，苏辙被授予渑池县主簿。

当然，苏轼、苏辙两兄弟对此并不满意。他们都放弃了，未能赴任。其原因，不仅仅是因为这些官职属于最低等级，更重要的是，现在有仁宗亲试的制科考试，虽然难度远比进士科大得多，但通过制科考试的人，其晋升的空间也更宽，潜力也更大。如上章所述，在欧阳修和杨畋的分别荐举下，嘉祐六年（1061）八月，苏轼、苏辙非常顺利地通过了才识兼茂明于体用科的考试。

通过制科考试的苏轼，很快就被任命为大理评事、签书凤翔府判官。大理评事，为中央审判机关大理寺的下属官，该机关的职责是审核刑狱案件。签书判官，属于州府幕僚，掌管文书，辅佐州官处理政务。这个职务属于八品，明显比此前的福昌县主簿要高一截。

苏轼这年才二十六岁，就被任命到关中重镇凤翔府为官，其青年得志的喜悦不言而喻。做了必要的行前准备之后，苏轼于十一月初，带着妻子王弗、儿子苏迈、乳娘任采莲，辞别父亲，踏上西去的路程。弟弟苏辙一路相送至郑州西门外。

经过一个多月的旅途劳顿，苏轼一家于十二月中旬抵达凤翔。凤翔知州宋选人很厚道，给苏轼一家安排了一座宅院。苏轼与妻子精心整治打理，又是凿池，又是栽花种树，小院风景顿时令人心旷神怡，苏轼有诗为证：

> 北池近所凿，中有汧水碧。临池饮美酒，尚可消永日。
>
> （苏轼《和子由除日见寄》）

> 短竹萧萧倚北墙，斩茅披棘见幽芳。使君尚许分池渌，邻舍何妨借树凉。亦有杏花充窈窕，更烦莺舌奏铿锵。身闲酒美谁来劝，坐看花光照水光。
>
> （苏轼《新葺小园二首》之一）

苏轼对新鲜的环境、新生的事物，充满好奇。在凤翔，他有一组描写凤翔著名文物与风景的诗作，取名为《凤翔八观》。这八观即为石鼓、诅楚碑文、王维吴道子的绘画、天柱寺中唐人杨惠之所塑维摩像、东湖、真兴寺阁、李氏园、秦穆公墓。

其中所说的"石鼓"，是指唐代在宝鸡出土的十块鼓形石头，上面有用大篆（籀文）凿刻的四言诗，每个鼓上一首，共十首，为我国现存最早的石刻文字。这些文物现存故宫博物院。这些石鼓，在唐宋时期就引起人们的好奇，人们纷纷予以猜测，欧阳修《集古录》这样写道："岐阳石鼓，初不见称于前世，至唐人始盛称之。而韦应物以为周文王之鼓，至宣王刻诗；韩退之直以为宣王之鼓。在今凤翔孔子庙中，鼓有十，先时散弃于野，郑余庆始置之于庙而亡其一。皇祐四年，向传师求于民间得之，十鼓乃足。其文可见者，四百六十五，磨灭不可识者过半。……退之好古不妄者，余姑取以为信尔。至于字画，亦非史籀不能作也。"苏轼能在凤翔看到久闻大名的石鼓，当然很兴奋，欣然写下长诗，诉说他眼中的石鼓：

> 冬十二月岁辛丑，我初从政见鲁叟。旧闻石鼓今见之，文字郁律蛟蛇走。细观初以指画肚，欲读嗟如箝在口。韩公好古生已迟，我今况又百年

后。强寻偏旁推点画，时得一二遗八九。我车既攻马亦同，其鱼维鲔贯之柳。古器纵横犹识鼎，众星错落仅名斗。模糊半已似瘢胝，诘曲犹能辨跟肘。娟娟缺月隐云雾，濯濯嘉禾秀莨莠。漂流百战偶然存，独立千载谁与友。上追轩颉相唯诺，下揖冰斯同觳觫。忆昔周宣歌《鸿雁》，当时籀史变蝌蚪。厌乱人方思圣贤，中兴天为生者耇。东征徐房阚虓虎，北伏犬戎随指嗾。象胥杂沓贡狼鹿，方召联翩赐圭卣。遂因鼓鼙思将帅，岂为考击烦蒙瞍。何人作颂比《崧高》？万古斯文齐岣嵝。勋劳至大不矜伐，文武未远犹忠厚。欲寻年岁无甲乙，岂有名字记谁某。自从周衰更七国，竟使秦人有九有。扫除诗书诵法律，投弃俎豆陈鞭杻。当年何人佐祖龙，上蔡公子牵黄狗。登山刻石颂功烈，后者无继前无偶。皆云皇帝巡四国，烹灭强暴救黔首。《六经》既已委灰尘，此鼓亦当遭击剖。传闻九鼎沦泗上，欲使万夫沉水取。暴君纵欲穷人力，神物义不污秦垢。是时石鼓何处避，无乃天公令鬼守。兴亡百变物自闲，富贵一朝名不朽。细思物理坐叹息，人生安得如汝寿？

（苏轼《石鼓》）

该诗用六十句四百二十字的篇幅，详细地叙述了苏轼由眼前的千载文物石鼓而兴发的思古幽情。该诗从当下初仕即有幸目睹这一传闻已久、令无数文人想象其状的石鼓外形写起，追溯到石鼓已经漫漶不清的文字以及所历经的沧桑历史，进而感叹人世的短暂与无奈，睹物思古，颇有物是人非的叹惋。

在凤翔，苏轼先后在两任知州的手下工作。第一任是宋选。宋选在生活上对苏轼关照有加，在工作上对苏轼也特别照顾，积极支持苏轼的工作，善于倾听苏轼的建议，并放手让苏轼去实践。在凤翔期间，苏轼虽然初入仕途，但由于有强烈的为民情怀和责任担当，所以，尽管是官场新兵，且在凤翔时间并不长，却有几件事干得很漂亮，留名青史。

一是改"衙前之役"，减衙前之害。

"衙前之役"，是指替官府押送纲运，保管财物，有缺损要承担赔偿的一种差役。当时凤翔一带每年要运送终南山的竹木，经渭河入黄河，直抵京城。由于这条线路中黄河在今河南三门峡境内有一段"险境",常常造成人货俱毁的损失,官府一些人为牟取不当之财,专门利用河水暴涨危险增大之时,让民夫走货,导致众多家庭悲剧。对此,苏辙在《亡兄子瞻端明墓志铭》中有这样的记载:"关中自元昊叛命,人贫役重,岐下岁以南山木筏自渭入河,经底柱之险,衙前以破产者相继也。"这里所说的"底柱之险",就是三门峡黄河径流中的一座山形障碍物,耸立如柱,河水至此分为三股,每当涨水时节,这里如同鬼门关,船夫难逃厄运。苏轼通过认真的调查,找到了祸害之源,于是向宋选建言,请求修改制度。宋选采纳苏轼的意见,"自是衙前之害减半":"公遍问老校,曰:'木筏之害本不至此,若河、渭未涨,操筏者以时进止,可无重费也。患其乘河、渭之暴多方害之耳。'公即修衙规,使衙前得自择水工,筏行无虞。乃言于府,使得系籍。自是衙前之害减半。"(苏辙《亡兄子瞻端明墓志铭》)

二是提出"以官榷与民"的主张,以"救一时之急,解朝夕之患"。

榷,即专卖。所谓"官榷",即是朝廷对盐、茶、酒、矾(印染的原料)等生活必需品实行官卖,目的是增加收入。但苏轼通过调查发现,凤翔一带经过元昊之变后,百姓困匮,而"凤翔、京兆,此两郡者,陕西之囊橐也。今使有变,则缘边被兵之郡,知战守而已。战而无食则北(败北),守而无财则散。使战不北,守不散,其权固在此两郡也"(苏轼《上韩魏公论场务书》)。那如何藏富于民,如何让百姓在国家出现意外之患时能够挺身而出,共敌外患?在苏轼看来,就只有朝廷从政策上给予一定的调整。现在虽然朝廷对盐、茶、酒、矾等产品实行专卖可以增加一定的财政收入,但如果准许百姓经营,那也可以贡献相应的商业税。换言之,即便朝廷完全失去了这部分收入,那也总比"使民日益困穷而无告,异日无以待仓卒意外之患"要好得多。为此,苏轼上书宰相韩琦:"古人之所以大过人者,惟能于扰攘急迫之中,行宽大闲暇久长之政,此天下所以不测而大服也。朝廷自数十年以来,取之无术,用之无度,是以民日困,官日贫。一旦有大故,则政出一切,不复有所择。此从来不革之过,今日之所宜深惩而永虑也。"(苏轼《上韩魏公论场务书》)

三是免除积欠,消灭囚禁之冤屈者。

苏轼上任凤翔时,当地不少人由于多种原因被官府囚禁。苏轼曾掌管积欠,面对小民的无辜与无力，甚为怜恤："轼于府中，实掌理欠。自今岁麦熟以来，日与小民结为嫌恨，鞭笞锁系，与县官日得千百钱，固不敢惮也。彼实侵盗欺官，而不以时偿，虽日挞无愧。然其间有甚足悲者。或管押竹木，风水之所漂；或主持粮斛，岁久之所坏；或布帛恶弱，估剥以为亏官；或糟滓溃烂，纽计以为实欠；或未输之赃，责于当时主典之吏；或败折之课，均于保任干系之家。官吏上下，举知其非辜，而哀其不幸，迫于条宪，势不得释，朝廷亦深知其无告也，是以每赦必及焉。凡今之所追呼鞭挞日夜不得休息者，皆更数赦，远者六七赦矣。问其所以不得释之状，则皆曰：吾无钱以与三司之曹吏。以为不信，而考诸旧籍，则有事同而先释者矣。曰：此有钱者也。嗟夫，天下之人以为言出而莫敢逆者，莫若天子之诏书也。今诏书且已许之，而三司之曹吏独不许，是犹可忍邪？"（苏轼《上蔡省主论放欠书》）这段话的核心意思就是，对那些确有冤屈应该释放而因为没有钱，无端被三司在各县的曹官继续扣押在监的小民，深表同情。在苏轼看来，天下人认为言出不敢违逆的莫过于天子的诏书。现在天子的诏书都已宣布释放的人，在凤翔这里却有人敢拒不执行，这样的事情还能继续忍耐下去吗？苏轼认为官民之间的矛盾宜解不宜积。在他的组织下，官府对涉事者进行了认真的核对，此事共涉及"二百二十五人，钱七万四百五十九千，粟米三千八百三十斛。其余炭铁器用材木冗杂之物甚众，皆经监司选吏详定，灼然可放者"。于是，他向当时任三司使的蔡襄提出："自今苟无所隐欺者，一切除免，不问其他。以此知今之所奏者，皆可放无疑也。伏惟明公独断而力行之，使此二百二十五家皆得归安其藜糗，养其老幼，日晏而起，吏不至门，以歌咏明公之德，亦使赦书不为空言而无信者。"（苏轼《上蔡省主论放欠书》）苏轼秉公执法，大胆铲除当地官场的痼疾，赢得百姓和有良知的官员的拥戴，被呼为"苏贤良"。

在农耕时代，靠天吃饭是非常形象的比喻。就在苏轼到凤翔任职的第二年的春天，凤翔出现大旱。年轻的苏轼忧农夫之忧，他在诗中写道：

> 中间罹旱暵，欲学唤雨鸠。千夫挽一木，十步八九休。渭水涸无泥，菑堰旋插修。对之食不饱，余事更追求。
>
> （苏轼《和子由闻子瞻将如终南太平宫溪堂读书》）

面对"旱暵",忧心忡忡的苏轼希望自己变成"唤雨鸠"。但这显然是不可能的。苏轼向当地的父老请教境内哪里可以祷告祈雨,父老告诉他说太白山"至灵,自昔有祷无不应"。于是,苏轼"即告太守,遣使祷之……且以瓶取水归郡。水未至,风雾相缠,旗幡飞舞,仿佛若有所见,遂大雨三日"。当时苏轼正在整治馆舍,"为亭于堂之北,而凿池其南,引流种树,以为休息之所"。面对久旱喜雨,"官吏相与庆于庭,商贾相与歌于市,农夫相与抃于野,忧者以乐,病者以愈",恰巧正在建设的这座亭子刚好完工。苏轼邀约二三客聚于新亭,索性将其亭命名为"喜雨亭",有《喜雨亭记》为记:

> 于是举酒于亭上以属客,而告之曰:"五日不雨,可乎?"曰:"五日不雨,则无麦。""十日不雨,可乎?"曰:"十日不雨,则无禾。"无麦无禾,岁且荐饥,狱讼繁兴,而盗益滋炽,则吾与二三子,虽欲优游以乐于此亭,其可得耶?今天不遗斯民,始旱而赐之以雨,使吾与二三子,得相与优游而乐于此亭者,皆雨之赐也。其又可忘耶!既以名亭,又从而歌之,曰:"使天而雨珠,寒者不得以为襦。使天而雨玉,饥者不得以为粟。一雨三日,繄谁之力?民曰太守,太守不有。归之天子,天子曰不然。归之造物,造物不自以为功。归之太空,太空冥冥,不可得而名。吾以名吾亭。"

由这段记文可以看出苏轼真挚朴实的为民情怀。在科学无法解释久旱久雨的那个年代,作为一名地方小官,苏轼的忧与乐,体现了他的良心、良知与良善。

嘉祐八年(1063)正月,陈希亮(字公弼)接替宋选出任凤翔知州。陈希亮,眉州青神县人,性格刚直,不苟言笑,"为人清劲寡欲,长不逾中人,面瘦黑,目光如冰,平生不假人以色,自王公贵人,皆严惮之。见义勇发,不计祸福,必极其志而后已。所至奸民猾吏,易心改行,不改者必诛,然实出于仁恕,故严而不残"(苏轼《陈公弼传》)。对于苏轼这样的年轻有为的官场新兵,陈希亮要求严苛,而苏轼也因为血气方刚,常常与之争执。苏轼因为通过了制科考试,加之初到凤翔,为民请命,雷厉风行,颇得民声,于是同僚们都呼他为"苏贤良"。陈希亮听到后,大声怒斥道:"府判官,何贤良也!"并责令"杖

陕西凤翔东湖喜雨亭（刘清泉 拍摄）

其吏"。

陈希亮曾在凤翔筑凌虚台邀苏轼作记。苏轼作为下属，不能拒绝。于是，苏轼借物以讽，写道："物之废兴成毁，不可得而知也。昔者荒草野田，霜露之所蒙翳，狐虺之所窜伏。方是时，岂知有凌虚台耶？废兴成毁相寻于无穷，则台之复为荒草野田，皆不可知也。尝试与公登台而望，其东则秦穆之祈年、橐泉也，其南则汉武之长杨、五柞，而其北则隋之仁寿、唐之九成也。计其一时之盛，宏杰诡丽，坚固而不可动者，岂特百倍于台而已哉！然而数世之后，欲求其仿佛，而破瓦颓垣无复存者，既已化为禾黍荆棘丘墟陇亩矣，而况于此台欤？夫台犹不足恃以长久,而况于人事之得丧,忽往而忽来者欤?而或者欲以夸世而自足,则过矣。盖世有足恃者,而不在乎台之存亡也。"(苏轼《凌虚台记》)

这篇文章,借陈希亮所筑凌虚台,兴发"物之废兴成毁,不可得而知也"的历史慨叹,也蕴含着对陈希亮咄咄逼人的霸道作风的嘲讽。

当然,后来苏轼发现这位盛气凌人的官长并无恶意,遂对他有了好感。所以多年后,苏轼在为陈希亮所写的传记中这样自我检讨:"轼官于凤翔,实从公二年。方是时,年少气盛,愚不更事,屡与公争议,至形于言色,已而悔之。"(苏轼《陈公弼传》)从苏轼所写的诗中,可以读出苏轼对这位长者的态度已有较大改变:

才高多感激,道直无往还。不如此台上,举酒邀青山。青山虽云远,似亦识公颜。崩腾赴幽赏,披豁露天悭。落日衔翠壁,暮云点烟鬟。浩歌清兴发,放意末礼删。是时岁云暮,微雪洒袍斑。吏退迹如扫,宾来勇跻攀。台前飞雁过,台上雕弓弯。联翩向空坠,一笑惊尘寰。

(苏轼《凌虚台》)

通篇写景状物,咏公(陈希亮)赞公之意溢于言表。的确,陈希亮虽然严肃谨慎,但其幼子陈慥(字季常)却与苏轼十分投缘。每当苏轼处理完公事之后,陈慥常常邀约苏轼外出游猎,两人的关系甚笃,直到苏轼贬谪黄州,还往来频繁,相互唱和酬赠。苏轼在《岐亭五首并叙》中说"余在黄四年,三往见季常,而季常七来见余,盖相从百余日也",由此可见两人之间的友谊。

在凤翔,苏轼还结识了另外一位对他的一生产生了难以抹去的痛苦的人物,这就是章惇。

章惇,字子厚,建州浦城(今属福建)人,他与苏轼为同年进士。当时章惇任商州令,他曾与苏轼一同作永兴军的进士考官,同榜友相见,两人洽谈甚欢。后来他们一同游终南山,曾慥的《高斋漫录》记载了苏轼与章惇的这段往事:

苏子瞻任凤翔府节度判官,章子厚为商州令,同试永兴军进士。刘原父为帅,皆以国士遇之。二人相得欢甚。同游南山诸寺,寺有山魈为祟,客不敢宿。子厚宿,山魈不敢出。抵仙游潭,下临绝壁万仞,岸甚狭,横木架桥,子厚推子瞻过潭书壁,子瞻不敢过。子厚平步以过,用索系树蹑之上下,神色不动,以漆墨濡笔大书石壁上,曰"章惇苏轼来游"。子瞻拊其背,曰:"子厚必能杀人。"子厚曰:"何也?"子瞻曰:"能自拼命者,能杀人也。"子厚大笑。

从这段文字可知,青年时期的苏轼与章惇,关系是不错的。后来苏轼因为"乌台诗案"下狱,章惇还参与营救,所以,苏轼在黄州写给章惇的信中,有"轼所以得罪,其过恶未易以一二数也。平时惟子厚与子由极口见戒,反复甚苦,而轼强狠自用,不以为然"(苏轼《与章子厚书》)之句。但后来两人因为政见不同,遂分道扬镳。

悲喜两重

嘉祐八年（1063）三月二十九日，仁宗驾崩。四月一日，赵曙即位，是为英宗。翌年改元治平，广恩天下。苏轼得到惠泽，由此前的大理评事升迁为大理寺丞。治平二年（1065）正月，苏轼签判凤翔满三年，回京述职。

英宗早闻苏轼才华，欲诏入翰林知制诰，也就是负责诏令的起草。当时韩琦任宰相，认为苏轼虽有才华，但太过年轻，不能骤任高位，否则，难以让天下信服，也会害了苏轼。韩琦说："轼之才，远大器也，他日自当为天下用。要在朝廷培养之，使天下之士莫不畏慕降伏，皆欲朝廷进用，然后取而用之，则人人无复异辞矣。今骤用之，则天下之士未必以为然，适足以累之也。"（《宋史·苏轼传》）英宗起用苏轼的愿望没有打消，他想让苏轼修起居注，但韩琦还是以为不妥："记注与制诰为邻，未可遽授。不若于馆阁中近上帖职与之，且请召试。"（《宋史·苏轼传》）在韩琦看来，修起居注与知制诰地位差不多，不宜仓促授予。认为可以给苏轼一个接近皇帝的馆阁之职，但前提是要通过考试。英宗有点不高兴了，在他看来，如果不知道这个人的真才实学，通过考试可以，而苏轼的才学已为大家所知，还用得着通过考试来检验吗？韩琦坚持己见，认为只有通过考试，才能说服天下之人。英宗无语，只得再考一下苏轼，让韩琦等人哑口。

二月，韩琦以《孔子从先进论》《春秋定天下之邪正论》为策试题目，亲自在学士院主持苏轼入职馆阁的门槛考试。苏轼的这两篇论文写得洋洋洒洒，论述深微而精当，折服考官，"复入三等，得直史官"（《宋史·苏轼传》）。苏轼在《谢馆职启》中抑制不住他的喜悦之情："腼颜就列，抚己若惊。国家取士之门至多，而制举号为首冠；育才之地非一，而册府处其最高。观其所以待之，盖亦可谓至矣。"此前苏轼已入制科最高等，也即文中所说"首冠"，现在又凭自己的实力考入高于制科的馆职，苏轼"抚己若惊"，既为自谦，也是当时内心惊喜的客观写照。

然而，自古皆有"天有不测风云，人有旦夕祸福"之谚。不到三十岁的苏轼，接连高奏凯歌，又跻身中央，这让多少人羡慕乃至嫉恨啊。也许是命运的有意安排或者是特别捉弄吧，苏轼荣列馆职的喜讯尚未冷却，家中的不幸却已悄然降临。

治平二年（1065）五月二十八日，苏轼的结发妻子王弗突然病逝于京城，年仅二十七岁。这让正值事业蒸蒸日上的青年才俊苏轼情何以堪！结婚十一年来，王弗"敏而静"，始终陪伴左右，不仅在生活上悉心照顾，在事业上也多有规劝，且非常及时中肯。回想这一路走来的三千多个日日夜夜，苏轼肝肠寸断。苏轼谨记父亲叮嘱，将王弗灵柩暂时殡于京城之西。苏轼抚今追昔，在《亡妻王氏墓志铭》中详细地刻画了妻子的贤淑懿德，读来令人动容：

> 治平二年五月丁亥，赵郡苏轼之妻王氏卒于京师。六月甲午，殡于京城之西。其明年六月壬午，葬于眉之东北彭山县安镇乡可龙里先君先夫人墓之西北八步。轼铭其墓曰：
>
> 君讳弗，眉之青神人，乡贡进士方之女。生十有六年，而归于轼。有子迈。君之未嫁，事父母，既嫁，事吾先君、先夫人，皆以谨肃闻。其始，未尝自言其知书也。见轼读书，则终日不去，亦不知其能通也。其后轼有所忘，君辄能记之。问其他书，则皆略知之。由是始知其敏而静也。从轼官于凤翔，轼有所为于外，君未尝不问知其详。曰："子去亲远，不可以不慎。"日以先君之所以戒轼者相语也。轼与客言于外，君立屏间听之，退必反复其言曰："某人也，言辄持两端，惟子意之所向，子何用与是人言？"有来求与轼亲厚甚者，君曰："恐不能久。其与人锐，其去人必速。"已而

果然。将死之岁,其言多可听,类有识者。其死也,盖年二十有七而已。始死,先君命轼曰:"妇从汝于艰难,不可忘也。他日汝必葬诸其姑之侧。"未期年而先君没,轼谨以遗令葬之。铭曰:

君得从先夫人于九原,余不能。呜呼哀哉!余永无所依怙。君虽没,其有与为妇何伤乎?呜呼哀哉!

与王弗的这份真挚感情,在十年之后的密州(今山东诸城)之夜,苏轼于梦中得以相续:

十年生死两茫茫,不思量,自难忘。千里孤坟,无处话凄凉。纵使相逢应不识,尘满面,鬓如霜。

夜来幽梦忽还乡,小轩窗,正梳妆。相顾无言,惟有泪千行。料得年年肠断处,明月夜,短松冈。

(苏轼《江城子·乙卯正月二十日夜记梦》)

这是一首记梦词,也是一首悼亡词。虽有时间与空间的相隔,但忘不了的是曾经相濡以沫的夫妻情感与温馨的生活画面。它已经感动了并将继续感动全天下所有的有情人。

古人云:祸不单行。当苏轼还未从丧妻的悲痛中完全走出来,不幸的事再次降临。就在王弗去世不到一年的时间,也即治平三年(1066)四月二十五日,父亲苏洵病逝,享年五十八岁。当时,苏洵与姚辟合修的《礼书》(后参知政事欧阳修上奏英宗,诏以更名为《太常因革礼》)一百卷刚刚完成,苏洵因积劳成疾,遂溘然长逝。

苏洵的死,震惊了朝野。当时为之作挽词的朝野之士有一百多人,可谓"自天子辅臣至闾巷之士,皆闻而哀之"(曾巩《苏明允哀辞》)。不妨来看看当时相关人员的哀悼之辞:

欧阳修在《故霸州文安县主簿苏君墓志铭》中,较为详细地回顾了苏洵的一生,对苏洵及其二子给予了高度评价:"当至和、嘉祐之间,(苏洵)与其二子轼、辙偕至京师，翰林学士欧阳修得其所著书二十二篇，献诸朝。书既出，而公卿士大夫争传之。其二子举进士，皆在高等，亦以文学称于世。眉山在西南数千里外，一日父子隐然名动京师，而苏氏文章遂擅天下。君之文，博辩宏伟，读者悚然想见其人，既见，而温温似不能言；及即之与居，愈久而愈可爱。间而出其所有，愈叩而愈无穷。呜呼！可谓纯明笃实之君子也。"

在《苏主簿洵挽歌》中，欧阳修描写了当时京城哀悼苏洵的盛大场面并对苏洵的道德文章予以礼赞，同时，对皇帝和各要重臣未能接见和奖掖重用苏洵表示叹惋：

布衣驰誉入京都，丹旐俄惊反旧闾。诸老谁能先贾谊，君王犹未识相如。三年弟子行丧礼，千两乡人会葬车。我独空斋挂尘榻，遗编时阅子云书。

曾巩在《苏明允哀辞》中感叹道：

嗟明允兮邦之良，气甚夷兮志则强。阅今古兮辨兴亡，惊一世兮擅文章。御六马兮驰无疆，决大河兮啮扶桑。粲星斗兮射精光，众伏玩兮雕肺肠。自京师兮洎幽荒，矧二子兮与翱翔。唱律吕兮和宫商，羽峨峨兮势方扬。孰云命兮变不常，奄忽逝兮汴之阳。维自著兮昈煌煌，在后人兮庆弥长。嗟明允兮庸何伤！

韩琦有《苏洵员外挽辞二首》：

对未延宣室，文尝荐子虚。书方就绵蕝，奠已致生刍。故国悲云栈，英游负石渠。名儒升用晚，厚愧不先予。

族本西州望，来为上国光。文章追典诰，议论极皇王。美德惊埋玉，瑰材痛坏梁。时名谁可嗣，父子尽贤良。

韩琦感叹苏洵是"美德惊埋玉",对没有及早"升用"苏洵,表示惋惜。好在"父子尽贤良",也给人希望。

苏颂有《苏明允宗丈挽辞二首》:

观国五千里,成书一百篇。人方期远到,天不与遐年。事业逢知己,文章有象贤。未终三圣传,遗恨掩重泉。

尝论平陵系,吾宗代有人。源流知所自,道义更相亲。痛惜才高世,贵咨涕满巾。又知余庆远,二子志经纶。

苏颂以同宗落笔,盛赞"吾宗代有人"。又以《周易》"积善之家必有余庆"为背景,赞美苏轼、苏辙兄弟"志经纶"。

陈襄有《苏明允府君挽词》:

礼阁仪新奏,延英席久虚。自从掩关卧,无复草玄书。东府先生诔,西山孝子庐。谁言身后事,文止似相如。

陈襄以蜀中昔日名贤为喻,称赞苏洵的才德。

刘攽有《挽苏明允二首》:

季子才无敌,桓公义有余。空悲武儋石,犹得茂陵书。郢路营魂远,江源气象虚。康成宜有后,正使大门闾。

汉仪绵蕝盛,周谥竹书存。益以春秋法,因知皇帝尊。百年当绝笔,诸子谢微言。诗礼终谁及,贤良萃一门。

刘攽夸赞苏洵学力笔力了得,且"贤良萃一门",后继有人。

郑獬有《哀苏明允》:

丰城宝剑忽飞去，玉匣灵踪自此无。天外已空丹凤穴，世间还得二龙驹。百年飘忽古无奈，万事凋零今已殊。惆怅西州文学老，一丘空掩蜀山隅。

郑獬除叹惋苏洵的仙逝外，更赞美他的身后还留下已经出名的"二龙驹"苏轼、苏辙。

连后来迫害苏轼的王珪当时也写来挽词：

岷峨地僻少人行，一日西来誉满京。白首只知闻道胜，青衫不及到家荣。玄猿夜哭铭旌过，紫燕朝飞挽铎迎。天禄校书多分薄，子云那得葬乡城。

王珪的挽词仅提及苏洵的"大器晚成"，只字不提二苏的成长与声誉，确有别于其他人的挽词，从中可以窥见日后妒忌迫害苏轼的"苗头"与"伏笔"。

英宗也为苏洵之死哀悼，下诏赐银一百两、绢一百匹，苏轼婉拒，只希望朝廷给予父亲相应的官职名分。朝廷于是特赠苏洵光禄寺丞。英宗诏令有司准备舟船，载苏洵灵柩归葬乡里。

京城的吊唁活动结束后，苏轼与特地从大名府赶来的弟弟苏辙，一同护送父亲和王弗的灵柩，沿汴河、淮河、长江、岷江逆流而上，于翌年即治平四年（1067）四月回到家乡眉山。八月，苏轼、苏辙将父亲苏洵安葬在眉山安镇乡可龙里，也就是在蟆颐山东二十里的老翁泉，与母亲程夫人葬在一起。王弗则葬在公婆墓之西北八步处。

熙宁元年（1068）七月，苏轼服丧期满。十月，在弟弟苏辙的关心帮助下，苏轼续娶前妻王弗堂妹二十七娘王闰之为妻。这一年，苏轼三十三岁，王闰之二十一岁。

苏洵生前喜欢书画，苏轼在凤翔为官时，曾花十万购得吴道子"阳为菩萨，阴为天王"的四块门板画献给父亲。苏洵"所嗜百有余品，一旦以是四板为甲",可见其珍贵。苏洵去世后,苏轼不辞辛劳将这四板名画运回四川,将这四板"先君之所甚爱、轼之所不忍舍者",赠与僧人惟简,惟简"以钱百万度为大阁以藏之,且画先君像其上。轼助钱二十之一,期以明年冬阁成"(苏轼《四菩萨阁记》)。

熙宁元年(1068)十二月,苏轼兄弟携带家眷离开家乡眉山踏上返京的路程。家中一切事务委托堂兄苏子明及邻里杨济甫照管。亲朋蔡褒(字子华)、王淮奇、杨宗文等来送别,大家将一棵荔枝树共同栽种在来凤轩书房的窗前,期待苏轼兄弟早日归来。后来苏轼在《寄蔡子华》中追忆道:

故人送我东来时,手栽荔子待我归。荔子已丹吾发白,犹作江南未归客。江南春尽水如天,肠断西湖春水船。想见青衣江畔路,白鱼紫笋不论钱。霜髯三老如霜桧,旧交零落今谁在。莫从唐举问封侯,但遣麻姑更爬背。

掐指一算,这次离开家乡出川,系苏轼人生中的第三次,也是最后一次。此后,苏轼多次萌生回乡的夙愿,如:

年岁间,当请一乡郡归去,渐谋退省耳。

(苏轼《与子安兄》)

何时归休,得相从田里,但言此,心已驰于瑞草桥之西南矣。

若圣恩怜其老钝,年岁间,乞与一乡郡,归陪杖屦,复讲昔日江上携壶藉草之乐。

某名位过分,日负忧责,惟得幅巾还乡,平生之愿足矣。

(苏轼《与王庆源》)

然而,苏轼宦海沉浮,身不由己,自此之后,他再也没有回到自己念念不忘的故土与乡园。

京城斗法

苏轼、苏辙这次回京与第一次赴京赶考时所走路线相同，都是北上沿着古蜀道进入陕西，再到长安。熙宁元年（1068）十二月二十九日，他们路过长安，与范纯仁、王颐等相会于毋清臣家，共同欣赏《醉道士图》。熙宁二年（1069）二月，苏轼一家人回到京城。苏轼除保留原殿中丞、直史馆职务外，新差判官告院，苏辙为制置三司条例司检详文字。

此时的朝中政局已发生重大变化。治平四年（1067），英宗病逝，年仅十九岁的太子赵顼继位，改元熙宁，是为神宗。神宗年轻有为，急欲革新图强。这种激进的改革思路赢得了王安石的高度认同。于是，神宗对王安石寄予厚望。熙宁元年（1068）即以王安石为翰林学士，次年又擢升其为参知政事，并同意王安石设置制置三司条例司，作为推行改革的行政机构。这里所指的三司，即户部、度支、盐铁三司，是由皇帝特别设置的专门机构。由此，均输法、青苗法、农田水利法、免役法、市易法、方田均税法等系列新法得以陆续推出。

苏轼从小受儒家思想教育，有深厚的家国情怀，当然希望国家强盛、人民幸福。对于当下社会存在的诸多弊病，苏轼看得十分清楚。在先后参加的三次考试所作策文及其相关的文章中，他早就表达了振衰起弊的宏愿及具体的方略。苏轼与王安石不同的是，苏轼不仅希望国富，更强调民强。他认为没有民强的国富不是真正的富，更谈不上强。

由于新法改革受到朝中众多元老的反对，王安石变得更加固执己见，也更加任性专断。凡批评新法的人，都会受到打压甚至迫害。另一方面，那些善于投机钻营的人，利用王安石急欲扩大阵营的现实需求，纷纷投其所好，成为他的马前卒，由此得以骤升重用。

比如，御试进士时，新党吕惠卿将那些歌颂神宗革新、支持变法的人擢居上等，而把批评新法的人掷为下等。苏轼认为这种风气非常不好，败坏科场风气，于是，大胆提出批评，希望矫正此弊。苏轼这样说道：

窃见陛下始革旧制，以策试多士，厌闻诗赋无益之语，将求山林朴直之论，圣听广大，中外欢喜。而所试举人不能推原上意，皆以得失为虑，不敢指陈阙政，而阿谀顺旨者又率据上第。陛下之所以求人至深切矣，而下之报上者如此，臣窃深悲之。夫科场之文，风俗所系，所收者天下莫不以为法，所弃者天下莫不以为戒。……今始以策取士，而士之在甲科者，多以谄谀得之。天下观望，谁敢不然？臣恐自今以往，相师成风，虽直言之科，亦无敢以直言进者。风俗一变，不可复返，正人衰微，则国随之，非复诗赋策论迭兴迭废之比也。

（苏轼《拟进士对御试策》）

言之切切，一身正气。

再如，批评神宗减价收购浙灯以助兴元宵节，认为这是"以耳目不急之玩，而夺其（民）口体必用之资"：

臣伏见中使传宣下府市司买浙灯四千余盏，有司具实直以闻，陛下又令减价收买，见以尽数拘收，禁止私买，以须上令。臣始闻之，惊愕不信，咨嗟累日。何者？窃为陛下惜此举动也。臣虽至愚，亦知陛下游心经术，动法尧舜，穷天下之嗜欲，不足以易其乐，尽天下之玩好，不足以解其忧，而岂以灯为悦者哉。此不过以奉二宫之欢，而极天下之养耳。然大孝在乎养志，百姓不可户晓，皆谓陛下以耳目不急之玩，而夺其口体必用之资。卖灯之民，例非豪户，举债出息，畜之弥年。衣食之计，望此旬日。陛下为民父母，唯可添价贵买，岂可减价贱酬？此事至小，体则甚大。凡陛下所以减价者，非欲以与此小民争此毫末，岂以其无用而厚费也？如知其无用，何必更索；恶其厚费，则如勿买。……方今百冗未除，物力凋弊，陛下纵出内帑财物，不用大司农钱，而内帑所储，孰非民力？与其平时耗于不急之用，曷若留贮以待乏绝之供？故臣愿陛下将来放灯与凡游观苑囿宴好赐予之类，皆饬有司，务从俭约。顷者诏旨裁减皇族恩例，此实陛下至明至断，所以深计远虑，割爱为民。然窃揆其间，不能无少望于陛下，惟当痛自刻损，以身先之，使知人主且犹若此，而况于吾徒哉。非惟省费，亦且弭怨。

（苏轼《谏买浙灯状》）

苏轼苦口婆心，推心置腹，其爱民恤民之情怀，其忠君谏君之坦诚，光照星空。"陛下为民父母，唯可添价贵买，岂可减价贱酬"的观点，烛照出苏轼内心最温暖的良知，而"愿陛下将来放灯与凡游观苑囿宴好赐予之类，皆饬有司，务从俭约"的忠谏，更映照出苏轼的政治操守与廉政情怀。也正因为苏轼动之以情、晓之以理，神宗最后听取了苏轼的建议。所以，苏轼"惊喜过望，以至感泣"（苏轼《上神宗皇帝书》）。

由于有这样的"感泣"，苏轼"知陛下可与为尧舜，可与为汤武，可与富民而措刑，可与强兵而伏戎狄矣。有君如此，其忍负之。惟当披露腹心，捐弃肝脑，尽力所至，不知其它"（苏轼《上神宗皇帝书》）。于是，苏轼对新法存在的弊病批评得更加直接大胆，其主要思想就集中体现在《上神宗皇帝书》等文章中。苏轼想要表达的，就是三点："愿陛下结人心，厚风俗，存纪纲。"要而言之，有六个方面：

首先，反对新设立的制置三司条例司。在苏轼看来，"中外之人，无贤不肖，皆言祖宗以来，治财用者不过三司使副判官，经今百年，未尝阙事。今者无故又创一司，号曰制置三司条例。使六七少年日夜讲求于内，使者四十余辈分行营干于外，造端宏大，民实惊疑，创法新奇，吏皆惶惑。贤者则求其说而不可得，未免于忧；小人则以其意度朝廷，遂以为谤。谓陛下以万乘之主而言利，谓执政以天子之宰而治财，商贾不行，物价腾踊。……今陛下操其器而讳其事，有其名而辞其意，虽家置一喙以自解，市列千金以购人，人必不信，谤亦不止。夫制置三司条例司，求利之名也。六七少年与使者四十余辈，求利之器也。驱鹰犬而赴林薮，语人曰，我非猎也，不如放鹰犬而兽自驯。操网罟而入江湖，语人曰，我非渔也，不如捐网罟而人自信。故臣以为消谗慝以召和气，复人心而安国本，则莫若罢制置三司条例司"。苏轼在这里对为什么要反对设立制置三司条例司说得非常清楚。该机构实际上是打破原有的行政序列与政策体系，纵用一批无德无能之辈，与民争利，破坏社会秩序与国家形象，后果不堪设想。而事实上，当时一批朝中元老，因不满王安石的做法，相继退隐，使得"数日之间，台谏一空"。王安石趁机援用一批阿谀奉承之辈，如吕惠卿、曾布、李定、谢景温等。朝中的政治生态已遭到破坏。所以，苏轼才毫不客气地指出："夫制置三司条例司，求利之名也。六七少年与使者四十余辈，求利之器也。"

其次，反对农田水利法。熙宁二年（1069）十二月，制置三司条例司颁布了《农田利害条约》，提倡各地兴修水利，开荒种植。对于工程浩大者，可申请贷款，贷款者承担相应利息。水利是农业的基础，水利兴则农业兴。苏轼对此有科学的认识。但是苏轼看到这个政策背后有漏洞。因为朝廷只鼓励兴修水利，严惩阻挠者，而对于那些假借兴修之名，误导误害天下之人，却没有相应的惩罚措施。苏轼举例说道："汴水浊流，自生民以来，不以种稻。秦人之歌曰：'泾水一石，其泥数斗。且溉且粪，长我禾黍。'何尝言长我粳稻耶？今欲陂而清之，万顷之稻，必用千顷之陂，一岁一淤，三岁而满矣。陛下遽信其说，即使相视地形，万一官吏苟且顺从，真谓陛下有意兴作，上糜帑廪，下夺农时，堤防一开，水失故道，虽食议者之肉，何补于民。"基于此，苏轼进一步分析道："天下久平，民物滋息，四方遗利，盖略尽矣。今欲凿空访寻水利，所谓即鹿无虞，岂惟徒劳，必大烦扰。凡有擘画利害，不问何人，小则随事酬劳，大则量才录用。若官私格沮，并重行黜降，不以赦原，若材力不办兴修，便许申奏替换，赏可谓重，罚可谓轻。然并终不言诸色人妄有申陈或官私误兴工役，当得何罪。如此，则妄庸轻剽，浮浪奸人，自此争言水利矣。成功则有赏，败事则无诛。官司虽知其疏，岂可便行抑退？所在追集老少，相视可否，吏卒所过，鸡犬一空。若非灼然难行，必须且为兴役。何则？格沮之罪重，而误兴之过轻。人多爱身，势必如此。且古陂废堰，多为侧近冒耕，岁月既深，已同永业，苟欲兴复，必尽追收，人心或摇，甚非善政。又有好讼之党，多怨之人，妄言某处可作陂渠，规坏所怨田产，或指人旧业，以为官陂，冒佃之讼，必倍今日。臣不知朝廷本无一事，何苦而行此哉。"苏轼深刻地观察到人性中的劣根性，希望为国家堵漏洞，为百姓减负担，为子孙留遗产。赏罚严重失衡的政策，必定会滋生腐败，留下后患，让钻营逐利之人逍遥法外，还给那些出于理性的格沮者加以罪责，而对误兴妄为之人疏于问责。如此，"浮浪奸人，自此争言水利"，则百姓之苦，社会之乱，国家之害，谁来承担？谁能承担？由此来看，苏轼并非跟改革派对着干，而是出于对民生国计的负责，反对急功近利和滥用权力。

第三，反对雇役法。如前所述，早在凤翔任上，苏轼就已经对衙前之役的危害深有体会，力行更改。熙宁三年（1070）一月，王安石废除差役法，实行雇役法。所谓雇役，就是"使民出钱雇役"，规定"官户、女户、寺观、未成丁，减半输。皆用其钱募三等以上税户代役，随役重轻制禄"，"谓之庸钱"（《宋史》卷一百七十七）。这种规定，打破传统，既伤害女户、未成丁等下等户的利益，也激起官户这类官僚特权阶层的不满。苏轼讽刺道："自古役人，必用乡户，犹食之必用五谷，衣之必用丝麻，济川之必用舟楫，行地之必用牛马，虽其间或有以他物充代，然终非天下所可常行。今者徒闻江浙之间，数郡雇役，而欲措之天下，是犹见燕晋之枣栗，岷蜀之蹲鸱，而欲以废五谷，岂不难哉。"对此，苏轼严肃指出："又欲官卖所在坊场，以充衙前雇直，虽有长役，更无酬劳，长役所得既微，自此必渐衰散，则州郡事体，憔悴可知。……圣人之立法，必虑后世，岂可于两税之外，别出科名哉！万一不幸，后世有多欲之君，辅之以聚敛之臣，庸钱不除，差役仍旧，使天下怨讟，推所从来，则必有任其咎者矣。又欲使坊郭等第之民，与乡户均役，品官形势之家，与齐民并事。其说曰：'《周礼》田不耕者出屋粟，宅不毛者有里布。而汉世宰相之子，不免戍边。'此其所以借口也。古者官养民，今者民养官。给之以田而不耕，劝之以农而不力，于是有里布屋粟夫家之征。今民无所为生，去为商贾，事势当尔，何名役之？且一岁之戍，不过三日，三日之雇，其直三百。今世三大户之役，自公卿以降，毋得免者，其费岂特三百而已。大抵事若可行，不必皆有故事。若民所不悦,俗所不安,纵有经典明文,无补于怨。若行此二者,必怨无疑。女户单丁,盖天民之穷者也。古之王者,首务恤此。而今陛下首欲役之,此等苟非户将绝而未亡,则是家有丁而尚幼,若假之数岁,则必成丁而就役,老死而没官。富有四海,忍不加恤。"由此可见,体恤下民,同情弱小,成为苏轼建言献策的逻辑起点与核心,并非不讲原则地反对新法。

第四,反对青苗法。熙宁二年(1069)九月,王安石颁布青苗法。此法规定,在夏、秋两收之前,朝廷以半年取十分之二的利息借贷给农民,夏收、秋收后农民归还朝廷。朝廷没有出台该项政策之前,贷款由一些高利贷者操作,现在朝廷将民间高利贷的利益收归朝廷,由朝廷取而代之。表面看,朝廷贷款低于民间,对农户有实际好处。但问题的关键是如何操作,如操作不当,则伤害农民利益远胜过往。而实际操作中,的确就存在这类问题。如为了防止发放的青苗钱收不回来,新法规定富裕户可以多借,贫困户所借受限,大约一等户所借额度可以达到末等户的十倍,这就给了富裕户从中牟利的机会。因为他们本来可以不用借贷,现在既然允许借贷,他们可以将所借之钱再以高利息贷给贫困农户,从中赚取利息之差。再有,新法还规定要五户或十户结为一保,假若借户逃逸,保户要担责代为赔偿。此外,地方官吏为多放青苗钱以邀功,特地实行"抑配",也就是强迫借贷。对此,苏轼论述道:"青苗放钱,自昔有禁。今陛下始立成法,每岁常行,虽云不许抑配,而数世之后,暴君污吏,陛下能保之欤?异日天下恨之,国史记之曰:青苗钱自陛下始,岂不惜哉!且东南买绢,本用见钱,陕西粮草,不许折兑,朝廷既有著令,职司又每举行。然而买绢未尝不折盐,粮草未尝不折钞,乃知青苗不许抑配之说,亦是空文。"

第五,反对均输法。所谓均输之法,"所以通天下之货,制为轻重敛散之术,使输者既便,而有无得以懋迁焉"(《宋史》卷一百八十六)。熙宁二年(1069)七月,制置三司条例司颁布均输法,规定凡籴买、税敛、上贡的物品,可"徙贵就贱,用近易远",而需供办的物品,可以"从便变易蓄买,以待上令"。此举意在抑制大商贾,增加朝廷收入。苏轼有自己的看法,他说:"立法之初,其说尚浅,徒言徙贵就贱,用近易远。然而广置官属,多出缗钱,豪商大贾,皆疑而不敢动,以为虽不明言贩卖,然既已许之变易,变易既行,而不与商贾争利者，未之闻也。夫商贾之事，曲折难行，其买也先期而与钱，其卖也后期而取直，多方相济，委曲相通，倍称之息，由此而得。今官买是物，必先设官置吏，簿书廪禄，为费已厚，非良不售，非贿不行，是以官买之价，比民必贵，及其卖也，弊复如前，商贾之利，何缘而得？""不与商贾争利"是苏轼的核心思想，而透过现象看本质，苏轼看到的是为此"设官置吏，簿书廪禄，为费已厚"的实际成本，一定会大于政策设置的预期，言外之意是费力不讨好，没有必要这样折腾。

第六，反对变科举、兴学校。熙宁二年（1069），王安石主张废除诗赋、明经考试，改之以经义、论策取士。苏轼认为："自文章而言之，则策论为有用，诗赋为无益；自政事言之，则诗赋、策论均为无用矣。虽知其无用，然自祖宗以来莫之废者，以为设法取士，不过如此也。岂独吾祖宗，自古尧舜亦然。《书》曰：'敷奏以言，明试以功。'自古尧舜以来，进人何尝不以言，试人何尝不以功乎？议者必欲以策论定贤愚、决能否，臣请有以质之。近世士大夫文章华靡者，莫如杨亿，使杨亿尚在，则忠清鲠亮之士也，岂得以华靡少之。通经学古者，莫如孙复、石介，使孙复、石介尚在，则迂阔矫诞之士也，又可施之于政事之间乎？自唐至今，以诗赋为名臣者，不可胜数，何负于天下，而必欲废之！近世士人纂类经史，缀缉时务，谓之策括，待问条目，搜抉略尽，临时剽窃，窜易首尾，以眩有司，有司莫能辨也。且其为文也，无规矩准绳，故学之易成，无声病对偶，故考之难精。以易学之士，付难考之吏，其弊有甚于诗赋者矣。"（苏轼《议学校贡举状》）而关于学校问题，苏轼认为："且天下固尝立教矣，庆历之间，以为太平可待，至于今日，惟有空名仅存。今陛下必欲求德行道艺之士，责九年大成之业，则将变今之礼，易今之俗，又当发民力以治宫室，敛民财以食游士，百里之内，置官立师，狱讼听于是，军旅谋于是，又当以时简不率教者，屏之远方，终身不齿，则无乃徒为纷乱，以患苦天下耶？若乃无大变改，而望有益于时，则与庆历之际何异？故臣以为今之学校，特可因循旧制，使先王之旧物不废于吾世，足矣。"（苏轼《议学校贡举状》）

可见，对于王安石掀起的变法改革，苏轼是站在客观、理性的层面去认识、去谏言的，目的在于"具论安石所为不可施行状，以裨万一"（苏轼《杭州召还乞郡状》），其核心理念是"结人心，厚风俗，存纪纲"（苏轼《上神宗皇帝书》）。王安石改革的初衷本来是好的，但是对改革的复杂性和难度认识不足，操之过急。加之朝中过往重臣的接连反对，让性急的王安石内心有些失衡，而新任用的那些人，只会溜须拍马。

面对苏轼的执着，以王安石为首的一派，对苏轼的直言敢谏甚为气愤恼怒，以至寻机想陷害苏轼。王安石的姻亲、御史知杂事谢景温就"首出死力"（苏轼《杭州召还乞郡状》），无中生有地诬奏苏轼，说苏轼在扶父亲苏洵灵柩返乡时，利用官船贩卖私盐，从中非法牟利。于是，"遂下诸路体量追捕当时梢工篙手等，考掠取证"，但以"实无其事，故锻炼不成而止"（苏轼《杭州召还乞郡状》）。虽然此后苏轼的反对派再也不敢拿"贪"字来责难苏轼，但苏轼从这件事中清醒地看到目前朝中的艰难局势，他希望离开中央，离开这个是非之地，到地方任职，远离这群小人。事实上，当时不少朝中大臣已相继离开或退隐，如韩琦、富弼、欧阳修、文彦博、曾巩等人。在《送曾子固倅越得燕字》中，苏轼这样感叹道：

醉翁门下士，杂沓难为贤。曾子独超轶，孤芳陋群妍。昔从南方来，与翁两联翩。翁今自憔悴，子去亦宜然。贾谊穷适楚，乐生老思燕。那因江鲙美，遽厌天庖膻。但苦世论隘，聒耳如蜩蝉。安得万顷池，养此横海鳣。

作为老师辈的欧阳修在朝中都难以栖身，更遑论学生辈的曾子？虽然你曾子超轶群侪，但现在时势已与从前大不一样。世论喧杂，如蜩蝉之聒耳。哪里还能找到万顷巨池，来生养你这搏击大海的大鲤鱼？

为避免卷入更大的政治漩涡，苏轼请求外任。神宗理解，"批出与知州差遣"，但中书省那帮掌权的人嫉恨苏轼被提拔重用，建议"拟令通判颍州"，最后神宗改为"通判杭州"。

熙宁四年（1071）七月，苏轼携带家眷奔赴杭州。离开政治漩涡的京城，苏轼如释重负，他回首自己出仕凤翔以来的十年，不禁感慨万千。在送乡人安惇失解西归的一首诗中，苏轼这样写道：

旧书不厌百回读，熟读深思子自知。他年名宦恐不免，今日栖迟那可追。我昔家居断往还，著书不复窥园葵。嗟来东游慕人爵，弃去旧学从儿嬉。狂谋谬算百不遂，惟有霜鬓来如期。故山松柏皆手种，行且拱矣归何时。万事早知皆有命，十年浪走宁非痴。与君未可较得失，临别惟有长嗟咨。

（苏轼《送安惇秀才失解西归》）

　　"嗟来东游慕人爵，弃去旧学从儿嬉"，苏轼似乎比较后悔当初离开家乡去京城追逐功名的那份冲动，回首十年宦海生涯，颇有昨是而今非的感觉。"从儿嬉"道出了苏轼耻与那帮小人为伍的傲岸心态，而"万事早知皆有命，十年浪走宁非痴"则是一种自嘲。人在江湖，身不由己。苏轼现在也有一种莫名的惆怅。明知前路风云莫测，也只能往前走——不管是"痴"还是"愚"，都义无反顾。因为，前路渺渺，谁能道出其中的真谛。与其在那里怨天尤人，莫如且行且珍惜吧！

　　我昔南行舟系汴，逆风三日沙吹面。舟人共劝祷灵塔，香火未收旗脚转。回头顷刻失长桥，却到龟山未朝饭。至人无心何厚薄，我自怀私欣所便。耕田欲雨刈欲晴，去得顺风来者怨。若使人人祷辄遂，造物应须日千变。今我身世两悠悠，去无所逐来无恋。得行固愿留不恶，每到有求神亦倦。退之旧云三百尺，澄观所营今已换。不嫌俗士污丹梯，一看云山绕淮甸。

（苏轼《泗州僧伽塔》）

　　这是苏轼以自身经历为喻，说明凡事要超然以对。"耕田欲雨刈欲晴，去得顺风来者怨"，真实道出了世间万物的复杂多样，很难有一个标准，也很难让所有人满意。与其责怪造物的不公与不遂，莫若"得行固愿留不恶"，"去无所逐来无恋"。这种超然心态，让苏轼"豁然开朗"，"不嫌俗士污丹梯，一看云山绕淮甸"正是这种超然心境的写照。

离开京城后,苏轼先到陈州,拜访了时任知州的人生伯乐张方平,又与任陈州教授的弟弟苏辙见面。在陈州,苏轼还结识了年仅十七岁的张耒,此后,张耒成为"苏门四学士"之一。

辞别张方平,苏轼与弟弟苏辙一道前往颍州,去拜见他们的另一位恩师欧阳修。

苏轼、苏辙就此在颍州分别。

苏轼继续东行,来到位于镇江的金山寺,拜访宝觉、圆通两位大师。大师苦留苏轼夜宿寺中,观看夜幕下的江山胜景。

> 我家江水初发源,宦游直送江入海。闻道潮头一丈高,天寒尚有沙痕在。中泠南畔石盘陀,古来出没随涛波。试登绝顶望乡国,江南江北青山多。羁愁畏晚寻归楫,山僧苦留看落日。微风万顷靴文细,断霞半空鱼尾赤。是时江月初生魄,二更月落天深黑。江心似有炬火明,飞焰照山栖鸟惊。怅然归卧心莫识,非鬼非人竟何物。江山如此不归山,江神见怪惊我顽。我谢江神岂得已,有田不归如江水。
>
> (苏轼《游金山寺》)

是夜的金山寺江景,勾起了苏轼浓浓的乡愁。大江、落日、江月、江神等构成了一幅绝美的金山夜景图。人生不如意者十之八九,"有田不归"的我(苏轼),就如同这滚滚东流的江水,还得继续东行。熙宁四年(1071)十一月二十八日,苏轼到达杭州通判任上。

通判杭州

离开紧张的政治中心,来到江南都会杭州,苏轼身心重归平静怡然。苏轼在这里愉快地生活和工作,为杭州留下了众多美好的记忆与历史的瞬间。

一是杭州的山水名胜,吸引苏轼驻足留念,尽情歌咏。

苏轼一到杭州,就被这里的美景吸摄,流连忘返,诗兴大发。在苏轼的过往认知中,"余杭自是山水窟"(苏轼《将之湖州戏赠莘老》),而到了杭州,于六月二十七日在望湖楼上的所见即景,就对杭州美景激起的情感涟漪予以鲜活描摹:

黑云翻墨未遮山,白雨跳珠乱入船。卷地风来忽吹散,望湖楼下水如天。

放生鱼鳖逐人来,无主荷花到处开。水枕能令山俯仰,风船解与月徘徊。

乌菱白芡不论钱,乱系青菰裹绿盘。忽忆尝新会灵观,滞留江海得加餐。

献花游女木兰桡,细雨斜风湿翠翘。无限芳洲生杜若,吴儿不识楚辞招。

未成小隐聊中隐，可得长闲胜暂闲。我本无家更安往，故乡无此好湖山。

（苏轼《六月二十七日望湖楼醉书五首》）

望湖楼一名看经楼。苏轼将湖中的自然之景与人物画面有机地结合，赋予西湖丰富优美的想象空间。诸如"白雨跳珠乱入船""放生鱼鳖逐人来，无主荷花到处开""水枕能令山俯仰，风船解与月徘徊""献花游女木兰桡，细雨斜风湿翠翘"等，将远景与近景、动景与静景、昼景与夜景自然地联动，令人遐想。最后，苏轼以"我本无家更安往，故乡无此好湖山"归结。苏轼故乡的家对他来说已是遥远的存在，随着父母的离世和前妻的早逝，他带着一家老小随他为官而漂泊四海。现在的湖山胜景，似乎在他的记忆中，是家乡所没有的。眉山偏于西南一隅，又处于四川盆地的西部、成都平原的西南，那里离大海实在太远，当然没有这样的湖山胜景。苏轼不仅有这样的慨叹，甚至还有这样的念想："平生所乐在吴会，老死欲葬杭与苏。"（苏轼《喜刘景文至》）

也正是因为杭州与苏轼的这种心灵的契合，苏轼为杭州留下了许多美的瞬间：

水光潋滟晴方好，山色空蒙雨亦奇。欲把西湖比西子，淡妆浓抹总相宜。

（苏轼《饮湖上初晴后雨二首》之二）

西湖风光，晴与雨都是那样的醉人。诚如天生丽质的西子，淡妆浓抹都是那样的迷人。这是西湖最好的代言诗，被清人王文诰称为"前无古人，后无来者"。

万人鼓噪慑吴侬，犹似浮江老阿童。欲识潮头高几许，越山浑在浪花中。

（苏轼《八月十五日看潮五绝》之二）

八月十五看钱塘潮，人头攒动，人声鼎沸。潮头能有多高？在苏轼的笔下，"越山浑在浪花中"。这并非虚写。从近处看，潮浪掀起的高度，似乎高于远处的山峦，其道理与"黄河之水天上来"相同。

夏潦涨湖深更幽，西风落木芙蓉秋。飞雪暗天云拂地，新蒲出水柳映洲。

（苏轼《和蔡准郎中见邀游西湖三首》之一）

四句诗，写尽了西湖四季的美，真可谓"湖上四时看不足"。

二是杭州人好，苏轼在这里工作顺心，交游舒心。

苏轼到杭州做通判，先后遇到两任知州。第一任知州为沈立，字立之，历阳（今安徽和县）人。家藏书三万卷，有《牡丹记》等著述。沈立为人好，将苏轼的官舍安置在凤凰山顶。在这里，钱塘江潮、西湖胜景尽收眼底。苏轼对杭州的礼赞，与他在凤凰山顶居住时推窗瞰胜、开门揽景当有很大的关系。

熙宁五年（1072）三月二十三日，苏轼随沈立到吉祥寺赏牡丹。苏轼有《牡丹记叙》记之：

熙宁五年三月二十三日，余从太守沈公观花于吉祥寺僧守璘之圃。圃中花千本，其品以百数。酒酣乐作，州人大集。金盘彩篮以献于坐者，五十有三人。饮酒乐甚，素不饮者皆醉。自舆台皂隶皆插花以从，观者数万人。明日，公出所集《牡丹记》十卷以示客，凡牡丹之见于传记与栽植培养剥治之方，古今咏歌诗赋，下至怪奇小说皆在。余既观花之极盛，与州人共游之乐，又得观此书之精究博备，以为三者皆可纪，而公又求余文以冠于篇。

盖此花见重于世三百余年，穷妖极丽，以擅天下之观美，而近岁尤复变态百出，务为新奇以追逐时好者，不可胜纪。此草木之智巧便佞者也。今公自耆老重德，而余又愚蠢迂阔，举世莫与为比，则其于此书，无乃皆非其人乎。然鹿门子常怪宋广平之为人，意其铁心石肠，而为《梅花赋》，则清便艳发，得南朝徐庾体。今以余观之，凡托于椎陋以眩世者，又岂足信哉！

余虽非其人，强为公纪之。公家书三万卷，博览强记，遇事成书，非独牡丹也。

苏轼对沈立格外尊重，但对"近岁尤复变态百出，务为新奇以追逐时好者"颇不以为然，称之为"草木之智巧便佞者"。这难道不是在暗喻那些投机取巧以迎合新法的佞臣吗？

熙宁五年（1072）秋，陈襄由陈州移知杭州。陈襄，字述古，又称古灵先生，侯官古灵（今福建福州）人，反对新法，与苏轼、苏辙友善。刚好这年秋天有进士考，苏轼参加了杭州的监考。十月，在杭州中和堂举行宴集，陈襄作《登彼公堂燕贡士》诗勉励学子：

登彼公堂，维水汤汤。君子燕湑，其言有章。登彼公堂，有松有柏。君子燕湑，其仪孔特。登彼公堂，维山崔嵬。君子燕湑，其志不回。登彼公堂，鸿飞戾止。君子燕湑，维其不已。

苏轼为这首诗作序，他这样说道：

右《登彼公堂》四章，章四句，太守陈公之词也。苏子曰：士之求仕也，志于得也。仕而不志于得者，伪也。苟志于得而不以其道，视时上下而变其学，曰，吾期得而已矣，则凡可以得者，无不为也，而可乎？昔者齐景公田，招虞人以旌，不至。孔子善之，曰："招虞人以皮冠。"夫旌与皮冠，于义未有损益也，然且不可，而况使之弃其所学，而学非其道欤？熙宁五年，钱塘之士贡于礼部者九人，十月乙酉，燕于中和堂，公作是诗以勉之曰：流而不反者，水也，不以时迁者，松柏也；言水而及松柏，于其动者，欲其难进也。万世不移者，山也，时飞时止者，鸿雁也；言山而及鸿雁，于其静者，欲其及时也。公之于士也，可谓周矣。《诗》曰："无言不酬，无德不报。"二三子何以报公乎？

（苏轼《送杭州进士诗叙》）

由此可以看出，苏轼与陈襄志趣相投。对于即将进京参加礼部考试的贡士们，苏轼认为不必掩饰自己求仕的志向。但是，追求自己的志向，要坚持正道，不能看当权者的脸色而随意改变自己的操守，不能为了"得"而不择手段。苏轼如此谆谆告诫这些学子，显然是有感于自己在京城看到的那些阿谀逢迎的无耻小人，希望这些学子不要步他们的后尘。

杭州因为近海，"其水苦恶，惟负山凿井，乃得甘泉，而所及不广"（苏轼《钱塘六井记》）。陈襄出知杭州后，询问本地百姓亟须解决的问题，苏轼告知以治六井。此六井为唐代宰相李泌（字长源）始作，后来白居易又治湖浚井，民赖以生。由于年久失修，这些井不少已经废置，百姓饮水非常困难。于是，陈襄采纳苏轼的建议，让苏轼制定疏浚方案并组织实施，"乃命僧仲文、子珪办其事。仲文、子珪又引其徒如正、思坦以自助，凡出力以佐官者二十余人。于是发沟易甃，完缉罅漏，而相国之水大至，坎满溢流，南注于河，千艘更载，瞬息百斛"（苏轼《钱塘六井记》）。到第二年春，"六井毕修，而岁适大旱，自江淮至浙右井皆竭，民至以罂缶贮水相饷如酒醴。而钱塘之民肩足所任，舟楫所及，南出龙山，北至长河盐官海上，皆以饮牛马，给沐浴。方是时，汲者皆诵佛以祝公"（苏轼《钱塘六井记》）。可见，这是一项民心工程，深得百姓欢迎。

在杭州，出于工作的需要，苏轼还到杭州各地进行调研考察，并随手将之记录在诗里。这些诗作，对认识当时杭州的历史现状，很有帮助。如："宦游逢此岁年恶，飞蝗来时半天黑。"（苏轼《梅圣俞诗集中有毛长官者，今于潜令国华也。圣俞没十五年，而君犹为令，捕蝗至其邑，作诗戏之》）这是对蝗灾肆虐的记录。当时一些地方官吏，为了取悦朝廷新政，竟然隐瞒这种灾情。苏轼看在眼里，气在心头，无处诉说，只好与弟弟诉苦：

西来烟障塞空虚，洒遍秋田雨不如。新法清平那有此，老身穷苦自招渠。无人可诉乌衔肉，忆弟难凭犬寄书。自笑迂疏皆此类，区区犹欲理蝗余。

（苏轼《捕蝗至浮云岭山行疲苦有怀子由弟二首》之一）

遮天蔽日的蝗虫，洒满秋田，比雨脚还多还密。新法时代，海晏河清，哪里还有什么蝗灾呢？苏轼正话反说，那只能怪自己是一个倒霉蛋，是自己把这些蝗虫招惹来的。"无人可诉乌衔肉"，有苦难言无处伸张，只好给弟弟吐槽一下，没有办法，自己虽然势单力薄，还得要打起精神，去治理蝗虫肆虐过的秋田。

今年粳稻熟苦迟，庶见霜风来几时。霜风来时雨如泻，杷头出菌镰生衣。眼枯泪尽雨不尽，忍见黄穗卧青泥。茅苫一月垄上宿，天晴获稻随车归。汗流肩赪载入市，价贱乞与如糠粞。卖牛纳税拆屋炊，虑浅不及明年饥。官今要钱不要米，西北万里招羌儿。龚黄满朝人更苦，不如却作河伯妇。

（苏轼《吴中田妇叹》）

这首诗记述了吴中田妇命运的悲惨。因为久雨，稻谷迟迟未熟，只能眼睁睁看着金黄的稻穗倒伏在稀泥中。好不容易等到天晴，收割了稻谷，肩挑背扛拿到市场上，谷价却出奇地低，与秕糠和碎米的价差不多。为了纳税（还青苗钱），现在官府又不要米只要钱，没有办法只好卖牛拆屋来抵还，谁管得了明年怎么过！诗的最后悲愤地写道"不如却作河伯妇"。河伯妇，即河伯之神的媳妇。言外之意，就是跳河自杀。这是吴中田妇生不如死的生动写照。

在苏轼任杭州通判的近三年时间里，杭州各种灾害频发，不是蝗灾，就是水灾、旱灾，诚如苏轼在《祈雨吴山祝文》中所说：

杭之为邦，山泽相半。十日之雨则病水，一月不雨则病旱。故水旱之请，黩神为甚。今者止雨之祷，未能逾月，又以旱告矣。吏以不德为愧，神以不倦为德。愿终其赐，俾克有秋。

与苏轼形成鲜明对比的是，一些居庙堂之高的"肉食者"，却对百姓的灾情苦难无动于衷。

蚕欲老，麦半黄，前山后山雨浪浪。农夫辍耒女废筐，白衣仙人在高堂。

(苏轼《雨中游天竺灵感观音院》)

诗中的"白衣仙人"，出自一个典故。《苏轼诗集》卷七引《图经》云："晋天福四年，僧道翊一夕见山间光明，往视之，得奇木，乃命匠者孔仁谦刻观音像。治平中，郡守蔡襄表其异事上之，赐灵感观音院额。"又引《咸淳临安志》云："钱忠懿王梦白衣人求治其居，王感寤，乃即其地创佛庐，号天竺看经院。咸平初，郡守张去华以旱迎大士至梵天寺致祷，即日雨，自是遇水旱必谒焉。"可见，苏轼也是奔着祈晴去的天竺灵感观音院。这里的"白衣仙人"本为观音菩萨，但苏轼却借以代指那些高高在上的官僚阶层，对男耕女织受水涝影响的灾情无动于衷。

熙宁五年（1072），朝廷要在杭州一带开运盐河，苏轼认为这将影响农业生产，但他的意见未被采纳，不仅如此，朝廷还派他去督役。苏轼在《汤村开运盐河雨中督役》中记录了这个片段：

居官不任事，萧散羡长卿。胡不归去来，滞留愧渊明。盐事星火急，谁能恤农耕。薨薨晓鼓动，万指罗沟坑。天雨助官政，泫然淋衣缨。人如鸭与猪，投泥相溅惊。下马荒堤上，四顾但湖泓。线路不容足，又与牛羊争。归田虽贱辱，岂识泥中行。寄语故山友，慎毋厌藜羹。

不仅雨中要强挖盐河，对老百姓而言，因为新法实行"盐业官办"，从而造成"盐价既增，民不肯买"（《宋史》卷一百八十一），以致无盐可吃的局面。苏轼有诗嘲讽道："岂是闻韶解忘味，尔来三月食无盐。"（苏轼《山村五绝》之三）

苏轼还有一首写青苗法对农民原有生活秩序破坏的诗：

杖藜裹饭去匆匆，过眼青钱转手空。赢得儿童语音好，一年强半在城中。

(苏轼《山村五绝》之四)

青苗法，朝廷用意本身是不错的，因为朝廷所贷款的利息低于民间借贷，但在现实操作中却容易走样。一些地方官吏，为了所谓的政绩，不问农民是否需要，强行贷款；另一方面，一些农民手中突然有钱了，便忘乎所以，到城里一阵乱买，等到秋收还本付息之时，就傻眼了。

由于新法的弊端给百姓带来了种种不便，当时因为违反新法而被关押的人很多，仅两浙一带因违反盐法而获罪的，一年就近两万人。苏轼后来在《上文侍中论榷盐书》中这样写道："轼在余杭时，见两浙之民以犯盐得罪者，一岁至万七千人而莫能止。奸民以兵仗护送，吏士不敢近者，常以数百人为辈，特不为他盗，故上下通知，而不以闻耳。"又在《上韩丞相论灾伤手实书》中回忆道："轼在钱塘，每执笔断犯盐者，未尝不流涕也。"

因为违法乱纪的人多，苏轼常常忙于各种狱决，没法休息，有诗云："君不见钱塘游宦客，朝推囚，暮决狱，不因人唤何时休。"（苏轼《和蔡准郎中见邀游西湖三首》之一）这种没完没了的法律事务，甚至让苏轼在除夕之夜也不能回家团聚：

除日当早归，官事乃见留。执笔对之泣，哀此系中囚。小人营糇粮，堕网不知羞。我亦恋薄禄，因循失归休。不须论贤愚，均是为食谋。谁能暂纵遣，闵默愧前修。

（苏轼《熙宁中，轼通守此郡。除夜，直都厅，囚系皆满，日暮不得返舍，因题一诗于壁，今二十年矣。衰病之余，复忝郡寄，再经除夜，庭事萧然，三圄皆空。盖同僚之力，非拙朽所致，因和前篇呈公济、子侔二通守》之前诗）

苏轼爱怜狱中囚犯，说他们是为了养家糊口，而自己也是贪恋朝廷薄禄不得自由。在苏轼看来，自己和这些被囚禁之人都因"为食谋"而失去自由。由此来看，甚觉羞愧。特别是在万家团圆的日子，自己不能将这些囚犯放归，更有一种负疚感。从这一点可以看到苏轼内心深处根深蒂固的民本思想，其爱民恤民的情怀，令人感喟。

当然，苏轼这样描写新法带来的诸多问题，也为那些想陷害苏轼的新党群小提供了罗织罪名的口实。后来的"乌台诗案",也更多是从这些诗中去曲解的。

苏轼任杭州通判时,后来成为"苏门四学士"之一的晁补之的父亲晁端友亦在杭州属县新城为令,苏轼与晁端友得以相识。当时晁补之随父亲做官在杭州,他久闻苏轼大名,向苏轼投诗拜谒,希望得到苏轼的指点。苏轼对这位积极向上的年轻人予以扶持。晁补之这样自述道:"予尝获侍于苏公。苏公为予道杭之山川人物,雄秀奇丽,夸靡饶阜,名不能殚者。且称枚乘、曹植《七发》《七启》之文,以谓引物连类,能究情状。退而深思,仿其事为《七述》,意者述公之言而非作也。"(晁补之《鸡肋集》卷二十八)

晁补之自见苏轼,乃知学之所趋。苏轼为晁补之"优游讲析,不记寝食",并对其奖掖荐举。同为"苏门四学士"的张耒,在《晁太史补之墓志铭》中说:

公从祖考于杭之新城。公览观钱塘人物之盛丽,山川之秀异,为之作文以志之,名曰《七述》。今端明苏公轼通判杭州。苏公蜀人,悦杭之美而思有赋焉。公谒见苏公,出《七述》。公读之,叹曰:"吾可以阁笔矣。"公以文章名一时,士争归之,得一言足以自重,而延誉公如不及,至屈辈行与公交。由此,公名籍甚于士大夫间。

《宋史·晁补之传》依据上述墓志铭这样评述道:"十七岁从父官杭州,粹钱塘山川风物之丽,著《七述》以谒州通判苏轼。轼先欲有所赋,读之叹曰:'吾可以阁笔矣!'又称其文博辩隽伟,绝人远甚,必显于世。由是知名。"苏轼对后生晁补之"吾可以阁笔矣"的奖掖,与当年欧阳修评价后生苏轼所说的"读轼书,不觉汗出。快哉快哉!老夫当避路,放他出一头地也"(欧阳修《与梅圣俞书》)何其相似!由此来看,伟大的人物,胸襟确实宽广!

在杭州,苏轼还与张先交游甚多。熙宁六年(1073)夏,他们曾一同泛舟西湖,时闻弹筝,苏轼有《江城子》词记之:

凤凰山下雨初晴,水风清,晚霞明。一朵芙蕖,开过尚盈盈。何处飞来双白鹭,如有意,慕娉婷。

忽闻江上弄哀筝，苦含情，遣谁听？烟敛云收，依约是湘灵。欲待曲终寻问取，人不见，数峰青。

张先是一位热爱生活的人，八十五岁还曾买妾，苏轼有《张子野年八十五尚闻买妾述古令作诗》：

锦里先生自笑狂，莫欺九尺鬓眉苍。诗人老去莺莺在，公子归来燕燕忙。柱下相君犹有齿，江南刺史已无肠。平生谬作安昌客，略遣彭宣到后堂。

叶梦得《石林诗话》对此有这样的记载：

张先郎中字子野，能为诗及乐府，至老不衰。居钱塘，苏子瞻作倅时，先年已八十余，视听尚精强，家犹畜声妓，子瞻尝赠以诗云："诗人老去莺莺在，公子归来燕燕忙。"盖全用张氏故事戏之。先和云："愁似鳏鱼知夜永，懒同蝴蝶为春忙。"极为子瞻所赏。然俚俗多喜传咏先乐府，遂掩其诗声，识者皆以为恨云。

张先乐府声名掩盖诗名，从这则材料中可以看出时代的审美旨趣的更替。苏轼曾为张先作祭文，云：

子野郎中张丈之灵。曰：仕而忘归，人所共蔽。有志不果，日月其逝。惟余子野，归及强锐。优游故乡，若复一世。遇人坦率，真古恺悌。庞然老成，又敏且艺。清诗绝俗，甚典而丽。搜研物情，刮发幽翳。微词宛转，盖诗之裔。坐此而穷，盐米不继。啸歌自得，有酒辄诣。我官于杭，始获拥篲。欢欣忘年，脱略苛细。送我北归，屈指默计。死生一诀，流涕挽袂。我来故国，实五周岁。不我少须，一病遽蜕。堂有遗像，室无留嬖。人亡琴废，帐空鹤唳。酹觞再拜，泪溢两眦。

（苏轼《祭张子野文》）

杭州有众多名山古刹，苏轼屡屡受邀游览，并与一批僧人交契甚深，苏轼多有诗记之。如苏轼刚到杭州不久，就去拜访孤山的惠勤、惠思二僧，并留下了这首很有意义的诗：

天欲雪，云满湖，楼台明灭山有无。水清石出鱼可数，林深无人鸟相呼。腊日不归对妻孥，名寻道人实自娱。道人之居在何许？宝云山前路盘纡。孤山孤绝谁肯庐，道人有道山不孤。纸窗竹屋深自暖，拥褐坐睡依团蒲。天寒路远愁仆夫，整驾催归及未晡。出山回望云木合，但见野鹘盘浮图。兹游淡泊欢有余，到家恍如梦蘧蘧。作诗火急追亡逋，清景一失后难摹。

（苏轼《腊日游孤山访惠勤惠思二僧》）

该诗将惠勤、惠思二僧所居孤山沿途清幽、澹宕的风景进行了十分形象的描摹，令人顿生无限的遐想，以至回家之后，苏轼都还有恍若梦境的感觉。末尾还有一联作诗的深切体会："作诗火急追亡逋，清景一失后难摹。"但凡有过这种创作经验的人，一定对苏轼的这种总结深以为然。

在杭州为官的这段时期，杭州及其周边的灵隐寺、吉祥寺、天竺灵感观音院、法喜寺、净土寺、功臣寺、梵天寺、水陆寺、六和寺、报本禅院、法惠寺、祥符寺、普照寺、净慈寺、祖塔院、海会寺等都留下了苏轼的足迹，而海月辩师、清顺、可久、惟肃、义诠、辩才等一批法师僧友，都与苏轼有多方面的交往，留下了不少有意义的故事。如这首《赠上天竺辩才师》：

南北一山门，上下两天竺。中有老法师，瘦长如鹳鹄。不知修何行，碧眼照山谷。见之自清凉，洗尽烦恼毒。坐令一都会，男女礼白足。我有长头儿，角颊峙犀玉。四岁不知行，抱负烦背腹。师来为摩顶，起走趁奔鹿。乃知戒律中，妙用谢羁束。何必言《法华》，佯狂啖鱼肉。

辩才法师精神矍铄，一双清澈的碧眼让整座山为之一亮。不仅如此，苏轼的次子苏迨,快四岁了尚不能走路,苏轼很担心。后来,辩才法师为苏迨剃度摩顶,几天之后,苏迨就能走路了,而且还会跑。作为父亲的苏轼当然喜出望外。苏辙有《龙井辩才法师塔碑》,对辩才法师事履有详细记载。

北上密州

苏轼自熙宁四年（1071）六月除杭倅，至熙宁七年（1074）六月，已整整三年，任职没有变动。因熙宁三年（1070）苏辙改齐州（今山东济南）掌书记，又三年，改著作佐郎。苏轼请求调任离苏辙近一点的州郡任职。后来苏辙在《超然台赋并叙》中这样陈述："子瞻既通守余杭，三年不得代。以辙之在济南也，求为东州守。"熙宁七年（1074）九月，苏轼便被改知密州。苏轼在《密州谢上表》中坦陈：

> 伏念臣家世至寒，性资甚下。学虽笃志，本先朝进士篆刻之文；论不适时，皆老生常谈陈腐之说。分于圣世，处以散材。一自离去阙庭，屡更岁籥。尘埃笔砚，渐忘旧学之渊源；奔走簿书，粗识小人之情伪。欲自试于民社，庶有助于涓埃。以为公朝，不废私愿。携挈上国，预忧桂玉之不充；请郡东方，实欲弟昆之相近。自惟何幸，动获所求。虽父兄所以处臣，其侥幸不过如此。虽云疏外，有此遭逢。此盖伏遇皇帝陛下躬上圣之资，建太平之业，以为人无贤愚，皆有可用。故虽如臣等辈，犹未尽捐。臣敢不仰酬至恩，益坚素守。推广中和之政，抚绥疲瘵之民。要使民之安臣，则为臣之报国。臣无任瞻天荷圣激切屏营之至。

这段话除这类谢表之文模式化的自谦以及对皇帝、朝廷的效忠与感激外，可以读出苏轼如下的心理语言：

一是对上国（中央）的眷念，因为"奋厉有当世志"的苏轼心中清楚，要实现大的抱负，需要到中央工作，因为在中央的作为可以覆盖全国，影响更大。但是又自感势单力薄，朝中已被那些激进无底线的小人把控，此时回去，等于自投罗网。所以，这条路不现实。

二是既然回中央不现实，那就继续到地方任职吧。没有能力服务全局，那就影响局部吧。所以，苏轼要"益坚素守"，就是要坚定自己的初心，进而在地方"推广中和之政，抚绥疲瘵之民"。"中和之政"与正在进行的激进改革形成鲜明对比。在苏轼看来，要想当地百姓顺从，那就要立志报国。苏轼认为，这是他感荷皇恩的最佳方式。

三是既然继续留任地方，那就请求中央照顾一下他们昆弟之情，安排一个离弟弟近一点的地方。移知密州，在他看来，算是一种照顾。苏轼以"虽父兄所以处臣，其侥幸不过如此"，表示心中的感念。

离开杭州，踏上北去的征程，苏轼内心有不少的矛盾。十月，在海州（今属江苏）赴密州的路上，苏轼写下了这首《沁园春·赴密州早行马上寄子由》：

孤馆灯青，野店鸡号，旅枕梦残。渐月华收练，晨霜耿耿，云山摛锦，朝露漙漙。世路无穷，劳生有限，似此区区长鲜欢。微吟罢，凭征鞍无语，往事千端。

当时共客长安，似二陆、初来俱少年。有笔头千字，胸中万卷，致君尧舜，此事何难。用舍由时，行藏在我，袖手何妨闲处看。身长健，但优游卒岁，且斗尊前。

词的上片写现实景况。那是一个早晨，野外旅店，人孤马单，苏轼一路风尘仆仆，刚刚休憩一晚，如今又得趁早赶路。回看弯弯曲曲的来路，再瞭望渺渺无际的前程，一种莫名的惆怅顿时涌上心头。下片忆昔抒情，回想当初与弟弟赴京应考时在长安客居的情况。当时的他们恰像西晋时期的陆机与陆云两兄弟，因为正值少年，青春朝气，希望"致君尧舜"，报效国家。但令人遗憾的是，自踏上仕途以来的这十多年，风风雨雨，坎坎坷坷，昔日的翩翩少年已渐入中年，曾经的梦想，在残酷的现实面前，变得越来越遥远。理想也许终归是理想，还要回到现实，那就用孔子的"用之则行，舍之则藏"相鼓励吧。不能委以重任（词中"袖手"之谓），那我们就远观吧。冷眼旁观那些激进之人的表演，不是也很好玩吗？想到这里，苏轼紧蹙的眉头似乎已经舒展了。"身长健，但优游卒岁，且斗尊前"，既是对弟弟的告诫，也是对自己的叮咛。功业、浮名等，都是身外之物，有什么不能舍弃的。只有身体才是自己的。所以，要身长健，我们兄弟俩都需要以乐观的心态生活，尽情享受生活赐予我们的那份快乐！

从繁华的江南都会杭州来到北方边陲小城密州，加之南北城市的差异，两地形成了鲜明的反差。苏轼通过上元节两个城市氛围的对比，给我们做了展示：

灯火钱塘三五夜。明月如霜，照见人如画。帐底吹笙香吐麝，此般风味应无价。

寂寞山城人老也。击鼓吹箫，乍入农桑社。火冷灯稀霜露下，昏昏雪意云垂野。

（苏轼《蝶恋花·密州上元》）

这是熙宁八年（1075）正月十五，苏轼第一次在密州过上元节。北方的山城密州，人口少，天气寒冷，经济衰落，所以，上元节"火冷灯稀""昏昏雪意"，全然没有杭州上元"明月如霜，照见人如画"的那份喜气和人气。

当然，苏轼作为一州之长，关注民生，提振经济，稳定社会，才是他最重要，也是最紧迫的工作。

苏轼一到密州上任，便到处调研。刚来二十余天，苏轼就发现这里的蝗灾十分严重，他在《上韩丞相论灾伤手实书》中这样写道："民以蒿蔓裹蝗虫而瘗之道左，累累相望者，二百余里，捕杀之数，闻于官者几三万斛。然吏皆言蝗不为灾，甚者或言为民除草。使蝗果为民除草，民将祝而来之，岂忍杀乎？轼近在钱塘，见飞蝗自西北来，声乱浙江之涛，上翳日月，下掩草木，遇其所落，弥望萧然。此京东余波及淮浙者耳，而京东独言蝗不为灾，将以谁欺乎？"面对如此严重的灾情，当时一些地方官吏，为了讨好朝廷，居然说"蝗不为灾"，甚至还说蝗虫可以"为民除草"。苏轼反问道：如果蝗虫真有这样的除草作用，那百姓何苦要去灭杀它呢？显然这是胡言乱语。苏轼希望丞相韩绛，"少信其言，特与量蠲秋税，或与倚阁青苗钱"，同时还论"方田均税之患"，又请京东、河北免榷盐。

经过调研分析，苏轼对这里的灾情和由此引发的社会矛盾十分忧虑，便于熙宁七年（1074）十一月，上奏《论河北京东盗贼状》。在这篇奏状中，苏轼这样写道："臣伏见河北、京东比年以来，蝗旱相仍，盗贼渐炽，今又不雨，自秋至冬，方数千里，麦不入土，窃料明年春夏之际，寇攘为患，甚于今日。"苏轼认为，"山东自上世以来，为腹心根本之地，其与中原离合，常系社稷安危"，以至"王者得之以为王，霸者得之以为霸，猾贼得之以为乱天下"。现在灾民流离失所，怎么办？在苏轼看来，"今流离饥馑，议者不过欲散卖常平之粟，劝诱蓄积之家。盗贼纵横，议者不过欲增开告赏之门，申严缉捕之法。皆未见其益也。常平之粟，累经振发，所存无几矣，而饥寒之民，所在皆是，人得升合，官费丘山。蓄积之家，例皆困乏，贫者未蒙其利，富者先被其灾"。苏轼以季康子患盗问于孔子之事加以说明："昔季康子患盗，问于孔子。对曰：'苟子之不欲，虽赏之不窃。'乃知上不尽利，则民有以为生，苟有以为生，亦何苦而为盗。"这就是说，国家要给百姓一条生路，不能把利益都拿走，要让利于民，百姓如有可资生活的来源，何苦要去为非作歹呢？但是，对于那些穷凶极恶、死不悔改之人，苏轼主张要严惩，杀一儆百，不能手软："其间凶残之党，乐祸不悛，则须敕法以峻刑，诛一以警百。"接着苏轼比较了中民以下为盗与忍饥的关联："今中民以下，举皆阙食，冒法而为盗则死，畏法而不盗则饥，饥寒之与弃市，均是死亡，而赊死之与忍饥，祸有迟速，相率为盗，正理之常。虽日杀百人，势必不止。"苏轼是真正看到了问题的根本：反正都吃不起饭，反正都得死，与其忍饥，不如行盗；行盗之死，还要慢些，那就先解决自己的温饱问题再说吧。所以，即使官府每天杀一百人，如果没有从根本上解决问题，那铤而走险地行盗就不会断绝。那该怎么办？苏轼提出了自己的解决办法：

一是放税、免税。苏轼说："臣所领密州，自今岁秋旱，种麦不得，直至十月十三日，方得数寸雨雪，而地冷难种，虽种无生，比常年十分中只种得二三。窃闻河北、京东，例皆如此。寻常检放灾伤，依法须是检行根苗，以定所放分数。今来二麦元不曾种，即根苗可检，官吏守法，无缘直放。若夏税一例不放，则人户必至逃移。寻常逃移，犹有逐熟去处，今数千里无麦，去将安往？但恐良民举为盗矣。且天上无雨，地下无麦，有眼者共见，有耳者共闻。决非欺罔朝廷，岂可坐观不放？欲乞河北、京东逐路选差臣僚一员，体量放税，更不检视。若未欲如此施行，即乞将夏税斛斗，取今日以前五年酌中一年实直，令三等已上人户，取便纳见钱或正色，其四等以下，且行倚阁。缘今来麦田空闲，若春雨调匀，却可以广种秋稼，候至秋熟，并将秋色折纳夏税。若是已种苗麦，委有灾伤，仍与依条检放。其阙麦去处，官吏诸军请受，且支白米或支见钱。所贵小民不致大段失所。"

二是希望朝廷继续保持京东、河北两路不要实行榷盐，同时，免除三百斤以下的小盐商税赋，让小民有存活空间。苏轼说："河北、京东自来官不榷盐，小民仰以为生。近日臣僚上章，辄欲禁榷，赖朝廷体察，不行其言，两路官民，无不相庆。然臣勘会近年盐课日增，元本两路祖额三十三万二千余贯，至熙宁六年增至四十九万九千余贯，七年亦至四十三万五千余贯，显见刑法日峻，告捕日繁，是致小民愈难兴贩。朝延本为此两路根本之地，而煮海之利，天以养活小民，是以不忍尽取其利，济惠鳏寡，阴销盗贼。旧时孤贫无业，惟务贩盐，所以五六年前，盗贼稀少。是时告捕之赏，未尝破省钱，惟是犯人催纳，役人量出。今盐课浩大，告讦如麻，贫民贩盐，不过一两贯钱本，偷税则赏重，纳税则利轻，欲为农夫，又值凶岁，若不为盗，惟有忍饥。所以五六年来，课利日增，盗贼日众。臣勘会密州盐税，去年一年，比祖额增二万贯，却支捉贼赏钱一万一千余贯，其余未获贼人尚多，以此较之，利害得失，断可见矣。欲乞特敕两路，应贩盐小客，截自三百斤以下，并与权免收税，仍官给印本空头关子，与灶户及长引大客，令上历破使逐旋书填月日姓名斤两与小客，限十日更不行用，如敢借人为人影带，分减盐货，许诸人陈告，重立赏罚，候将来秋熟日仍旧，并元降敕榜，明言出自圣意，令所在雕印，散榜乡村。人非木石，宁不感动，一饮一食，皆诵圣恩，以至旧来贫贱之民，近日饥寒之党，不待驱率，一归于盐，奔走争先，何暇为盗？人情不远，必不肯舍安稳衣食之门，而趋冒法危亡之地也。"

三是对那些已经拷问清楚且自己已经承认的盗贼，不要随意减刑豁免。苏轼发现："勘会诸处盗贼，大半是按问减等灾伤免死之人，走还旧处，挟恨报雠，为害最甚。盗贼自知不死，既轻犯法，而人户亦忧其复来，不敢告捕，是致盗贼公行。切详按问自言，皆是词穷理屈，势必不免，本无改过自新之意，有何可改，独使从轻！"基于此，苏轼提出："欲乞今后盗贼赃证未明，但已经考掠方始承认者，并不为按问减等，其灾伤地分，委自长吏，相度情理轻重，内情理重者，依法施行。所贵凶民稍有畏忌，而良民敢于捕告。臣所谓'衣食之门一开，骨髓之恩皆遍，然后信赏必罚，以威克恩，不以徼幸废刑，不以灾伤挠法'者，为此也。"

由以上奏论可以看到，苏轼深入基层调查研究相当深入，所列材料，数据清晰，分析到位，而提出的建议，也具体实在，有很强的可操作性。

在调查中，苏轼还发现，当时由于连年饥荒，很多穷人无力抚养孩子，忍痛丢弃孩子的事情屡屡发生。苏轼看到这种情况后，便安排官府收养这些被丢弃的孩子，然后再将这些弃儿交给那些没有子女的百姓收养，同时，将官府平常作应急用的"劝诱米"，拿出一部分作为收养弃儿的专项补助。他采取的办法是，谁家收养弃儿，谁家每月就可以得到定量的补助。这样，弃儿有人收养，穷苦百姓的生活也得到改善。

在密州，苏轼还对司农寺推行的手实法坚决反对。所谓手实法，就是让百姓自报财产，以定户等。为了防止有人少报，司农寺鼓励检举不如实报告者，并对检举者实施奖赏。此外，还规定不按时施行的，以违制论。苏轼对这种告密奖赏十分反感，认为败坏风气，更何况手实法并非朝廷制定，而是司农寺自己制定的。对此，苏轼不仅反对，而且坚决不执行。苏轼说："违制之坐，若自朝廷，谁敢不从？今出于司农，是擅造律也。"（《宋史·苏轼传》）后来朝廷了解了实情，知道此法害民，便予以废除。

由于连年灾荒，密州生活艰难，苏轼虽身为一州之长，有时也不得不面对"斋厨索然"的窘况。没有办法，他常常与通守刘廷式一起沿着古城墙废弃的苗圃寻找枸杞充饥。他无奈地自嘲道："吁嗟先生，谁使汝坐堂上称太守？前宾客之造请，后掾属之趋走。朝衙达午,夕坐过酉。曾杯酒之不设,揽草木以诳口。对案颦蹙,举箸噎呕。昔阴将军设麦饭与葱叶,井丹推去而不嗅。怪先生之眷眷,岂故山之无有?先生听然而笑曰:'人生一世,如屈伸肘。何者为贫?何者为富?何者为美?何者为陋?或糠核而瓠肥,或粱肉而墨瘦。何侯方丈,庾郎三九。较丰约于梦寐,卒同归于一朽。吾方以杞为粮,以菊为糗。春食苗,夏食叶,秋食花实而冬食根,庶几乎西河、南阳之寿。'"(苏轼《后杞菊赋并叙》)

山东诸城超然台(刘清泉 拍摄)

虽然在密州生活艰苦,但精神的充实可以让人更超然平静。熙宁八年(1075),苏轼在密州修复了一个城台。这个城台为北魏时所建,苏轼刚到密州时,条件艰苦,无暇顾及古迹的修复。苏轼在《超然台记》中有这样的交代:"始至之日,岁比不登,盗贼满野,狱讼充斥,而斋厨索然,日食杞菊。人固疑余之不乐也。处之期年,而貌加丰,发之白者,日以反黑。余既乐其风俗之淳,而其吏民亦安予之拙也,于是治其园圃,洁其庭宇,伐安丘、高密之木以修补破败,为苟完之计。而园之北,因城以为台者旧矣,稍葺而新之。时相与登览,放意肆志焉。"这个城台修复之后,苏轼欣喜不已,邀请近在济南的弟弟苏辙为其命名。苏辙在《超然台赋并叙》中这样叙述道：

> （子瞻）既得请高密，其地介于淮海之间，风俗朴陋，四方宾客不至。受命之岁，承大旱之余孽，驱除螟蝗，逐捕盗贼，廪恤饥馑，日不遑给。几年而后少安，顾居处隐陋，无以自放，乃因其城上之废台而增葺之。日与其僚览其山川而乐之，以告辙曰："此将何以名之？"辙曰："今夫山居者知山，林居者知林，耕者知原，渔者知泽，安于其所而已。其乐不相及也。而台则尽之。天下之士，奔走于是非之场，浮沉于荣辱之海，嚣然尽力而忘反，亦莫自知也。而达者哀之，二者非以其超然不累于物故邪？《老子》曰：'虽有荣观，燕处超然。'尝试以'超然'命之，可乎？"

苏轼认为"超然"之名非常好，遂以之为名。不仅如此，苏轼在苏辙的基础上，进一步发挥"超然之思"，将其上升到哲学的高度：

> 凡物皆有可观。苟有可观，皆有可乐，非必怪奇玮丽者也。哺糟啜漓皆可以醉，果蔬草木皆可以饱。推此类也，吾安往而不乐？夫所为求福而辞祸者，以福可喜而祸可悲也。人之所欲无穷，而物之可以足吾欲者有尽。美恶之辨战乎中，而去取之择交乎前，则可乐者常少，而可悲者常多。是谓求祸而辞福。夫求祸而辞福，岂人之情也哉。物有以盖之矣。彼游于物之内，而不游于物之外。物非有大小也，自其内而观之，未有不高且大者也。彼挟其高大以临我，则我常眩乱反复，如隙中之观斗，又乌知胜负之所在。是以美恶横生，而忧乐出焉。可不大哀乎。
>
> （苏轼《超然台记》）

在苏轼看来，"人之所欲无穷，而物之可以足吾欲者有尽"，所以，祸福、美恶、忧乐等由此而生。但是假如我们转变观念，可观、可乐之物不一定非要"怪奇玮丽"，那么，"凡物皆有可观"："哺糟啜漓皆可以醉，果蔬草木皆可以饱"。我们喝薄酒、浊酒一样可以醉人，吃果蔬草木一样可以饱腹，那又何必非要浓酒、清酒,非要山珍海味呢!秉持这样的人生观与价值观,那还有什么样的生活不能适应呢?还有什么样的人生值得我们去怨愤呢?还有什么东西是我们不能舍去的呢?对此,苏轼在另一篇文章中,就表达了他对身外之物的超然态度:

> 君子可以寓意于物,而不可以留意于物。寓意于物,虽微物足以为乐,虽尤物不足以为病。留意于物,虽微物足以为病,虽尤物不足以为乐。老子曰:"五色令人目盲,五音令人耳聋,五味令人口爽,驰骋田猎令人心发狂。"然圣人未尝废此四者,亦聊以寓意焉耳……
>
> 凡物之可喜,足以悦人而不足以移人者,莫若书与画。然至其留意而不释,则其祸有不可胜言者。钟繇至以此呕血发冢,宋孝武、王僧虔至以此相忌,桓玄之走舸,王涯之复壁,皆以儿戏害其国,凶其身。此留意之祸也。
>
> 始吾少时,尝好此二者,家之所有,惟恐其失之,人之所有,惟恐其不吾予也。既而自笑曰:吾薄富贵而厚于书,轻死生而重画,岂不颠倒错缪失其本心也哉?自是不复好。见可喜者虽时复蓄之,然为人取去,亦不复惜也。譬之烟云之过眼,百鸟之感耳,岂不欣然接之,去而不复念也。于是乎二物者常为吾乐而不能为吾病。
>
> (苏轼《宝绘堂记》)

苏轼从自己早年对书画的态度中悟出了"寓意于物"与"留意于物"的差异。"寓意于物",是说人(我)与物之间是自由的、愉悦的关系,而"留意于物",是说人(我)与物之间是占有、紧张的关系。"留意于物"的人,已变成了物的奴隶,而失去了对物的欣赏与自由,人成为物的拖累,物也成为人的拖累。推动苏轼发现物我关系真谛的是他以富贵和生死来观察他曾经与书画之间的关系:"吾薄富贵而厚于书,轻死生而重画,岂不颠倒错缪失其本心也哉?"对富贵、生死都可以看淡的人,却对书画眷念不放,这确实是有"病"。要让书画这样的物"常为吾乐而不能为吾病",就只有摆正人(我)与物的关系。由于有了这样的认识,由于能够做到"寓意于物",所以,"虽微物足以为乐,虽尤物不足以为病"。秉持这样的人生态度,还有什么不能释怀的呢?还有什么不能适应的呢？还有什么看不开、想不明的呢？所以，"超然物外"，给了苏轼最大的快乐，也给了苏轼最美的人生体验。

密州因为滨海多风，沟渠难以储水，所以经常闹旱灾。于是，百姓经常到城南二十里处的一座山里求雨，且每求必应。由于这座山有常德于民，故名"常山"。熙宁八年（1075）春夏旱，苏轼到常山求雨，皆应如响，且发现一眼泉水。他就在泉上凿石为井，筑亭其上。古人谓"吁嗟求雨"曰"雩"，故取名"雩泉"。苏轼有《雩泉记》记之：

熙宁八年春夏旱，轼再祷焉，皆应如响。乃新其庙。庙门之西南十五步，有泉汪洋折旋如车轮，清凉滑甘，冬夏若一，余流溢去，达于山下。兹山之所以能常其德，出云为雨，以信于斯民者，意其在此。而号称不立，除治不严，农民易之。乃琢石为井，其深七尺，广三之二。作亭于其上，而名之曰雩泉。古者谓吁嗟而求雨曰雩。今民吁嗟其所不获，而呻吟其所疾痛，亦多矣。吏有能闻而哀之，答其所求，如常山雩泉之可信而恃者乎！轼以是愧于神，乃作《吁嗟》之诗，以遗东武之民，使歌以祀神而勉吏云。

苏轼的公仆意识与为民情怀，于此可以洞见。

胶西名人盖公，为秦末汉初人，贵黄老清静无为之术。当时因为王安石"立法更制"，上下折腾，苏轼来到盖公的家乡，对这位先贤尤为怀念，"求其坟墓、子孙而不可得"，于是，"慨然怀之。师其言，想见其为人，庶几复见如公者。治新寝于黄堂之北，易其弊陋，达其壅蔽，重门洞开，尽城之南北，相望如引绳，名之曰盖公堂。时从宾客僚吏游息其间，而不敢居，以待如公者焉"（苏轼《盖公堂记》）。这座盖公堂建成于熙宁九年（1076）秋，苏轼命工匠摹润州甘露寺陆探微所画狮子置于盖公堂中。苏轼有赞语：

高其目，仰其鼻，奋鬣吐舌咸见齿。舞其足，前其耳，左顾右盼喜见尾。虽猛而和盖其戏，置之高堂护燕几。啼呼颠沛走百鬼，嗟乎妙哉古陆子。

（苏轼《胶西盖公堂照壁画赞并引》）

在密州，苏轼还在潍水之上新建快哉亭。苏辙有《寄题密州新作快哉亭二首》记之：

> 车骑崩腾送客来，奔河断岸首频回。凿成户牖功无几，放出江湖眼一开。景物为公争自致，登临约我共追陪。自矜新作超然赋，更拟兰台诵快哉。

> 槛前潍水去沄沄，洲渚苍茫烟柳匀。万里忽惊非故国，一樽聊复对行人。谢安未厌频携妓，汲黯犹须卧理民。试问沙囊无处所，于今信怯定非真。

从苏辙诗中可知，苏轼对超然台和快哉亭十分惬意，曾邀弟弟同游。但苏辙没有机会赴览，诗中均是想象之词。

熙宁八年（1075）七月，辽国胁迫宋王朝"割地以界辽"，"凡东西失地七百里，遂为异日兴兵之端"（《御批历代通鉴辑览》卷七十七）。苏轼一向反对向辽和西夏妥协投降，主张抗击辽和西夏的侵扰，他曾在《和子由苦寒见寄》中对"虏意久欺天"的现实表示不满，希望能有机会"千金买战马，百宝妆刀环。何时逐汝去，与虏试周旋"。就在这年的十月，他祭常山回城途中，与同僚习射放鹰。苏轼作《江城子》词，尽情抒发了这次出猎的豪壮之情：

> 老夫聊发少年狂，左牵黄，右擎苍。锦帽貂裘，千骑卷平冈。为报倾城随太守，亲射虎，看孙郎。
>
> 酒酣胸胆尚开张，鬓微霜，又何妨。持节云中，何日遣冯唐？会挽雕弓如满月，西北望，射天狼。

苏轼写完这首词，颇为解气。他在《与鲜于子骏书》中写道："近却颇作小词，虽无柳七郎风味，亦自是一家。呵呵。数日前，猎于郊外，所获颇多。作得一阕，令东州壮士抵掌顿足而歌之，吹笛击鼓以为节，颇壮观也。写呈取笑。"

关于这次出猎，苏轼还有《祭常山回小猎》一诗记之，可与《江城子》对读：

> 青盖前头点皂旗，黄茅冈下出长围。弄风骄马跑空立，趁兔苍鹰掠地飞。回望白云生翠巘，归来红叶满征衣。圣明若用西凉簿，白羽犹能效一挥。

这首诗虽然没有《江城子》词的抑扬顿挫，但其中豪气干云的壮心是完全一致的。

苏轼在密州时期，朝廷内部政争激烈。当时，王安石因为旧党的围攻和新党内部的相互倾轧，请求罢相并获得批准，以观文殿大学士的身份出知江宁府（今江苏南京）。王安石推荐吕惠卿，吕惠卿遂拜右谏议大夫、参知政事。但是新党内部另一位重要人物邓绾心理不平衡，而吕惠卿也乘势打压邓绾，于是激起邓绾的反击。邓绾向神宗建言，希望神宗让王安石重回相位，继续领导改革变法，并请求罢黜吕惠卿。神宗采纳建议，于熙宁八年（1075）恢复王安石相位。但是，吕惠卿不甘心失落，虽为王安石一手提拔栽培，但为了自己不可告人的野心，他拿出最阴险、最恶毒的一招攻击王安石，说"安石尽弃所学，隆尚纵横之末数，方命矫令，罔上要君。此数恶力行于年岁之间，虽古之失志倒行而逆施者，殆不如此"（《宋史·王安石传》），并将王安石给他的私人书信呈给神宗为证，因为信中有"无使上知"等语，王安石由此得罪神宗。哲宗朝，苏辙在一篇谏言中这样评价道："安石之于惠卿，有卵翼之恩，有父师之义。方其求进，则胶固为一，更相汲引，以欺朝廷。及其权位既均，势力相轧，反眼相噬，化为雠敌……夫惠卿与安石，出肺肝，托妻子，平居相结，惟恐不深，故虽欺君之言见于尺牍，不复疑间。惠卿方其无事，已一一收录，以备缓急之用，一旦争利，遂相抉摘，不遗余力，必致之死，此犬彘之所不为，而惠卿为之，曾不愧耻？天下之士，见其在位，侧目畏之。"（李焘《续资治通鉴长编》卷三百七十八）

苏轼当时虽身居边郡，但朝中政争的激烈是有耳闻的。熙宁九年（1076）秋，苏轼在密州与友人共度中秋，欢饮达旦，大醉，于是写下了这篇千古传诵的中秋词：

明月几时有？把酒问青天。不知天上宫阙，今夕是何年。我欲乘风归去，又恐琼楼玉宇，高处不胜寒。起舞弄清影，何似在人间。

转朱阁，低绮户，照无眠。不应有恨，何事长向别时圆？人有悲欢离合，月有阴晴圆缺，此事古难全。但愿人长久，千里共婵娟。

（苏轼《水调歌头》）

词的上片写中秋饮酒邀月、问月，想象月中宫阙，意欲乘风归去。这里的"归"字值得玩味。苏轼是蜀人，蜀人具有明显的仙化思维特性。古蜀先帝多有"仙化"传闻，所以，道教能发源于蜀地，道教也被称为"仙教"，以羽化而登仙为极乐。这里苏轼仰望星空明月，也有一种意欲归家的感觉。言外之意，是苏轼本从天上下凡而来，故被人称为"坡仙"。此其一。再者，这里的"天上宫阙"，也有天子皇阙之意。皇帝被称为"天子"，是天的代表。苏轼一生"奋厉有当世志"，曾在朝中为官。无奈政治险恶，现在被职边郡，固然也不错，但要真正实现更大的理想抱负，朝中要官所发挥的作用肯定要大于地方官员。但是，"又恐琼楼玉宇，高处不胜寒"。履职中央也不是那样的简单容易，"高处不胜寒"啊！所以，思来想去，似乎还是在边陲小地更自由一点吧。宋人祝穆《古今事文类聚》"坡词爱君"条云：

东坡居士以丙辰中秋，欢饮达旦，大醉，作《水调歌》，都下传唱此词。神宗问内侍外面新行小词，内侍录此呈进，读至"又恐琼楼玉宇，高处不胜寒"，上曰："苏轼终是爱君。"乃命量移汝州。

此条记载如果属实，当是苏轼贬谪黄州之后，这首《水调歌头》才传到神宗那里。神宗读出了苏轼的"恋阙"之意，为之感动。

词的下片回到现实。月华凝照，睡意全无。苏轼感叹这些年来，兄弟之间聚少离多，如此明媚的中秋月夜，为何我们兄弟两人却天各一方。"何事长向别时圆"，看似是对明月的质问，其实是对现实人生的拷问。苏轼从月之阴晴圆缺悟出现实人生的残缺，但用倒语转换为"人有悲欢离合"与"月有阴晴圆缺"。

此事从古至今都是困扰人的难解之题。既然自然都不能常处于"圆满"状态，那又何必去苛求人呢？因此，苏轼只得发出这样的宏愿："但愿人长久，千里共婵娟。"苏轼相信，这是与他有这样共同愿景之人的美好心期。

这首中秋词，虽然苏轼写作时有特定的背景，但它一旦流传开来，就流芳千古。同为四川贤达的杨慎，对这首词爱不释手，称"此等词翩翩羽化而仙，岂是烟火人道得只字"，直言苏轼的这首《水调歌头》为"中秋词古今绝唱"。

南下徐州

熙宁九年（1076）十二月，苏轼罢密州任，改知河中府（今山西永济）。此时已从齐州掌书记卸任回京述职的苏辙，得知兄长因改知河中府正沿澶（今河南濮阳）濮（今山东鄄城）间来京述职的消息，于是与同乡好友范镇一起去迎接。苏辙在《逍遥堂会宿二首》的引言中写道："子瞻通守余杭，复移守胶西，而辙滞留于淮阳、济南，不见者七年。熙宁十年二月，始复会于澶濮之间。"

他们刚到汴京城外的陈桥驿，皇帝诏下，苏轼改知徐州，不得入京城。事发突然，苏轼有一种不祥之感。无奈之下，范镇邀请二苏暂时寓居其东园。次年四月，苏轼与苏辙一同到南都（今河南商丘）去拜访恩师张方平。苏辙自应制科试争议风波以来，一直仕路不达，"自是流落凡二十余年"（苏辙《遗老斋记》）。与苏轼改知徐州同日，恩师张方平任南京留守，由于同情，张方平辟苏辙签书应天府判官。

别过张方平，苏辙继续陪送苏轼到徐州。此时已是熙宁十年（1077）四月下旬。苏辙在徐州陪留百余日，当时他们于逍遥堂住宿，对榻夜语，一同追忆曾经的"旧约"，不禁感慨万千。苏辙有《逍遥堂会宿二首》记之：

逍遥堂后千寻木，长送中宵风雨声。误喜对床寻旧约，不知漂泊在彭城。

秋来东阁凉如水，客去山公醉似泥。困卧北窗呼不起，风吹松竹雨凄凄。

苏轼不忍弟弟伤感，遂和诗，"以为今者宦游相别之日浅，而异时退休相从之日长，既以自解，且以慰子由"：

别期渐近不堪闻，风雨萧萧已断魂。犹胜相逢不相识，形容变尽语音存。

但令朱雀长金花，此别还同一转车。五百年间谁复在，会看铜狄两咨嗟。

兄弟俩相伴百余日，不觉已至中秋。这是近年来，他们第一次共度这一佳节。苏轼作《阳关曲》：

暮云收尽溢清寒，银汉无声转玉盘。此生此夜不长好，明月明年何处看。

人生多艰，"此生此夜不长好，明月明年何处看"道尽了人生的悲凉。苏辙有感于去岁哥哥在密州的中秋词，面对眼前兄弟俩转瞬即逝的相逢，不禁悲从中来，吟咏道：

离别一何久，七度过中秋。去年东武今夕，明月不胜愁。岂意彭城山下，同泛清河古汴，船上载《凉州》。鼓吹助清赏，鸿雁起汀洲。

坐中客，翠羽帔，紫绮裘。素娥无赖，西去曾不为人留。今夜清尊对客，明夜孤帆水驿，依旧照离忧。但恐同王粲，相对永登楼。

（苏辙《水调歌头》）

苏轼觉得弟弟太过伤感，便和了一首词，用略显轻松顽皮的口吻，欲减低即将离别的痛楚：

安石在东海，从事鬓惊秋。中年亲友难别，丝竹缓离愁。一旦功成名遂，准拟东还海道，扶病入西州。雅志困轩冕，遗恨寄沧洲。

岁云暮，须早计，要褐裘。故乡归去千里，佳处辄迟留。我醉歌时君和，醉倒须君扶我，惟酒可忘忧。一任刘玄德，相对卧高楼。

（苏轼《水调歌头》）

兄弟俩就以这样的方式道别。苏辙走后，苏轼在徐州任上继续投入地工作。不久，徐州就遇上特大洪水。

七月十七日，黄河在澶州曹村埽一带决口，四十五个县被淹，三十万顷良田被毁。八月二十一日，洪水直逼徐州城下。由于此前已得到朝廷警报，苏轼已及时组织徐州人民准备工具，积累土石，修补堤坝，采取了必要的防备措施。至九月二十一日，洪水于徐州城下水深已达二丈八尺九寸，"水高于城中平地有至一丈九寸者，而外小城东南隅不沉者三版"。当时有父老告诉苏轼："天禧中，尝筑二堤。一自小市门外，绝壕而南，少西以属于戏马台之麓；一自新墙门外，绝壕而西，折以属于城下南京门之北。"于是，苏轼采纳建议："遂起急夫五千人，与武卫奉化牢城之士，昼夜杂作堤。堤成之明日，水自东南隅入，遇堤而止。水窗六，先水未至，以薪刍为囊自城外塞之。水至而后，自城中塞者皆不足恃。城中有故取土大坑十五，皆与外水相应，并有溢者。三方皆积水，无所取土，取于州之南亚父冢之东。自城中附城为长堤，壮其址，长九百八十四丈，高一丈，阔倍之。公私船数百，以风浪不敢行，分缆城下，以杀河之怒。"（苏轼《奖谕敕记》）

当时，苏轼看到被卷入洪水急流中的男女老幼蔽川而下，便"使习水者浮舟楫，载糗饵以济之，得脱者无数"（苏辙《黄楼赋并叙》）。苏轼看到城内一些富豪大贾怕死偷生，纷纷争相出城避水，他反而愈加增强了与城民共存亡的决心。他率军民持畚锸以出，且在危急情况下，"庐于城上，过家不入"（苏辙

《亡兄子瞻端明墓志铭》），日夜指挥吏民，分堵而守，筑起上述引文中所说的东南长堤九百八十四丈，使水不及城，"民心乃安"。

在抗洪的日子里，苏轼寝食难安，他在给范子丰的信中这样写道："决口未塞，河水日增，劳苦纷纷，何时定乎？"（苏轼《与范子丰》之三）苏轼采纳了僧人应言的建策，"凿清泠口，道积水北入于古废河（原黄河故道），又北东入于海"。当时，"吏方持其议，言强力辩口，慨然论河决状甚明。吏不能夺，卒以其言决之，水所入如其言，东平以安，言有力焉"（苏轼《荐诚禅院五百罗汉记》）。十月十三日，"澶州大风终日。既止，而河流一枝，已复故道"，苏轼"闻之喜甚"，乃作《河复》诗：

君不见西汉元光、元封间，河决瓠子二十年。巨野东倾淮泗满，楚人恣食黄河鳣。万里沙回封禅罢，初遣越巫沉白马。河公未许人力穷，薪刍万计随流下。吾君仁圣如帝尧，百神受职河神骄。帝遣风师下约束，北流夜起澶州桥。东风吹冻收微渌，神功不用淇园竹。楚人种麦满河淤，仰看浮槎栖古木。

经过七十余天的奋战，至十月五日，水渐退，城遂以全，全城人民的生命财产得以保全，自己也免成鱼鳖。苏轼高兴，举城吏民摆宴欢庆，载歌载舞。苏轼饮酒赋诗，有云：

乱山合沓围彭门，官居独在悬水村。居民萧条杂麋鹿，小市冷落无鸡豚。黄河西来初不觉，但讶清泗流奔浑。夜闻沙岸鸣瓮盎，晓看雪浪浮鹏鲲。吕梁自古喉吻地，万顷一抹何由吞。坐观入市卷闾井，吏民走尽余王尊。计穷路断欲安适，吟诗破屋愁鸢蹲。岁寒霜重水归壑，但见屋瓦留沙痕。入城相对如梦寐，我亦仅免为鱼鼋。旋呼歌舞杂诙笑，不惜饮釂空瓶盆。念君官舍冰雪冷，新诗美酒聊相温。人生如寄何不乐，任使绛蜡烧黄昏。宣房未筑淮泗满，故道堙灭疮痍存。明年劳苦应更甚，我当畚锸先鯈髡。付君万指伐顽石，千锤雷动苍山根。高城如铁洪口快，谈笑却扫看崩奔。农夫掉臂免狼顾，秋谷布野如云屯。还须更置软脚酒，为君击鼓行金樽。

（苏轼《答吕梁仲屯田》）

由这首诗可以看到，苏轼始终保持了清醒的头脑。从"黄河西来初不觉"，到"坐观入市卷闾井""但见屋瓦留沙痕""故道堙灭疮痍存"，再到"明年劳苦应更甚，我当畚锸先黧髭"，可以看出苏轼强烈的忧患意识和责任意识。今年的洪水战胜了，那大家应当举一反三，考虑长久之计，加固堤防，避免类似的灾害再次发生。苏轼又向朝廷提出请求，希望调集役夫增筑徐州城堤。但是，当时朝廷的重心在于堵塞澶州的决口，顾不了徐州。所以，苏轼代徐州的请求，朝廷未能及时答复。苏轼在相关文章中说："彭城最处下流，水患甲于东北。奏乞钱与夫为夏秋之备，数章皆不报。曹河若可塞，固大善，不尔，仓卒之间，不免调急夫使系省钱，岂暇复禀命乎？所费必多，而为备不如先事之精也。"（苏轼《与欧阳仲纯》之二）又说："轼始到彭城，幸甚无事，而河水一至，遂有为鱼之忧。近日虽已减耗，而来岁之患，方未可知，法令周密，公私匮乏，举动尤难，直俟逐去耳。"（苏轼《答范景山书》）

直至第二年二月，朝廷终于同意苏轼的请求，"赐钱二千四百一十万，起夫四千二十三人，又以发常平钱六百三十四万，米一千八百余斛，募夫三千二十人，改筑外小城。创木岸四，一在天王堂之西，一在彭城楼之下，一在上洪门之西北，一在大城之东南隅。大坑十五皆塞。已而澶州灵平埽成，水不复至"（苏轼《奖谕敕记》）。

徐州抗洪胜利，元丰元年（1078）正月，神宗下诏奖谕苏轼防洪之功："省京东东路安抚使司转运司奏，昨黄河水至徐州城下，汝亲率官吏，驱督兵夫，救护城壁，一城生齿并仓库庐舍，得免漂没之害，遂得完固事。河之为中国患久矣，乃者堤溃东注，衍及徐方，而民人保居，城郭增固，徒得汝以安也。使者屡以言，朕甚嘉之。"（苏轼《奖谕敕记》）

看到一城百姓和公私财产得以保全，苏轼当然非常高兴。功成之后，为纪念徐州抗洪胜利，苏轼在徐州东门建楼，以黄土刷墙，名之曰"黄楼"。苏轼有诗为证：

> 去年重阳不可说，南城夜半千沤发。水穿城下作雷鸣，泥满城头飞雨滑。黄花白酒无人问，日暮归来洗靴袜。岂知还复有今年，把盏对花容一呷。莫嫌酒薄红粉陋，终胜泥中事锹锸。黄楼新成壁未干，清河已落霜初杀。朝来白露如细雨，南山不见千寻刹。楼前便作海茫茫，楼下空闻橹鸦轧。薄寒中人老可畏，热酒浇肠气先压。烟消日出见渔村，远水鳞鳞山藝藝。诗人猛士杂龙虎，楚舞吴歌乱鹅鸭。一杯相属君勿辞，此境何殊泛清霅。
>
> （苏轼《九日黄楼作》）

> 我在黄楼上，欲作黄楼诗。忽得故人书，中有黄楼词。黄楼高十丈，下建五丈旗。楚山以为城，泗水以为池。我诗无杰句，万景骄莫随。夫子独何妙，雨雹散雷椎。雄词杂今古，中有屈宋姿。南山多磐石，清滑如流脂。朱蜡为摹刻，细妙分毫厘。佳处未易识，当有来者知。
>
> （苏轼《太虚以黄楼赋见寄作诗为谢》）

在拯救徐州城的抗洪斗争中，苏轼自始至终，以"已坐迁疏来此地，分将劳苦送生涯"（苏轼《有言郡东北荆山下，可以沟畎积水，因与吴正字、王户曹同往相视，以地多乱石，不果。还，游圣女山，山有石室，如墓而无棺椁，或云宋司马桓魋墓。二子有诗，次其韵，二首》之一）砥砺自己。可以说，这两句话准确地写出了他当时的心境。

继这次洪涝灾害之后，翌年，即元丰元年（1078）春，徐州又发生大旱。苏轼在《徐州祈雨青词》中这样写道：

> 河失故道，遗患及于东方；徐居下流，受害甲于他郡。田庐漂荡，父子流离。饥寒顿仆于沟坑，盗贼充盈于犴狱。人穷计迫，理极词危。望二麦之一登，救饥民于垂死。而天未悔祸，岁仍大荒。水未落而旱已成，冬无雪

而春不雨。烟尘蓬勃,草木焦枯。今者麦已过期,获不偿种。禾未入土,忧及明年。臣等恭循旧章,并走群望。意水旱之有数,非鬼神之得专。是用稽首告哀,吁天请命。若其赋政多辟,以谪见于阴阳;事神不恭,以获戾于上下。臣实有罪,罚其敢辞。小民无知,大命近止。愿下雷霆之诏,分敕山川之神。朝隮寸云,暮洽千里。使岁得中熟,则民犹小康。

从这篇青词中可以看出苏轼为官一方、祈福一地的真挚情怀和强烈的使命感与责任感。在气象科技尚不发达的过去,苏轼忧百姓之所忧、急百姓之所急,没有办法,只好祈求冥冥之中的神灵护佑。他在《起伏龙行》一诗的序中这样写道:"徐州城东二十里,有石潭。父老云:'与泗水通,增损清浊,相应不差,时有河鱼出焉。'元丰元年春旱,或云置虎头潭中,可以致雷雨。用其说,作《起伏龙行》一首。"诗云:

何年白竹千钧弩,射杀南山雪毛虎。至今颅骨带霜牙,尚作四海毛虫祖。东方久旱千里赤,三月行人口生土。碧潭近在古城东,神物所蟠谁敢侮。上歆苍石拥岩窦,下应清河通水府。眼光作电走金蛇,鼻息为云擢烟缕。当年负图传帝命,左右羲轩诏神禹。尔来怀宝但贪眠,满腹雷霆喑不吐。赤龙白虎战明日,倒卷黄河作飞雨。嗟吾岂乐斗两雄,有事径须烦一怒。

龙能兴云作雾,利用龙虎相争原理,让"赤龙白虎战明日,倒卷黄河作飞雨",也可以看出作为一郡之守的苏轼的良苦用心。古人云,精诚所至,金石为开。也许是苏轼的赤诚感动了上苍,让苏轼焦虑的春旱得到缓解。夏初,苏轼又去石潭谢雨,沿途所见丰收景象,让他喜不自禁。他写道:

惭愧今年二麦丰,千畦细浪舞晴空。化工余力染天红。
归去山公应倒载,阑街拍手笑儿童。甚时名作锦熏笼。

(苏轼《浣溪沙·徐州藏春阁园中》)

在《浣溪沙·徐门石潭谢雨道上作五首》中，苏轼描绘了一路上所见的农村兴旺繁荣的景象，对灾后徐州农村的经济复苏与社会稳定、百姓幸福做了白描式的记录：

照日深红暖见鱼，连溪绿暗晚藏乌。黄童白叟聚睢盱。
麋鹿逢人虽未惯，猿猱闻鼓不须呼。归家说与采桑姑。

旋抹红妆看使君，三三五五棘篱门。相挨踏破茜罗裙。
老幼扶携收麦社，乌鸢翔舞赛神村。道逢醉叟卧黄昏。

麻叶层层苘叶光，谁家煮茧一村香？隔篱娇语络丝娘。
垂白杖藜抬醉眼，捋青捣䴬软饥肠。问言豆叶几时黄？

簌簌衣巾落枣花，村南村北响缫车。牛衣古柳卖黄瓜。
酒困路长惟欲睡，日高人渴漫思茶。敲门试问野人家。

软草平莎过雨新，轻沙走马路无尘。何时收拾耦耕身？
日暖桑麻光似泼，风来蒿艾气如薰。使君元是此中人。

从乡村自然风光到民居妇孺老少，从水田种养到煮茧缫丝，从商旅行人到土著人家，一派祥和温馨的画面。身为太守使君的苏轼，面对灾后复苏的乡村，怎能不欣慰不陶醉呢？

苏轼在徐州，还有一项重大的发现与贡献，那就是对煤的认识与利用。在此之前，并没有人发现这种"遗宝"。元丰元年（1078）十二月，苏轼遣人访获于州之西南白土镇之北：

君不见前年雨雪行人断，城中居民风裂骭。湿薪半束抱衾裯，日暮敲门无处换。岂料山中有遗宝，磊落如磬万车炭。流膏迸液无人知，阵阵腥风自吹散。根苗一发浩无际，万人鼓舞千人看。投泥泼水愈光明，烁玉流金见精悍。南山栗林渐可息，北山顽矿何劳锻。为君铸作百炼刀，要斩长鲸为万段。

（苏轼《石炭》）

这种地下黑金的发现，既解决了百姓生活燃料的问题，也解决了冶铁铸造燃料的问题，对于锻造犀利锐器，抗击外敌侵扰，将发挥重要作用。

元丰元年（1078），秦观入京应试，路过徐州，呈诗求见仰慕已久的苏轼。苏轼读其诗，见其人，颇为欣赏，遂定师生情谊。临别时，秦观赋诗一首，表达他对苏轼道德文章的由衷敬佩：

人生异趣各有求，系风捕影只怀忧。我独不愿万户侯，惟愿一识苏徐州。徐州英伟非人力，世有高名擅区域。珠树三株讵可攀，玉海千寻真莫测。一昨秋风动远情，便忆鲈鱼访洞庭。芝兰不独庭中秀，松柏仍当雪后青。故人持节过乡县，教以东来偿所愿。天上麒麟昔漫闻，河东鸑鷟今才见。不将俗物碍天真，北斗已南能几人。八砖学士风标远，五马使君恩意新。黄尘冥冥日月换，中有盈虚亦何算。据龟食蛤暂相从，请结后期游汗漫。

（秦观《别子瞻》）

秦观对苏轼充满了发自内心的敬意，"我独不愿万户侯，惟愿一识苏徐州"，道出了秦观追随道德文章"英伟"的苏轼的决心与诚意。苏轼也很高兴能认识这样的青年才俊，"一闻君语识君心"，对秦观倍加推崇，有次韵诗为证：

夜光明月非所投，逢年遇合百无忧。将军百战竟不侯，伯郎一斗得凉州。翘关负重君无力，十年不入纷华域。故人坐上见君文，谓是古人吁莫测。新诗说尽万物情，硬黄小字临黄庭。故人已去君未到，空吟河畔草青青。谁谓他乡各异县，天遣君来破吾愿。一闻君语识君心，短李髯孙眼中见。江湖放浪久全真,忽然一鸣惊倒人。纵横所值无不可,知君不怕新书新。千金敝帚那堪换,我亦淹留岂长算。山中既未决同归,我聊尔耳君其漫。

(苏轼《次韵秦观秀才见赠秦与孙莘老李公择甚熟将入京应举》)

包括秦观在内的"苏门四学士",给了苏轼莫大的人生快慰。苏轼曾这样评价他的这些弟子:"每念处世穷困,所向辄值墙谷,无一遂者。独于文人胜士,多获所欲,如黄庭坚鲁直、晁补之无咎、秦观太虚、张耒文潜之流,皆世未之知,而轼独先知之。今足下又不见鄙,欲相从游。岂造物者专欲以此乐见厚也耶?"(苏轼《答李昭玘书》)苏轼的道德文章足为万世师表,这些优秀的学生荟萃其门下,确实是一种天意人愿。苏轼身边如没有这样一批优秀的才俊,那中国文学史和中国文化史将减损太多的遗产。

由于苏轼为徐州百姓做了不少实实在在的大好事,所以徐州百姓非常感谢他。元丰二年(1079)三月,苏轼接到诏令,以祠部员外郎、直史馆移知湖州。离开徐州时,徐州百姓扶老携幼纷纷前来为苏轼送行。父老乡亲拉着他的马缰绳,流着泪为他祝寿说:"洗盏拜马前,请寿使君公。前年无使君,鱼鳖化儿童。"而苏轼则很谦卑,感叹道:"水来非吾过,去亦非吾功。"(苏轼《罢徐州,往南京,马上走笔寄子由五首》之二)又说:"别离随处有,悲恼缘爱结。而我本无恩,此啼谁为设。"(苏轼《罢徐州,往南京,马上走笔寄子由五首》之一)其实,苏轼对徐州是有深厚感情的,这种真挚的情感,可以通过他的《江城子·别徐州》让我们感受到:

天涯流落思无穷。既相逢,却匆匆。携手佳人、和泪折残红。为问东风余几许?春纵在,与谁同?

隋堤三月水溶溶。背归鸿,去吴中。回望彭城、清泗与淮通。寄我相思千点泪,流不到,楚江东。

从"天涯流落思无穷"到"寄我相思千点泪",足见苏轼是一位颇重感情的人。徐州留别,似乎苏轼已有某种人生难言的忧戚之感。

第四章 一蓑烟雨任平生

苏轼对新法的诗意嘲讽，终究被朝中嫉贤妒能的小人抓住"把柄"，在多人接连的上奏弹劾声中，神宗十分为难，于是采用缓兵之计，让御史台到湖州缉拿苏轼回京审讯。宋代历史上著名的文字狱"乌台诗案"由此而生。被关押御史台监狱一百三十天后，苏轼在众多有分量人物的营救帮助下，终于躲过一劫，蒙恩责授检校水部员外郎、黄州团练副使，开始了贬谪人生的第一站。在黄州，苏轼躬耕东坡，参悟人生，建构了东坡居士的诗意栖居审美范式，在中国文学史、中国文化史上留下了浓墨重彩的一笔。

湖州惊雷

元丰二年（1079）三月，苏轼罢徐州，改知湖州。苏轼先到南都看望恩师张方平和弟弟苏辙，相聚半月后，沿宿州、泗州、高邮、扬州、金山，于四月二十日抵达湖州。

湖州因太湖而得名。这里山川秀美，鱼米之乡的胜景，令苏轼喜不自禁。于是，苏轼通过他的笔，给我们留下了湖州的美景"盛宴"：

> 余杭自是山水窟，仄闻吴兴更清绝。湖中橘林新着霜，溪上苕花正浮雪。顾渚茶芽白于齿，梅溪木瓜红胜颊。吴儿鲙缕薄欲飞，未去先说馋涎垂。亦知谢公到郡久，应怪杜牧寻春迟。鬟丝只可对禅榻，湖亭不用张水嬉。
>
> （苏轼《将之湖州戏赠莘老》）

因为苏轼任杭州通判时，曾到湖州"相度堤岸"（指熙宁五年十二月曾到湖州监督开运盐河一事），所以，对湖州的风景有匆匆一瞥，留下"更清绝"的印象。此次来湖州，苏轼的足迹遍布更多的地方。如端午遍游诸寺：

> 肩舆任所适，遇胜辄留连。焚香引幽步，酌茗开静筵。微雨止还作，小窗幽更妍。盆山不见日，草木自苍然。忽登最高塔，眼界穷大千。卞峰照城

郭，震泽浮云天。深沉既可喜，旷荡亦所便。幽寻未云毕，墟落生晚烟。归来记所历，耿耿清不眠。道人亦未寝，孤灯同夜禅。

（苏轼《端午遍游诸寺得禅字》）

诸寺与诸寺所在的卞山以及登临卞山所见震泽（太湖）等风光，令人恍如置身其中。再如清江泛舟：

袅袅风蒲乱，猗猗水荇长。小舟浮鸭绿，大杓泻鹅黄。得意诗酒社，终身鱼稻乡。乐哉无一事，何处不清凉。

（苏轼《乘舟过贾收水阁收不在见其子三首》之二）

小舟在鸭绿色的江面上漂浮，和煦的春风吹拂两岸，鱼米之乡的景致，怎不令人陶醉？再如游道场何山：

清溪到山尽，飞路盘空小。红亭与白塔，隐见乔木杪。中休得小庵，孤绝寄云表。洞庭在北户，云水天渺渺。庵僧俗缘尽，净业洗未了。十年画鹊竹，益以诗自绕。高堂俨像设，禅室各深窈。奔泉何处来，华屋过溪沼。何山隔幽谷，去路清且悄。长松度翠蔓，绝壁挂啼鸟。俄友自杭来，尚叹所历少。归涂风雨作，一洗红日燥。俄惊万窍号，黑雾卷蓬蓼。舟人纷变色，坐美轻鸥矫。我独唤酒杯，醉死胜流殍。书生例强狠，造物空烦扰。更将掀舞势，把烛画风筱。美人为破颜，正似腰支袅。明朝更陈迹，清景堕空杳。作诗记余欢，万古一昏晓。

（苏轼《与客游道场何山得鸟字》）

山中的景与物，给苏轼留下了强烈的视觉冲击，连从杭州赶来的朋友（诗中之"客"），都感叹"所历少"。在这里，僧与俗、酒与人构成了一幅山中清幽的图画。

如果说以上所写都是湖州城外风景，那么，湖州城边及城内又是哪番情状？

苏轼在《与王郎昆仲及儿子迈，绕城观荷花，登岘山亭，晚入飞英寺，分韵得"月明星稀"四首》中，对湖州城市内外的风光有细致的描写：

  昨夜雨鸣渠，晓来风袭月。萧然欲秋意，溪水清可啜。环城三十里，处处皆佳绝。蒲莲浩如海，时见舟一叶。此间真避世，青蒻低白发。相逢欲相问，已逐惊鸥没。

  清风定何物，可爱不可名。所至如君子，草木有嘉声。我行本无事，孤舟任斜横。中流自偃仰，适与风相迎。举杯属浩渺，乐此两无情。归来两溪间，云水夜自明。

  苕水如汉水，鳞鳞鸭头青。吴兴胜襄阳，万瓦浮青冥。我非羊叔子，愧此岘山亭。悲伤意则同，岁月如流星。从我两王子，高鸿插修翎。湛辈何足道，当以德自铭。

  吏民怜我懒，斗讼日已稀。能为无事饮，可作不夜归。复寻飞英游，尽此一寸晖。撞钟履声集，颠倒云山衣。我来无时节，杖屦自推扉。莫作使君看，外似中已非。

而在《泛舟城南，会者五人，分韵赋诗，得"人皆苦炎"字四首》中，苏轼对湖州城市风光有更多的描绘：

  城中楼阁似鱼鳞，不见清风起白蘋。试选苕溪最深处，仍呼我辈不羁人。窥船野鹤何曾下，见烛飞虫空自驯。绕郭荷花一千顷，谁知六月下塘春。

  苦热诚知处处皆，何当危坐学心斋。海螯要共诗人把，溪月行遭雾雨霾。乡国飘零断书信，弟兄流落隔江淮。便应筑室苕溪上，荷叶遮门水浸阶。

紫蟹鲈鱼贱如土，得钱相付何曾数。碧筒时作象鼻湾，白酒微带荷心苦。运肘风生看斫脍，随刀雪落惊飞缕。不将醉语作新诗，饱食应惭腹如鼓。

桥上游人夜未厌，共依水槛立风檐。楼中煮酒初尝荚，月下新妆半出帘。南郭清游继颜谢，北窗归卧等羲炎。人间寒热无穷事，自笑疏顽不受砭。

这组诗非常生动形象地描写了湖州城市的繁荣兴旺。"城中楼阁似鱼鳞"，形容城市楼房密集，是经济发达的一种标志；"绕郭荷花一千顷"，见出城市生态之美；"紫蟹鲈鱼贱如土"，完全是鱼米之乡的景致；"饱食应惭腹如鼓"，美食之都的形象描述；"桥上游人夜未厌，共依水槛立风檐"，城市夜经济与夜生活相当发达；"便应筑室苕溪上"，对鱼米之乡的钟情，希望能购地筑室留下来，享受"荷叶遮门水浸阶"的水乡生活。

湖州的美景虽好，但身为知州的苏轼，却对湖州当下的灾情忧心如焚。苏轼离开杭州已有五年，五年来，这一带因为饥疫，已经死去很多人。苏轼在诗中这样描述道：

来往三吴一梦间，故人半作冢累然。独依旧社传真法，要与遗民度厄年。赵叟近闻还印绶，竺翁先已返林泉。何时策杖相随去，任性逍遥不学禅。

（苏轼《仆去杭五年，吴中仍岁大饥疫，故人往往逝去，闻湖上僧舍不复往日繁丽，独净慈本长老学者益盛，作此诗寄之》）

五年的时间，这里的故人已经有一半"作冢"，可见去世的人数量惊人。作为一方长官，苏轼表示"要与遗民度厄年"，显示了强烈的责任感。

苏轼刚来湖州的时候面临的是旱灾，现在进入五月下旬，湖州又开始进入梅雨时节，雨水不断，稻田被淹，农民愁眉不展。苏轼一如过去一样，到湖州的卞山龙洞去祈祷天晴：

> 吴兴连月雨，釜甑生鱼蛙。往问下山龙，曷不安厥家。梯空上巉绝，俯视惊谽谺。神井涌云盖，阴崖垂藓花。交流百道泉，赴谷走群蛇。不知落何处，隐隐如缲车。我来叩石户，飞鼠翻白鸦。寄语洞中龙，睡味岂不嘉。雨师少弭节，雷师亦停挝。积水得反壑，稻苗出泥沙。农夫免菜色，龙亦饱豚豭。看君拥黄绸，高卧放晚衙。
>
> （苏轼《和孙同年卞山龙洞祷晴》）

苏轼的愿望很简单，就是希望"农夫免菜色"，能够不饿肚子，吃上饱饭。除了祈晴，苏轼还去实地考察，组织官民排涝泄洪自救。然而，正当苏轼全力以赴开展救灾工作时，他自己的一场人生大灾难却悄然降临。

当时朝中政局被一帮新进勇锐之小人把持，包括李定、舒亶、何正臣等。苏轼这些年对新法的嘲讽，他们早已怀恨在心，伺机报复，加之苏轼在《湖州谢上表》中有"知其愚不适时，难以追陪新进；察其老不生事，或能牧养小民"之语，更痛恨苏轼对他们的讥刺，下定决心要置苏轼于死地，以消除他们对自己无德无能而擢居高位的内心惊恐。现在他们抓住苏轼《湖州谢上表》和此前的《钱塘集》拼凑罪证，并密谋群体反击。

于是，李定、舒亶、何正臣三个台谏官，另加一个国子监博士李宜之接连弹劾苏轼，神宗甚感震惊，不知所措。

在崇政殿朝会上，御史中丞李定首先发难，攻击苏轼道："知湖州苏轼，初无学术，滥得时名，偶中异科，遂叨儒馆，有可废之罪四。昔者尧不诛四凶，至舜则流放窜殛之，盖其恶始见于天下也。轼初腾沮毁之论，陛下犹置之不问，容其改过，轼怙终不悔，其恶已著，一也。古人有言曰，教而不从，然后诛之，盖吾之所以俟之者尽，然后戮辱随焉。陛下所以俟轼者，可谓尽矣，而狂悖之语日闻，二也。轼所为文辞，虽不中理，亦足以鼓动流俗，所谓言伪而辨；当官侮慢，不循陛下之法，操心顽愎不服陛下之化，所谓行伪而坚；先王之法所当首诛，三也。刑故无小，盖知而故为，与夫不知而为者异也。轼读史传，非不知事君有礼，讪上有诛，而敢肆其愤心，公为诋訾，而又应制举对策，即已有厌弊更法之意，及陛下修明政事，怨不用己，遂一切毁之，以为非是，四也。罪有四可废，而尚容于职位，伤教乱俗，莫甚于此。"（李焘《续资治通鉴长编》卷二百九十九）

御史舒亶攻击道："轼近上谢表，颇有讥切时事之言，流俗翕然争相传诵，志义之士，无不愤惋。盖陛下发钱以本业贫民，则曰'赢得儿童语音好，一年强半在城中'；陛下明法以课试群吏，则曰'读书万卷不读律，致君尧舜知无术'；陛下兴水利，则曰'东海若知明主意，应教斥卤变桑田'；陛下谨盐禁，则曰'岂是闻韶解忘味，尔来三月食无盐'。其他触物即事，应口所言，无一不以诋谤为主，小则镂板，大则刻石，传播中外，自以为能。"（李焘《续资治通鉴长编》卷二百九十九）

何正臣也诋毁苏轼"愚弄朝廷，妄自尊大"（李焘《续资治通鉴长编》卷二百九十九）。

此三人有明显的分工。李定从宏观上给苏轼"盖棺定论"，所言四宗罪过，条条都言"诛杀"，气势咄咄逼人。舒亶则专事寻章摘句，曲解误解乱解苏轼诗文。为印证其说，他还将搜集到的三卷苏轼诗集附上。何正臣则在两人的基础上作补充小结。

面对多人对苏轼的"群殴"，神宗有些招架不住，只得下诏，让御史台派人将苏轼押解京城审问。朝中惊愕。李定庆幸自己目的初步达到，但派谁去湖州押解逮捕苏轼却举棋不定。后来一个名叫皇甫遵的台吏自告奋勇，请求去湖州拘捕苏轼。为趋附邀功，临行前，皇甫遵要求将苏轼寄监，但遭到神宗的阻挡。神宗说："只是根究吟诗事，不消如此。"

皇甫遵带着自己的儿子皇甫高与另外两个台卒一行四人疾驰湖州抓捕苏轼。当时驸马都尉王诜与苏轼友情甚笃，得知皇甫遵一行前往湖州行刑，心急如焚，赶紧差遣一位心腹火速前往南都通报苏辙。苏辙闻言惊愕，事不容疑，密遣其女婿文务光飞奔湖州报信。

皇甫遵先行一步，文务光本追不上。谁知到润州后皇甫高得病，求医诊治停留了半日，这样文务光才先皇甫遵一步抵达湖州通报苏轼。苏轼得知后，不及多思，便草书一信让文务光带给苏辙，委托苏辙照管家人，处理后事。

皇甫遵一行一到湖州就直奔衙所公堂，缉拿苏轼，气势汹汹。当时苏轼惊恐，不敢出迎，询问权知州事祖无颇。祖无颇说："事至于此，无可奈何，须出见之。"苏轼觉得自己已是罪人，不便再穿官服相见。祖无颇说："未知罪名，当以朝服见也。"苏轼与祖无颇等职官列庭下等候宣读圣旨。但皇甫遵许久不说话，大家更加惊疑。还是苏轼开头说道："轼自来激恼朝廷多，今日必是赐死。死固不辞，乞归与家人诀别。"这时，皇甫遵才不急不忙地说道："不至如此。"

大家悬着的心稍微松弛一下。祖无颇说："大博必有被受文字。"皇甫遵问："你是谁？"祖无颇答："我是权州。"皇甫遵这才将台牒拿给祖无颇看。祖无颇一看，知道是"只是寻常追摄行遣耳"，尚未定罪，更无涉死刑。（见《吴兴备志》卷二十八）

皇甫遵要苏轼立刻上路回京。苏轼与家人告别，妻子王闰之哭成泪人，苏轼反倒比较镇定，就给妻子讲了一个故事。苏轼说：

宋真宗时，有一位隐者杨朴，能为诗。宋真宗召见他，问他能否作诗。杨朴说不能。宋真宗问："临行有人作诗送卿否？"杨朴说，只有妻子有一首，云："更休落魄耽杯酒，且莫猖狂爱咏诗。今日捉将官里去，这回断送老头皮。"宋真宗听后大笑，于是就把杨朴放还。

这次苏轼因为作诗要追赴诏狱，妻子不免大哭。苏轼对痛哭的妻子说："你难道不能如杨处士妻那样作一首诗为我送行吗？"王闰之不觉失笑。（见苏轼《东坡志林》）

王闰之派长子苏迈陪同苏轼进京，以便一路照顾。狱卒押解苏轼径直出城上船。一城百姓看到他们敬仰的太守像被捉的鸡鸭一样被莫名其妙地押走，纷纷雨泣如注，忧伤不已。跟随苏轼身边的王适、王遹两兄弟非常厚道且勇敢无畏，一直陪护苏轼到船边，待苏轼上船启程后，又返回苏家，帮王夫人收拾行李，将全家老小送到南都去投奔苏辙。后来苏轼在《王子立墓志铭》中这样称赞王适、王遹两兄弟:"子立讳适,赵郡临城人也。始予为徐州,子立为州学生,知其贤而有文,喜怒不见,得丧若一,曰:'是有类子由者。'故以其子妻之。与其弟遹子敏,皆从余于吴兴。学道日进,东南之士称之。余得罪于吴兴,亲戚故人皆惊散,独两王子不去,送余出郊,曰:'死生祸福,天也,公其如天何。'返取余家,致之南都。"

在王夫人一行启程前,狱卒又到苏轼家中去查找有关苏轼所写文字,翻箱倒柜,弄得一地狼藉。苏轼一家老小惊恐万状。一气之下,王夫人将苏轼残存文稿付之一炬。

狱中惊魂

苏轼在押解途中和狱中有两次准备自杀。一次是在长江上。一生"奋厉有当世志"的苏轼，自出仕以来，忠心耿耿，无论是在中央还是在地方，都是竭尽自己所能，为了国家强盛和百姓幸福，即使赴汤蹈火，也在所不惜。现在受此侮辱，下一步还要接受审讯，难免要牵扯无辜的友朋，那可如何是好？当晚，押解船只因为舵损需要维修，就暂时停泊在太湖鲈香亭下。当时，湖面风涛倾倒，月色如昼。心事重重的苏轼一个念头突然浮现在脑海：何不葬身湖底，一走了之？但仔细一想，他这一走，难道那些小人就会放过与自己亲近的朋友？再说了，不是与弟弟早已约好，"一旦功成名遂，准拟东还海道，扶病入西州"吗？现在功未成、名未遂，就这样撒手人寰，弟弟苏辙肯定也没有勇气再活下去，这样不是反而连累弟弟了吗？想到这里，苏轼迟疑了。这时，看管的吏卒似乎发现了苏轼的内心"动向"，看守更紧，苏轼也就只好打消了这一念头。

到京城后，苏轼被关押在御史台监狱中，时被提审。刚开始苏轼不想连累他人，对相关交往人员予以否认，但是，苏轼与朝廷内外大臣诗文往还的所谓"证据"已摆在那里，再否认就显得很尴尬，不得已，苏轼只好承认。由此，朝廷内外与苏轼有文字往还，以文字讥刺政事的大臣凡数十人，均受到牵连。苏轼预感事态不妙，必死无疑。与其受辱，不如自行了断。于是，苏轼将他平时服用的青金丹全部收集起来埋藏在土中，以备一旦当死则服之自杀。

进狱之前，苏轼与儿子苏迈约定好，平日送食只送肉菜，若有不测则送鱼。

一日，苏迈临时有事，不得已委托一位亲友送食，但忘了交代。这位亲戚看到市面上黄河鲤鱼很新鲜，就买了一条鱼，烹饪之后送去。苏轼看到送的是鱼，大为吃惊。

幸好狱卒梁成非常仁和而有礼，对苏轼很友善也很细心，每天晚上都要端来一盆热水让苏轼泡脚。苏轼看他比较可靠，心想自己死期已近，就很诚恳地求他帮忙做一件事。这位狱卒一脸困惑。苏轼就告诉他："也没有别的什么事，就是我有一位弟弟苏辙，我放心不下，我想写两首诗交给你，万一我死了，请你务必转交给我的弟弟，以此作为诀别。"这位狱卒安慰苏轼，说不会至此。苏轼说："但愿如此啊！假如我万一获免，则无所恨；但假如不免，而这些诗又不能送达弟弟那里，我会死不瞑目呀。"这位狱卒接受了苏轼的委托，将苏轼托付的两首诗小心翼翼地藏在自己的枕中。这两首诗是《予以事系御史台狱，狱吏稍见侵，自度不能堪，死狱中，不得一别子由，故作二诗授狱卒梁成，以遗子由，二首》，也作《狱中寄子由二首》：

圣主如天万物春，小臣愚暗自忘身。百年未满先偿债，十口无归更累人。是处青山可埋骨，他年夜雨独伤神。与君世世为兄弟，又结人间未了因。

柏台霜气夜凄凄，风动琅珰月向低。梦绕云山心似鹿，魂飞汤火命如鸡。眼中犀角真吾子，身后牛衣愧老妻。百岁神游定何处，桐乡知葬浙江西。

这两首诗充满哀伤凄清之情，对圣主不仅没有怨言，还充满感恩，对那些陷害他的小人也没有提及。所述内容，全是兄弟之情、夫妻之情、父子之情、家庭之情，以及当下自己的惊恐心情，还有对后事的交代。

"柏台"即御史台之别称。汉代御史府中植柏树，故世称御史台为柏台，或曰柏府。《汉书·朱博传》载："是时御史府吏舍百余区，井水皆竭。又其府中列柏树，常有野乌数千栖宿其上，晨去暮来，号曰'朝夕乌'。"唐人卢照邻

《长安古意》云"御史府中乌夜啼"即用此典。历代沿用,故柏台、乌台,皆称御史台。因此,苏轼这次因诗系狱事件,被称为"乌台诗案"。

这桩"乌台诗案"是宋代最大的一次文字狱,影响十分深远。案发之后,朝野无不为之震惊。苏轼为官过的杭州、密州、徐州、湖州等地民众,自发为苏轼焚香祷告,一批有识之士以各种身份和方式,加入营救的阵营。最着急的当然要数弟弟苏辙。他在《为兄轼下狱上书》中这样写道:

臣闻困急而呼天,疾痛而呼父母者,人之至情也。臣虽草芥之微,而有危迫之恳,惟天地父母哀而怜之。

臣早失怙恃,惟兄轼一人,相须为命。今者窃闻其得罪逮捕赴狱,举家惊号,忧在不测。臣窃思念,轼居家在官,无大过恶,惟是赋性愚直,好谈古今得失,前后上章论事,其言不一。陛下圣德广大,不加谴责,轼狂狷寡虑,窃恃天地包含之恩,不自抑畏。顷年通判杭州及知密州日,每遇物托兴,作为歌诗,语或轻发,向者曾经臣寮缴进,陛下置而不问。轼感荷恩贷,自此深自悔咎,不敢复有所为。但其旧诗已自传播。

臣诚哀轼愚于自信,不知文字轻易,迹涉不逊,虽改过自新,而已陷于刑辟,不可救止。轼之将就逮也,使谓臣曰:"轼早衰多病,必死于牢狱,死固分也。然所恨者,少抱有为之志,而遇不世出之主,虽龃龉于当年,终欲效尺寸于晚节。今遇此祸,虽欲改过自新,洗心以事明主,其道无由。况立朝最孤,左右亲近,必无为言者,惟兄弟之亲,诚求哀于陛下而已。"臣窃哀其志,不胜手足之情,故为冒死一言。

昔汉淳于公得罪,其女子缇萦,请没为官婢,以赎其父。汉文因之,遂罢肉刑。今臣蝼蚁之诚,虽万万不及缇萦,而陛下聪明仁圣,过于汉文远甚。臣欲乞纳在身官,以赎兄轼,非敢望末减其罪,但得免下狱死为幸。兄轼所犯,若显有文字,必不敢拒抗不承,以重得罪。若蒙陛下哀怜,赦其万死,使得出于牢狱,则死而复生,宜何以报!臣愿与兄轼,洗心改过,粉骨报效,惟陛下所使,死而后已。臣不胜孤危迫切,无所告诉,归诚陛下,惟宽其狂妄,特许所乞,臣无任祈天请命,激切陨越之至。

这篇上书，言辞恳切哀痛。苏辙说，愿用自己的职官，赎换哥哥的死刑。

恩师张方平也在《论苏内翰》中称苏轼为"天下之奇才"，但"其性资疏率，阙于慎重，出位多言，以速尤悔。顷年以来，闻轼屡有封章，特为陛下优容，四方闻之，莫不感叹圣明宽大之德，而尤轼僭易轻发之性，今其得罪，必缘故态。但陛下于四海生灵，譬如天之无不覆冒，如地之无不持载，如四时之无不化育，于一苏轼，岂所好恶？伏惟英圣之主，方立非常之功，固在广收材能，使之以器，若不弃瑕含垢，则人才有可惜者"。

朝廷内部争议也很大。李定、舒亶之辈当然想置苏轼于死地，王珪等人也从中煽风点火。如苏轼的诗句"根到九泉无曲处，世间惟有蛰龙知"（苏轼《王复秀才所居双桧二首》之二），就被王珪曲解。《续资治通鉴长编》卷三百四十二就记载了当时的情况。当时王珪作为宰相曾向神宗说，苏轼于陛下有不臣意。神宗改容曰："轼固有罪，然于朕不应至是。卿何以知之？"王珪就举这两句诗，说："飞龙在天，轼以为不知己，而求之地下之蛰龙，非不臣而何？"神宗说："诗人之词，安可如此论。彼自咏桧，何预朕事。"王珪一时语塞，无言以对。当时章惇也在场，章惇从旁解释道："龙者，非独人君，人臣俱可以言龙也。"神宗说："自古称龙者多矣，如荀氏八龙、孔明卧龙，岂人君也？"

神宗的祖母曹太后听闻苏轼"以诗得罪，下御史狱，人以为必死"，甚为不悦，告诉神宗："尝忆仁宗以制科得轼兄弟，喜曰：'吾为子孙得两宰相。'今闻轼以作诗系狱，得非仇人中伤之乎？捃至于诗，其过微矣。吾疾势已笃，不可以冤滥致伤中和，宜熟察之。"（《宋史·慈圣光献曹皇后传》）

王安石是神宗器重的老臣，听说苏轼因诗系狱，虽早已退居金陵（今江苏南京），但也忍不住为苏轼辩护，称："岂有圣世而杀才士者乎？"据说，王安石的这句话发挥了很大的作用。

其实，神宗从一开始就没有置苏轼于死地的想法，只是迫于朝中弹劾之声的压力，才做了取审苏轼的决定。苏轼被困狱中，神宗也放心不下，曾派人于夜中探视传话。《春渚纪闻》曾转载苏轼自己的口述：

某初逮系御史狱，狱具奏上。是夕昏鼓既毕，某方就寝，忽见一人排阒而入，投箧于地，即枕卧之。至四鼓，某睡中觉有撼体而连语云"学士贺喜"者。某徐转反问之，即曰："安心熟寝。"乃挈箧而出。盖初奏上，舒亶之徒，力诋上前，必欲置之死地。而裕陵初无深罪之意，密遣小黄门至狱中视某起居状。适某昼寝鼻息如雷，即驰以闻。裕陵顾谓左右曰："朕知苏轼胸中无事者。"

为遵皇祖母叮嘱，同时，也鉴于王安石等大臣的建议，加之那些弹劾之人折腾半天也拿不出像样的"罪证"，神宗下定决心要了结苏轼狱讼，于元丰二年（1079）十二月二十八日，责授苏轼水部员外郎、黄州团练副使，本州安置，不得签书公事。受到处罚的还有苏辙、王诜、张方平、司马光、范镇等数十人。苏辙贬筠州（今江西高安）监盐酒税务。苏轼自八月十八日赴狱，十二月二十八日出狱，至此，历时一百三十天的"乌台诗案"宣告结束。出狱后的苏轼，心情甚为复杂，写了两首诗：

百日归期恰及春，残生乐事最关身。出门便旋风吹面，走马联翩鹊啅人。却对酒杯浑是梦，试拈诗笔已如神。此灾何必深追咎，窃禄从来岂有因。

平生文字为吾累，此去声名不厌低。塞上纵归他日马，城中不斗少年鸡。休官彭泽贫无酒，隐几维摩病有妻。堪笑睢阳老从事，为余投檄向江西。

（苏轼《十二月二十八日，蒙恩责授检校水部员外郎、黄州团练副使，复用前韵二首》）

"平生文字为吾累"，"却对酒杯浑是梦"，"此灾何必深追咎"，"此去声名不厌低"。苏轼对自己的过去与现在有了新的认识，也希望从此开启新的生活。

初贬黄州

元丰三年（1080）正月初一，苏轼离开京城一路南下赶赴黄州。经过陈州（今河南淮阳）时，苏轼去文同（字与可）家，吊唁这位亲表兄。回想起文同生前"北客若来休问事，西湖虽好莫吟诗"的苦心劝诫，苏轼不觉悲从中来："气噎悒而填胸，泪疾下而淋衣。"（苏轼《祭文与可文》）

经"乌台诗案"这一重大人生打击，侥幸免于一死的苏轼，对弟弟苏辙有了更深的依恋。苏辙也有太多的思念想跟哥哥倾诉。于是，苏辙专门从南都赶到陈州，与哥哥相聚三日而别。苏轼在《子由自南都来陈三日而别》中这样写道：

> 夫子自逐客，尚能哀楚囚。奔驰二百里，径来宽我忧。相逢知有得，道眼清不流。别来未一年，落尽骄气浮。嗟我晚闻道，款启如孙休。至言虽久服，放心不自收。悟彼善知识，妙药应所投。纳之忧患场，磨以百日愁。冥顽虽难化，镌发亦已周。平时种种心，次第去莫留。但余无所还，永与夫子游。此别何足道，大江东西州。畏蛇不下榻，睡足吾无求。便为齐安民，何必归故丘。

苏辙因受苏轼牵连，也被贬谪，所以苏轼称其为"逐客"。毕竟是同胞兄弟，患难与共，所以苏辙不辞辛劳，奔驰二百余里来宽慰苏轼。兄弟两人经此世变，都有太多的感触，大家都明白这其中的冤屈所在，所以，四目相对，两心相契,无须再掉眼泪。也就是不到一年未见,苏轼自感过去骄气、浮躁气已磨损殆尽。由此再来看过去彼此之间的种种心期,仿佛都不足挂齿了。甚至当初功成名遂归故乡的想法,现在看来,也没有必要去较真了。苏轼觉得,安心做一个齐安(黄州古称)民也很好啊,大江东流,你苏辙在东(即将赴江西筠州),我在西(黄州),共饮一江从故乡而来的长江水,等于我们回到了故乡,所以没必要再去追逐那个故乡梦了。而苏轼住在黄州的临皋亭后,更进一步表达了这种"江山风月,本无常主"的观点。苏轼不是忘却故乡,而是苦中寻乐,在异地他乡,寻找故乡的踪迹。这浩浩荡荡的江水,从家乡滚滚而来,为饮食沐浴所取,也就等于回到家乡了。

辞别弟弟,苏轼继续南行。二月一日,苏轼到达黄州。

黄州在当时是一个偏僻荒凉的小州,张耒曾在《齐安行》中感叹道:

> 黄州楚国分三户,葛蔓为城当楼橹。江边市井数十家,城中平田无一步。土冈瘦竹青复黄,引水种稻官街旁。客樯朝集暮四散,夷言啁哳来湖湘。使君丽谯涂垩赭,门狭不能行两马。满城蛙噪乱更声,谷风毂毂黄鸦鸣。最愁三伏热如甑,北客十人八九病。百年生死向中州,千金莫作齐安游。

但同样是这里的自然环境与城市风貌,初来乍到的苏轼却有别样的印象和感受:

> 自笑平生为口忙,老来事业转荒唐。长江绕郭知鱼美,好竹连山觉笋香。逐客不妨员外置,诗人例作水曹郎。只惭无补丝毫事,尚费官家压酒囊。

(苏轼《初到黄州》)

在苏轼的眼里,平生都在为"口"忙。这个"口",含义多重。既指饱腹之"口",也指犯口角之"口"。由此,苏轼感叹自己虽早已过不惑之年,却依然没有活得明白，不仅没有明白，甚至更"荒唐"。这黄州之贬，难道不是这种"荒唐"的体现？但是，苏轼很会自我安慰，其随缘自适的禀赋让他很快发现了这里的美："长江绕郭知鱼美，好竹连山觉笋香。"对于热爱生活的苏轼来说，这鱼之美、笋之香，还是挺诱人的。其实，这是苏轼刚到黄州之时的感受，后来，随着他对黄州体认的加深，黄州的口腹之美还多着呢。

来到黄州，苏轼面临两大难题，一是经济来源，一是住房问题。

在黄州，苏轼生活陷入窘困，因为现在官府只发点实物充当薪水，事实上没有正常的俸禄可领，而原有的一点积蓄满打满算最多只能支撑一年。往日的苏轼，从没有为钱发过愁。苏轼不善理财，又比较大方，所以，仅有的那点积蓄顶多只能作最基本的维持，而且时间不能太长。一家人要生活，要吃饭，而且，苏轼从昔日的官府要员坠入最底层，他还有一系列的心理需要调适。但苏轼敢于面对现实，也善于面对现实。他通过以下措施，纾解精神与物质上的痛楚，很快走出了人生的阴影，并逐渐活出了人生的精彩。

在黄州，苏轼做了以下几件大的事情。

第一，申请了一块废弃营地，开始过自给自足的农夫生活。

正当苏轼在黄州一筹莫展的时候，朋友马正卿来看望他。当他看到苏轼一家无立锥之地时，内心非常难过，他急忙去找黄州州府为苏轼申请划拨一片土地，让苏轼一家能够垦荒种植。黄州知州徐大受同情苏轼的处境，如今有人出来为苏轼申请，也就顺手将黄州城东门外一个小山坡交给苏轼。这个小山坡是废弃的营地，大约有五十亩，如今瓦砾遍地，荆棘丛生，要开垦出来种地，需要花相当大的功夫。但对于苏轼一家来说，这已经是天大的恩赐了。

苏轼带着一家老小，忙碌了几个月，终于将这块土地清理平整出来。苏轼过去并没有种过地，现在迫于生计，不得不向当地农民学习，请教耕种方式与技巧。苏轼将这块废弃营地命名为"东坡"，并借此自号"东坡居士"。为此苏轼写了一组《东坡八首》的纪事诗，记录他们一家垦荒种植、自给自足的田园生活。他在序中这样写道：

> 余至黄州二年，日以困匮。故人马正卿哀余乏食，为于郡中请故营地数

十亩，使得躬耕其中。地既久荒为茨棘瓦砾之场，而岁又大旱，垦辟之劳，筋力殆尽。释耒而叹，乃作是诗，自愍其勤，庶几来岁之入以忘其劳焉。

那八首诗是这样写的：

废垒无人顾，颓垣满蓬蒿。谁能捐筋力，岁晚不偿劳。独有孤旅人，天穷无所逃。端来拾瓦砾，岁旱土不膏。崎岖草棘中，欲刮一寸毛。喟焉释耒叹，我廪何时高。

荒田虽浪莽，高庳各有适。下隰种秔稌，东原莳枣栗。江南有蜀士，桑果已许乞。好竹不难栽，但恐鞭横逸。仍须卜佳处，规以安我室。家童烧枯草，走报暗井出。一饱未敢期，瓢饮已可必。

自惜有微泉，来从远岭背。穿城过聚落，流恶壮蓬艾。去为柯氏陂，十亩鱼虾会。岁旱泉亦竭，枯萍粘破块。昨夜南山云，雨到一犁外。泫然寻故渎，知我理荒荟。泥芹有宿根，一寸嗟独在。雪芽何时动，春鸠行可脍。

种稻清明前，乐事我能数。毛空暗春泽，针水闻好语。分秧及初夏，渐喜风叶举。月明看露上，一一珠垂缕。秋来霜穗重，颠倒相撑拄。但闻畦垄间，蚱蜢如风雨。新春便入甑，玉粒照筐筥。我久食官仓，红腐等泥土。行当知此味，口腹吾已许。

良农惜地力，幸此十年荒。桑柘未及成，一麦庶可望。投种未逾月，覆块已苍苍。农夫告我言，勿使苗叶昌。君欲富饼饵，要须纵牛羊。再拜谢苦言，得饱不敢忘。

种枣期可剥，种松期可斫。事在十年外，吾计亦已悫。十年何足道，千载如风雹。旧闻李衡奴，此策疑可学。我有同舍郎，官居在灊岳。遗我三寸柑，照坐光卓荦。百栽倘可致，当及春冰渥。想见竹篱间，青黄垂屋角。

潘子久不调，沽酒江南村。郭生本将种，卖药西市垣。古生亦好事，恐是押牙孙。家有一亩竹，无时客叩门。我穷交旧绝，三子独见存。从我于东坡，劳饷同一飧。可怜杜拾遗，事与朱阮论。吾师卜子夏，四海皆弟昆。

马生本穷士，从我二十年。日夜望我贵，求分买山钱。我今反累生，借耕辍兹田。刮毛龟背上，何时得成毡。可怜马生痴，至今夸我贤。众笑终不悔，施一当获千。

这组诗将苏轼在黄州垦荒种地的由来、艰辛、快乐和期望等作了生动的描绘。里面透露出很多重要的信息，既有农业知识，也有生活常识。如："荒田虽浪莽，高庳各有适。下隰种粳稌，东原莳枣栗。"这是要对这块地分类使用，并非随便乱种。"仍须卜佳处，规以安我室。家童烧枯草，走报暗井出。一饱未敢期，瓢饮已可必。"这是要择地修建住房。家童烧枯草，偶然发现有暗井，这为生活提供了保障。所以，苏轼兴奋地说，温饱问题不敢奢望，但是现在喝水的问题应该是解决了。"种稻清明前……分秧及初夏……一一珠垂缕。秋来霜穗重，颠倒相撑拄。但闻畦垄间，蚱蜢如风雨。新春便入甑，玉粒照筐筥。"这是稻谷在不同时令的状况以及苏轼对丰收之后的想象，显然，苏轼已经分得很清楚。"良农惜地力，幸此十年荒。桑柘未及成，一麦庶可望。投种未逾月，覆块已苍苍。农夫告我言，勿使苗叶昌。君欲富饼饵，要须纵牛羊。"这是说由于这块地长期撂荒，土壤变肥，才种下不到一月的小麦，就已经绿油油的。但好心的农夫告诉苏轼，要想来年"富饼饵"，就是获得好收成，需要让牛羊来践踏，因为冬麦如果长得太快，遇到霜雪，会被冻死，保留根部待来年开春再茁壮成长，那才可靠。这是农业知识。

"种枣期可剥，种松期可斫。事在十年外，吾计亦已悫。十年何足道，千载如风雹。旧闻李衡奴，此策疑可学。我有同舍郎，官居在灊岳。遗我三寸柑，照坐光卓荦。百栽倘可致，当及春冰渥。想见竹篱间，青黄垂屋角。"这是说除水稻、小麦等粮食作物外,苏轼还要种植枣树、松树、竹林等,虽然这些要十年成林,但苏轼愿意用自己的力量改善这里的环境。

"潘子久不调,沽酒江南村。郭生本将种,卖药西市垣。古生亦好事,恐是押牙孙。家有一亩竹,无时客叩门。我穷交旧绝,三子独见存。从我于东坡,劳饷同一飡。可怜杜拾遗,事与朱阮论。吾师卜子夏,四海皆弟昆。"这是说这里有三位当地的好人:潘子、郭生、古生。他们都来东坡帮助苏轼打理农活。当时苏轼是贬谪的罪人,过去那些"交旧"已疏远了,因此,对于这些陌生的新朋友在这种背景下还来帮助自己,苏轼感到十分可贵,只是很惭愧没有什么东西可以招待他们,因此,只好以"四海皆弟昆"来宽慰自己。

"马生本穷士,从我二十年。日夜望我贵,求分买山钱。我今反累生,借耕辍兹田。刮毛龟背上,何时得成毡。可怜马生痴,至今夸我贤。众笑终不悔,施一当获千。"马生即前面所说的马正卿,跟随苏轼二十年。苏轼调侃说,马正卿原指望苏轼发达之后沾一点苏轼的光,现在却反过来拖累了他(马正卿)。但是马生认准了苏轼,不以苏轼的穷达为念,体现了患难见真情。

作为当时文坛领袖的苏轼,人生的大起大落谁能逆料。但是,苏轼的手可以握笔杆,也能拿锄头,一介书生,砚出与陇亩,如此完美的结合,确实最为形象地诠释了什么是有弹性的人生,什么是有风采的人生,什么是无惧风雨终将见彩虹的人生。有了这块维系一家人生计的东坡,苏轼喜出望外,借此给自己一个称号:东坡居士。由此,被后世津津乐道的"苏东坡"得以诞生。

虽然苏轼一家有东坡可以耕种,但生活依然比较拮据。没有办法,那就只有"痛自节俭":

> 到黄廪入既绝,人口不少,私甚忧之。但痛自节俭,日用不得过百五十,每月朔便取四千五百钱,断为三十块,挂屋梁上,平旦用画叉挑取一块,即藏去叉,仍以大竹筒别贮用不尽者,以待宾客。
>
> (苏轼《答秦太虚书》)

这种节俭的生活,在苏轼看来,别有一番味道:"知治行窘用不易。仆行年五十,始知作活。大要是悭尔,而文以美名,谓之俭素。然吾侪为之,则不类俗人,真可谓淡而有味者。又《诗》云:'不戢不难,受福不那。'口体之欲,何穷之有,每加节俭,亦是惜福延寿之道。"(苏轼《与李公择》之一)

第二,想办法在东坡营建住宅,安顿一家老小。

元丰三年(1080)二月一日,苏轼和陪同的大儿子苏迈到达黄州,无处栖身,只好寄居在一个小的寺庙定惠院里。五月底,苏辙将苏轼家眷从南都送来黄州,居住成为大问题。当时,苏轼的乳母任采莲已有七十多岁,长子苏迈已经娶妻,次子苏迨已有十来岁,三子苏过也快十岁,还有家童侍女,一家老小有二十多人,小小的寺庙已难以安置。恰巧苏轼的好友朱寿昌正在黄州旁边的鄂州任知州,朱寿昌出面与黄州地方官商量,让苏轼一家暂时借住在当时专供三司衙门的长官巡视时居住的官邸——临皋亭。虽然这不是长久之计,但苏轼还是抑制不住内心的喜悦,他写道:

我生天地间,一蚁寄大磨。区区欲右行,不救风轮左。虽云走仁义,未免违寒饿。剑米有危炊,针毡无稳坐。岂无佳山水,借眼风雨过。归田不待老,勇决凡几个。幸兹废弃余,疲马解鞍驮。全家占江驿,绝境天为破。饥贫相乘除,未见可吊贺。澹然无忧乐,苦语不成些。

(苏轼《迁居临皋亭》)

这首诗对自己的人生遭际有不少的无语乃至无奈。"剑米有危炊,针毡无稳坐",经济的窘迫与居住的窘境,十分形象。现在"全家占江驿,绝境天为破",给苏轼一线生存空间的希望。随着时间的推移,苏轼对这里有了别样的情感:

临皋亭下八十数步,便是大江,其半是峨眉雪水,吾饮食沐浴皆取焉,何必归乡哉!江山风月,本无常主,闲者便是主人。

(苏轼《东坡志林》卷十)

临皋亭可以俯瞰大江，可以取用从家乡顺流而下的江水，聊以寄托乡愁，但这里从一家人居住而言，暂时住一下可以，要做长久之计是不行的。所以，元丰五年（1082）正月，苏轼利用冬季农闲时节，在开垦的东坡旁边动手建房。在马正卿和黄州当地的一群新旧朋友的帮助下，五间住房很快建成。看着漫天飞舞的雪花，苏轼欣然将其正中的堂屋命名为"雪堂"，并在四周的墙壁上画上雪景，并亲自书写"东坡雪堂"匾额悬挂在房门上。

苏轼仰慕陶渊明的闲适人生，感叹"陶渊明以正月五日游斜川，临流班坐，顾瞻南阜，爱曾城之独秀，乃作斜川诗，至今使人想见其处"。而现在自己也"躬耕于东坡，筑雪堂居之。南挹四望亭之后丘，西控北山之微泉，慨然而叹，此亦斜川之游也"，于是乐而以《江城子》歌之：

梦中了了醉中醒，只渊明，是前生。走遍人间、依旧却躬耕。昨夜东坡春雨足，乌鹊喜，报新晴。

雪堂西畔暗泉鸣，北山倾，小溪横。南望亭丘、孤秀耸曾城。都是斜川当日境，吾老矣，寄余龄。

陶渊明的精神世界，给了失意落魄中的苏轼极大的慰藉。伫立雪堂，山川风物，尽收眼底。在苏轼看来，这就是他心目中的"斜川"。

同年十月，苏轼好友蔡承禧（字景繁）接任淮南转运副使，黄州正是他的管辖范围。蔡承禧巡视黄州，特地到临皋亭看望苏轼。他看到苏轼一家居住狭窄，便捐资给苏轼加盖新房。次年五月，苏轼在临皋亭附近又盖起了三间新房，苏轼将其取名为"南堂"并欣然写下《南堂五首》记之：

江上西山半隐堤，此邦台馆一时西。南堂独有西南向，卧看千帆落浅溪。

暮年眼力嗟犹在，多病颠毛却未华。故作明窗书小字，更开幽室养丹砂。

他年雨夜困移床，坐厌愁声点客肠。一听南堂新瓦响，似闻东坞小荷香。

　　山家为割千房蜜，稚子新畦五亩蔬。更有南堂堪著客，不忧门外故人车。

　　扫地焚香闭阁眠，簟纹如水帐如烟。客来梦觉知何处，挂起西窗浪接天。

从这组诗可以看出，南堂与雪堂景致不同。这里西南向，开窗瞰江，很是幽静。从诗中所述来看，这三间房，一间是苏轼的书房，一间是接待朋友的客房，一间是养丹砂的密室。在给蔡承禧的回信中，苏轼这样写道："临皋南畔，竟添却屋三间，极虚敞，便夏，蒙赐不浅。"（苏轼《与蔡景繁》之九）

第三，尽情欣赏黄州美景，在与自然的对话中，领悟人生的真谛，超越现实的藩篱。

苏轼本来就喜欢游历，苏辙曾经有过这样的追忆："昔余少年，从子瞻游，有山可登，有水可浮，子瞻未始不褰裳先之。有不得至，为之怅然移日。至其翩然独往，逍遥泉石之上，撷林卉，拾涧实，酌水而饮之，见者以为仙也。"（苏辙《武昌九曲亭记》）

初到黄州，就在暂时借居的定惠院的东边山坡上，苏轼发现了一株孤独的海棠花。他在诗中写道：

　　江城地瘴蕃草木，只有名花苦幽独。嫣然一笑竹篱间，桃李漫山总粗俗。也知造物有深意，故遣佳人在空谷。自然富贵出天姿，不待金盘荐华屋。朱唇得酒晕生脸，翠袖卷纱红映肉。林深雾暗晓光迟，日暖风轻春睡足。雨中有泪亦凄怆，月下无人更清淑。先生食饱无一事，散步逍遥自扪腹。不问人家与僧舍，拄杖敲门看修竹。忽逢绝艳照衰朽，叹息无言揩病目。陋邦何处得此花，无乃好事移西蜀。寸根千里不易到，衔子飞来定鸿鹄。天涯流落俱可念，为饮一樽歌此曲。明朝酒醒还独来，雪落纷纷那忍触。

（苏轼《寓居定惠院之东，杂花满山，有海棠一株，土人不知贵也》）

这株"幽独"的海棠，在苏轼看来是那样的脱俗绝艳。苏轼自叹衰朽之身，有幸在这荒僻之野得以与之相遇，不禁唏嘘感叹。其实，这孤独自艳的海棠，不正是苏轼这种被命运捉弄，窜逐至此的象喻吗？

黄州自古风景名胜不少，苏轼谪居黄州，没有了公干，便有充裕的时间徜徉于山水之间，也因此给世人留下了许多经典的文学作品。从这些作品中，我们可以真切地感受到苏轼领悟人生的心路历程。

莫听穿林打叶声，何妨吟啸且徐行。竹杖芒鞋轻胜马，谁怕？一蓑烟雨任平生。

料峭春风吹酒醒，微冷，山头斜照却相迎。回首向来萧瑟处，归去，也无风雨也无晴。

（苏轼《定风波》）

这是元丰五年（1082）三月七日，苏轼在几个朋友的陪同下前往沙湖准备买田，因为那里的田土肥沃，特别适合种植水稻。沙湖在黄州东南三十里，又名螺师店。春天的天气，阴晴不定，苏轼出门时让家童带了雨具，但上路后风和日丽，家童先行一步，苏轼和朋友走在后面。谁知天色骤变，雨真的下起来了。大家觉得很狼狈，唯独苏轼觉得雨中之行，别有一番景致。等到下午，大家踏上归途时，天空放晴，他们此前经过的风雨之地，如今已恢复平静。于是，苏轼颇有感触，写下了这首既是写实也是象喻的著名作品。"也无风雨也无晴"，既是当天天气的真实写照，也是平淡人生的象喻。而"一蓑烟雨任平生"，则显示了苏轼旷达无畏的人生态度与宠辱不惊的淡定心境。

由于往返沙湖相田，苏轼积劳成疾。他听说麻桥人庞安常善医，遂往求疗。庞安常虽然耳聋，但是颖悟绝人，"以纸画字，书不数字，辄深了人意"。苏轼跟他开玩笑说:"余以手为口,君以眼为耳,皆一时异人也。"病治好后,苏轼与庞安常成为好友,相约一同游览清泉寺。清泉寺在蕲水(今湖北蕲春)郭门外二里许,有王羲之洗笔泉,水极甘,下临兰溪,溪水西流。中国地势西高东低,一般的河流都是东流,苏轼有感于兰溪不随众流、特立独行而向西的个性,欣然歌《浣溪沙》一阕,歌云:

　　山下兰芽短浸溪。松间沙路净无泥。萧萧暮雨子规啼。
　　谁道人生无再少?门前流水尚能西。休将白发唱黄鸡。

这首词由眼前实景生发开去,道出了世间万物的复杂性、多样性、变化性,给人以丰富的想象和激励。当晚,苏轼与庞安常在蕲水剧饮,苏轼迷蒙中来到一座溪桥上,解鞍曲肱少休,待醒来,天已大亮,只见乱山葱茏,不类人间。于是乘兴在桥柱上留下这首《西江月》:

　　照野弥弥浅浪,横空隐隐微霄。障泥未解玉骢骄,我欲醉眠芳草。
　　可惜一溪明月,莫教踏碎琼瑶。解鞍欹枕绿杨桥,杜宇数声春晓。

黄州赤壁,又名赤壁矶,相传为三国时古战场。苏轼在这里遥想当年的血雨腥风,为我们留下了这首传诵千古的《念奴娇·赤壁怀古》:

　　大江东去,浪淘尽、千古风流人物。故垒西边,人道是、三国周郎赤壁。乱石穿空,惊涛拍岸,卷起千堆雪。江山如画,一时多少豪杰。
　　遥想公瑾当年,小乔初嫁了,雄姿英发。羽扇纶巾,谈笑间、强虏灰飞烟灭。故国神游,多情应笑我,早生华发。人间如梦,一尊还酹江月。

面对如画江山,苏轼以"三国周郎赤壁"为焦点,抒发历史废兴的慨叹。有人说,苏轼所写黄州赤壁,非赤壁之战的赤壁。但苏轼用了"人道是"三字提醒,表明自己并非不知道另有"赤壁"之名。然而,是否为真实的赤壁之战的

"赤壁"已经不重要了，重要的是苏轼借眼前人们所说的赤壁起兴，由此引申出历史的沧桑与人生的悲怆。

同样是在赤壁，苏轼还为我们留下了惊艳万代的前、后《赤壁赋》。

《赤壁赋》云：

> 壬戌之秋，七月既望，苏子与客泛舟游于赤壁之下。清风徐来，水波不兴。举酒属客，诵明月之诗，歌窈窕之章。少焉，月出于东山之上，徘徊于斗牛之间。白露横江，水光接天。纵一苇之所如，凌万顷之茫然。浩浩乎如冯虚御风，而不知其所止；飘飘乎如遗世独立，羽化而登仙。
>
> 于是饮酒乐甚，扣舷而歌之。歌曰："桂棹兮兰桨，击空明兮溯流光。渺渺兮予怀，望美人兮天一方。"客有吹洞箫者，倚歌而和之。其声呜呜然，如怨如慕，如泣如诉，余音袅袅，不绝如缕。舞幽壑之潜蛟，泣孤舟之嫠妇。
>
> 苏子愀然，正襟危坐而问客曰："何为其然也？"客曰："'月明星稀，乌鹊南飞。'此非曹孟德之诗乎？西望夏口，东望武昌，山川相缪，郁乎苍苍。此非孟德之困于周郎者乎？方其破荆州，下江陵，顺流而东也，舳舻千里，旌旗蔽空，酾酒临江，横槊赋诗，固一世之雄也，而今安在哉？况吾与子渔樵于江渚之上，侣鱼虾而友麋鹿，驾一叶之扁舟，举匏尊以相属。寄蜉蝣于天地，渺沧海之一粟。哀吾生之须臾，羡长江之无穷。挟飞仙以遨游，抱明月而长终。知不可乎骤得，托遗响于悲风。"
>
> 苏子曰："客亦知夫水与月乎？逝者如斯，而未尝往也；盈虚者如彼，而卒莫消长也。盖将自其变者而观之，则天地曾不能以一瞬；自其不变者而观之，则物与我皆无尽也，而又何羡乎？且夫天地之间，物各有主，苟非吾之所有，虽一毫而莫取。惟江上之清风，与山间之明月，耳得之而为声，目遇之而成色，取之无禁，用之不竭，是造物者之无尽藏也，而吾与子之所共适。"
>
> 客喜而笑，洗盏更酌。肴核既尽，杯盘狼籍。相与枕藉乎舟中，不知东方之既白。

壬戌即元丰五年（1082），七月十六日，苏轼邀请几位朋友泛舟赤壁之下。这篇赋中的吹箫之客，就是苏轼的同乡杨世昌。他本是绵竹（今属四川）武都山的道士。这年夏天他到庐山云游，顺路到黄州看望苏轼。杨世昌虽是出家人，但多才多艺，既通星象历法，又善画山水，还擅长弹琴、吹箫、酿蜜酒，苏轼与他一见如故。这次赤壁之游，杨道士一同前往。

在这篇赋中，皎洁的明月、苍茫的大江与呜咽的洞箫，构成了一幅遗世独立的画卷。苏轼借主客问答方式，表达了他贬谪黄州之后所作的人生思考。生命的长与短、人生的穷与达、天地的变与不变、物我的生与灭等，在这明月之夜，似乎都有了清晰的答案。

而《后赤壁赋》则是写于三个月之后的十月十五日夜，苏轼与二客再次游览赤壁。苏轼"摄衣而上，履巉岩，披蒙茸，踞虎豹，登虬龙，攀栖鹘之危巢，俯冯夷之幽宫"，然后泛舟江上，与一只孤鹤不期而遇。之后，在江上就睡，梦见一道士，并与道士有一段神奇的对话。

元丰五年（1082）九月的一个夜晚，苏轼与朋友在雪堂聚会饮酒。夜半时分，友人陪着醉意朦胧的苏轼返回临皋亭。走到家门口，听到屋里看门的家童已鼾声大作，抬手敲门，家童无应。为避免打扰家童的睡意，苏轼只好来到江边，看着浩渺无垠的江面，顿生一种莫名的情怀，于是，随口吟出这首传诵不已的《临江仙》：

夜饮东坡醒复醉，归来仿佛三更。家童鼻息已雷鸣。敲门都不应，倚杖听江声。

长恨此身非我有，何时忘却营营。夜阑风静縠纹平。小舟从此逝，江海寄余生。

苏轼吟罢，乘着酒兴与友人高歌数遍，然后分手。不料，第二天有人说苏轼昨晚写了这首词之后，"挂冠服江边，拏舟长啸去矣"（叶梦得《避暑录话》卷上）。郡守徐君猷非常紧张，以为自己失责，朝廷让看管的罪人逃跑了，如何向朝廷交代。于是，急忙到苏轼家去探视，结果，苏轼正躺在床上，鼻鼾如雷呢。

此后，这事很快传到京城，神宗也惊疑不已。

在这首词中，苏轼所谓的"小舟从此逝，江海寄余生"，并非实写。苏轼当时并没有驾一叶扁舟，漂浮大江。这只是苏轼心中的一种象喻。这"小舟"，其实就是自己的人生之舟，是自己的精神之舟，它要远离蝇营狗苟的污浊的现实社会，去营建自己充实的富足的精神世界。有了这种超越现实的心期，苏轼自觉有了一种新生的力量与智慧。

第四，潜心于学术文化，用自己的精神文化创造填补人生的失意。

苏轼在黄州开荒种地，有余暇还放浪山水，除此之外，苏轼还有更重要的任务，那就是学习与著述。

有一次，黄州州学教授朱载上前来拜访，家童进屋告知苏轼，但苏轼迟迟没有出来。等了好长一段时间，苏轼才出来，连忙向客人道歉，说刚才正在做当天的功课，因此耽搁了一会儿，祈谅。朱载上很好奇，没想到大名鼎鼎的饱学之士还要每天做功课，于是问苏轼做的什么功课。苏轼告诉他是手抄《汉书》。朱载上更觉得不可思议，因为苏轼已经学富五车，过目不忘，哪儿还用得着再抄《汉书》？看到朱载上一脸的疑惑，苏轼解释道，说他这已是第三遍抄《汉书》了。苏轼详细讲解了他手抄的办法。第一遍每个段落取三个字为标题，第二遍取两个字为标题，第三遍取一个字为标题。苏轼让朱载上从书桌上任意取出一册他手抄的《汉书》，随意翻开一页，随便念出一个标题中的任意一字，苏轼接着便将这段文字背诵出来。朱载上由此特别钦佩苏轼，回家后告诉自己的儿子朱新仲：东坡尚且如此用功，你这类中等天资的人难道还不更用功吗？

在贬谪前，苏轼忙于各种公务，无暇顾及学术研究。现在赋闲在黄州，苏轼便动手撰写他早已酝酿但一直未能付诸行动的《论语说》《易传》等著作。他在给滕达道的信中说："某闲废，无所用心，专治经书，一二年间，欲了却《论语》《书》《易》，舍弟亦了却《春秋》《诗》。虽拙学，自谓颇正古今之误，粗有益于世，瞑目无憾。"（苏轼《与滕达道》之十五）

苏轼矢志于经学著述，还因为有父亲的嘱托。苏洵喜欢《周易》，欲作《易传》，可惜未成即卒，临终前留下遗愿，要苏轼兄弟继承父业，完成《苏氏易传》。苏轼主动扛起了这份遗愿。除此之外，他还自主完成了《论语说》。

元丰五年（1082），苏轼完成了《论语说》五卷，装订成册后寄给文彦博，委托他保管书稿。在《黄州上文潞公书》中，苏轼这样写道："到黄州，无所用心，辄复覃思于《易》《论语》，端居深念，若有所得，遂因先子之学，作《易传》九卷，又自以意作《论语说》五卷。穷苦多难，寿命不可期。恐此书一旦复沦没不传，意欲写数本留人间。念新以文字得罪，人必以为凶衰不祥之书，莫肯收藏。又自非一代伟人不足托以必传者，莫若献之明公。而《易传》文多，未有力装写，独致《论语说》五卷。公退闲暇，一为读之，就使无取，亦足见其穷不忘道，老而能学也。"

第五，关心国事民生，力所能及地为黄州百姓做善事。

苏轼在给李公择的信中说："吾侪虽老且穷，而道理贯心肝，忠义填骨髓，直须谈笑死生之际。"（苏轼《与李公择》之二）贬谪黄州，苏轼已经跌入了人生的低谷，自己的生存都面临很大的挑战，但苏轼"道理贯心肝，忠义填骨髓"的那份诚挚的情怀，却从未忘记。他希望尽自己所能，为百姓、为社会做点善事。

元丰五年（1082），王殿直（天麟）从武昌来拜访苏轼，给苏轼讲了鄂州、岳州、黄州这一带的民间不良习俗："岳鄂间田野小人，例只养二男一女，过此辄杀之，尤讳养女，以故民间少女，多鳏夫。初生，辄以冷水浸杀，其父母亦不忍，率常闭目背面，以手按之水盆中，咿嘤良久乃死。"对此，苏轼"闻之酸辛，为食不下"。苏轼明白，他现在是逐臣，无权签书公事，所以不可能像在密州时那样，创设孤儿院以收养弃儿。但他的良心和爱心不能让他平静。无奈之下，他只好写信给鄂州太守朱寿昌，建议明立赏罚以变此风，并将他在密州收养弃儿的做法告知，倡议捐助其贫甚不能举子者。（见苏轼《与朱鄂州书》）

苏轼不仅仅是提建议，而且还积极行动起来，他联合几位热心于此事的人组成了一个民间救济组织，由黄州的士人古耕道牵头，安国寺僧人继连作会计，动员黄州富人每年出十千，也可以多出，用以购买米布绢絮。苏轼说他虽然贫穷，但也愿意出十千。《东坡志林》卷五载：

> 近闻黄州小民贫者，生子多不举。初生便于水盆中浸杀之，江南尤甚。

闻之不忍。会故人朱寿昌康叔守鄂州，某以书遗之，乃立赏罚，以变此风。而黄之士古耕道，虽椎鲁无他长，然颇诚实，喜为善。乃使率黄人之富者，岁出十千，如愿过此者亦听，使耕道掌之，多买米布绢絮，使安国寺僧继连书其出入。访间里田野有贫甚不举子者，辄少遗之。若岁活得百个小儿，亦闲居一乐事也。吾虽贫，亦当出十千。

湖北黄冈安国寺

"闲居一乐事"，这是苏轼对其爱心善举的低调表述。坎壈不幸中的苏轼尚且热心于这份"乐事"，可那些手中握有大权的达宦呢？两相比较，苏轼的伟大可以洞见。

"乌台诗案"因诗而起，以诗罹祸，但作为诗人的苏轼，秉承孔子兴观群怨的诗教，面对一些场面和处境，不得不感物以讽。尽管到黄州之后，苏轼一度深切体味到世间冷暖与人情浇薄："平生亲友，无一字见及，有书与之亦不答。"（苏轼《答李端叔书》）由此"深自闭塞，扁舟草履，放浪山水间，与樵渔杂处，往往为醉人所推骂。辄自喜渐不为人识"（苏轼《答李端叔书》）。

在给滕达道的信中苏轼也说："黄当江路，过往不绝，语言之间，人情难测，不若称病不见为良计。二年不知出此，今始行之耳。西事得其详乎？虽废弃，未忘为国家虑也。"（苏轼《与滕达道》之十六）信中所说"西事"，乃指熙宁六年（1073）以来，四川东南部泸州一带少数民族的叛乱，为首的是乞弟。元丰三年（1080），泸州知州乔叙曾去平定乞弟之乱，结果全军覆没。后又派韩存宝去镇压，结果韩存宝以大量金帛换回乞弟的空降书，神宗"深照其实，已降手诏，械存宝狱中，远人无不欢快"（苏轼《答李琮书》）。对此，苏轼提出了详细的解决策略。当然，苏轼现在很清楚自己的身份，他说："此非公职事，然孜孜寻访如此，以见忠臣体国知无不为之义也。轼其可以罪废不当言而止乎？虽然，亦不可使不知我者见以为诟病也。"（苏轼《答李琮书》）在戴罪窜逐的时候，还能如此热忱与尽力，足见苏轼"忠臣体国"的坦荡襟怀与高尚品德。

关于普通百姓的疾苦，苏轼在黄州也有反映。如这首反映渔民悲惨生活的《鱼蛮子》：

江淮水为田，舟楫为室居。鱼虾以为粮，不耕自有余。异哉鱼蛮子，本非左衽徒。连排入江住，竹瓦三尺庐。于焉长子孙，戚施且侏儒。擘水取鲂鲤，易如拾诸途。破釜不着盐，雪鳞芼青蔬。一饱便甘寝，何异獭与狙。人间行路难，踏地出赋租。不如鱼蛮子，驾浪浮空虚。空虚未可知，会当算舟车。蛮子叩头泣，勿语桑大夫。

鱼蛮子，即渔夫，尽管他们生活艰苦，但却很知足。在"踏地出赋租"的背景下，他们很担心自己这点在苏轼看来"何异獭与狙"的悲苦生活难以继续，因为怕被"算舟车"（征税），所以，乞求诗人不要把他们的生活透露给"桑大夫"。《汉书·食货志》载："（桑）弘羊，洛阳贾人之子，以心计，年十三侍中。"此处借指那些长于算计的大臣。

在黄州，跟随苏轼几十年的乳母任采莲于元丰三年（1080）八月病逝。苏轼在《乳母任氏墓志铭》中写道：

赵郡苏轼子瞻之乳母任氏，名采莲，眉之眉山人。父遂，母李氏。事先夫人三十有五年，工巧勤俭，至老不衰。乳亡姊八娘与轼，养视轼之子迈、迨、过，皆有恩劳。从轼官于杭、密、徐、湖，谪于黄。元丰三年八月壬寅，卒于黄之临皋亭，享年七十有二。十月壬午，葬于黄之东阜黄冈县之北。铭曰：

生有以养之，不必其子也。死有以葬之，不必其里也。我祭其从与享之，其魂气无不之也。

苏轼在黄州，一晃就已经五个年头了。神宗心中一直盘绕着祖母的教诲，希望早一点起用苏轼，不应让这样难得的人才长期赋闲，蹉跎岁月，这是国家的损失。但遗憾的是，神宗的起用之意，多次被身边的人阻拦或拖延。《续资治通鉴长编》卷三百四十二对此有这样的记载：

然上每怜之。一日，语执政曰："国史大事，朕欲俾苏轼成之。"执政有难色，上曰："非轼则用曾巩。"其后，巩亦不副上意。上复有旨起轼，以本官知江州，中书蔡确、张璪受命，王震当词头。明日，改承议郎、江州太平观。又明日，命格不下，于是卒出手札，徙轼汝州，有"苏轼黜居思咎，阅岁滋深，人材实难，不忍终弃"之语。

可以看出，神宗已经不能再忍受让苏轼继续遗弃、废弃的现实，希望苏轼继续为国效力，发挥才智。元丰七年（1084）正月二十五日，神宗手诏，将苏轼由黄州团练副使改为离京城近一点的汝州（今属河南）团练副使，为下一步更重要的任用奠定基础。

即将离开生活了五年的黄州，苏轼多有不舍。四月一日，苏轼将自黄州移汝州，留别雪堂邻里二三君子，写下了这首《满庭芳》：

归去来兮，吾归何处？万里家在岷峨。百年强半，来日苦无多。坐见黄州再闰，儿童尽、楚语吴歌。山中友，鸡豚社饮，相劝老东坡。

云何？当远去，人生底事，来往如梭！待闲看，秋风洛水清波。好在堂前细柳，应念我、莫剪柔柯。仍传语，江南父老，时与晒渔蓑。

的确，苏轼的不舍是有原因的。黄州之贬，是苏轼人生的重大转折点，这对于苏轼不仅是一次脱胎换骨的改变，而且于中国文学史、中国文化史而言，也具有十分重要的意义，并且，这当中还有一些神奇、神秘、神妙的因子，这里不妨简单梳理一下。

仁宗景祐三年（1036）腊月十九日，苏轼诞生在长江上游的西蜀眉州；神宗元丰三年（1080）二月一日，苏轼来到长江中游的黄州；徽宗建中靖国元年（1101）七月二十八日，苏轼病逝于长江下游的常州。长江被称为中国的"巨龙"，眉州是龙首，黄州是龙身，常州是龙尾，这三地蜿蜒构成了一条生命的横线，自然也就是生命的一条长河。生养他的眉州作为龙首固然重要，生命终点的常州作为龙尾也有相当的意义。但若梳理苏轼坎壈的一生，作为龙身的黄州无疑具有举足轻重的地位。黄州之与苏轼以及苏轼之与黄州，至少有以下六个方面堪称改变了苏轼、改变了黄州、改变了中国。

第一，黄州开启了苏轼贬谪人生的序幕。"乌台诗案"之前，苏轼的人生总体而言是比较顺利的。苏轼因才因诗而得名，也因才因诗而罹祸。"乌台诗案"就是这种小人妒忌英杰的结果。劫后余生的苏轼于元丰二年（1079）十二月庚申（二十八日），责授水部员外郎、黄州团练副史，本州安置，不得签书公事。因为神宗的眷顾，苏轼从那些恶犬咆哮的围攻中"捡回"了一条性命。由此，黄州成了苏轼疗救心灵创痛的栖息地。至元丰七年（1084）正月，苏轼得到神宗移汝州团练副史手札，接着又开始了十年"地方—中央—地方"的为官旅程。从绍圣元年（1094）闰四月起，苏轼罢定州（今属河北），责知英州（今广东英德），六月，旋即诏谪惠州（今属广东）直至后来的儋州（今属海南），这一路就没有消停。纵览苏轼的一生，显然黄州之谪是苏轼贬谪人生的序幕。但是，达观的苏轼却认为是其平生值得骄傲的"功业"，而黄州、惠州、儋州，恰好又构成苏轼生命的纵线。无论是横向的眉州、黄州、常州，还是纵向的黄州、惠州、儋州，黄州都是连接点。这纵横的交叉，显现了苏轼潮起潮落的人生曲线与轨迹，而黄州作为贬谪的开启之地，于苏轼而言，自然别有一番悠长的意味。所以，苏轼反话正说，谓之"功业"，耐人寻味。

第二，黄州让苏轼成了苏东坡。苏轼之号"东坡"，有人说是受白居易的影响，因为白居易任忠州（今重庆忠县）刺史时，公务之余，常率童仆于忠州城的东坡植树："持钱买花树，城东坡上栽。""东坡春向暮，树木今何如。"（白居易《东坡种花二首》）"朝上东坡步，夕上东坡步。东坡何所爱，爱此新成树。"（白居易《步东坡》）"三年留滞在江城，草树禽鱼尽有情。何处殷勤重回首，东坡桃李种新成。"（白居易《别种东坡花树两绝》之一）必须强调的是，白居易在忠州与苏轼在黄州是两种截然不同的境遇与心情。白居易于忠州东坡植树是怡情山水，苏轼则实为现实所迫。苏轼在《东坡八首并叙》中已讲得很清楚，自己是得于友人的怜悯，开垦已经荒芜的营地，为的是企盼"来岁之入"，以解"困匮"。苏轼苦中作乐，遂以"东坡"自号。对此，苏辙在其《亡兄子瞻端明墓志铭》中说得很清楚："公幅巾芒屩，与田父野老相从溪谷之间，筑室于东坡，自号'东坡居士'。"这里所筑之室即雪堂。可见，苏轼于黄州躬耕的"东坡"，以及由此而形成的东坡形象、东坡精神与东坡文化，使"东坡"成了苏轼最有影响、最为人称道、最响亮的名号，也是他的一种文化"符号"，而他其他的那些名号，则成为陪衬。苏轼之"东坡"与白居易之"东坡"，应属于一种巧合。如果苏轼爱白居易之"东坡"，他在黄州之前就应瞩目致意，可是，我们翻检《苏轼全集》都没有找到这样的证据。而于黄州城东受赐的这片荒地，是苏轼从逆境中崛起的物质基础与根据地，诚为"福地"，故苏轼没有黄州之旅，就不会有我们今天津津乐道的"苏东坡"。

第三，黄州改变了中国的文学版图。黄州历史虽然悠久，但在苏轼到来之前，其文学创作一直寂然无闻。是黄州优美的自然风光与深厚的人文底蕴，加上人生重大挫折之后的深刻领悟，改变了苏轼的文风、文路、文品、文味与文质，这种脱胎换骨般的蝶变，使苏轼的文学创造力、创新力勃然爆发，从此不可收拾。对此，其弟苏辙曾这样慨叹："（苏轼）尝谓辙曰：'吾视今世学者，独子可与我上下耳。'既而谪居于黄，杜门深居，驰骋翰墨，其文一变，如川之方至，而辙瞠然不能及矣。"（苏辙《亡兄子瞻端明墓志铭》）苏轼在黄州创作了数以百计的诗词文赋等作品，其中，堪称中国文学史上经典之作的有一大批。这些经典作品，奠定了苏轼作为文学巨擘的历史地位，也让黄州从昔日湮没无闻的小州，一变而为中国文学的重镇。这种改变，完全改写了中国的文学地理分布，重绘了中国的文学版图。

第四，黄州丰富了中国思想史。苏轼生长的西蜀地区，长期以来儒释道三教并行，甚至，释道二教勃然雄立，分外有市场。但对苏轼而言，科举仕进之路无疑是其最正确的人生选择。因此，在遭受黄州之贬以前，苏轼的思想底色自然是以儒家为主。但"乌台诗案"的惊魂以及黄州的蹇促困顿，让他身处人生的低谷，而反思人生的天空。他出入于佛老，沉潜于庄禅。因为被疏远，因为被废弃，他的空余时间多起来，他在黄州，完成了《论语说》五卷、《易传》九卷。虽然这些学术著作最后是在海南改定的，但自贬谪黄州之后，苏轼即着手这些著述的思考与撰写，所以，黄州是激扬苏轼学术思想的一个主战场。其实，黄州丰富中国思想史的地方还不仅限于苏轼的这些学术著作，苏轼那些写于黄州的诗词文赋，有不少蕴含了丰富的哲理与深邃的思想，是活的思想渊源与精神富矿，如《赤壁赋》《后赤壁赋》《念奴娇·赤壁怀古》《临江仙·夜饮东坡醒复醉》《雪堂记》《记承天寺夜游》《琴诗》等。

第五，黄州增胜了中国文化史。苏轼是一个性格畅达、爱好多样、情趣丰富、生活多彩的文人。在黄州，尽管苏轼处于人生低潮，生活窘迫，但他善于苦中作乐，乐中添彩。在这里，他酿酒、烹饪、玩石、论琴、谈禅、品书、赏画、养生、制砚、营造……种种创意与发明，种种经典与佳话，使其在中国文化史上卓然挺立，黄州也因此为中国文化史浓墨重彩地画上了一笔，一跃而成为中国文化名城。苏轼的上述涉猎与建树，每一个都是中国文化史上的亮点与高峰，而这无疑是苏轼留给黄州当然也是留给世界的不可估量的文化遗产。

第六，黄州树立了后世失意文人的审美范型。贬谪是中国官场政治生活的特殊而有意义的事件。在苏轼贬谪黄州之前，文人受贬，伴随的基本上是怨愤、忧惧、难以自适甚至难以自拔。但当贬谪之箭射中苏轼并定格在黄州的时候，这种贬谪文人的"常态"开始出现了逆转。毋庸讳言的是，刚到黄州的苏轼，也有过愤怒、哀伤甚至绝望，但苏轼旷达的性格、绝世的才情、博通的智识、广泛的爱好，使他在痛苦、绝望中发现生命、生活与生产的无限意趣，于是，他躬耕东坡，筑室雪堂。随缘自适的心态，必然使苏轼乐山水，友渔樵，俯仰天地之间，寄情万物之表，彻底放下，彻底回归。不妨来听苏轼的自语："寓居官亭，俯迫大江，几席之下，云涛接天，扁舟草履，放浪山水间。……此味甚佳，生来未尝有此适。"（苏轼《与王庆源》）这种山水自适的增持，更来源于他对庄禅智慧的体悟。黄州之前，苏轼虽已有深厚的佛性修养，但毕竟没有遭受人生的重大打击，而"乌台诗案"的骤变以及黄州之贬的苦厄，使他有了透彻之"悟"，他感叹道："心困万缘空，身安一床足。"（苏轼《安国寺浴》）他"笑劳生一梦"（苏轼《醉蓬莱》），因此，"蜗角虚名，蝇头微利，算来著甚干忙。事皆

湖北黄冈遗爱湖公园苏东坡像

前定，谁弱又谁强。且趁闲身未老，尽放我，些子疏狂。百年里，浑教是醉，三万六千场"（苏轼《满庭芳》）。因为悟空，所以，他能心无挂碍，专心静养，正所谓"斋居养气，自觉神凝身轻"（苏轼《答宝月禅师》之二）。这样的心绪与心境，还有什么挫折、冤屈不能面对、不能承受呢？所以，黄州之后，那些群小掌权之后，希冀让苏轼愈贬愈远、老死蛮荒的企图没有得逞。苏轼没有牵挂，一句"回首向来萧瑟处，也无风雨也无晴"（苏轼《定风波》）的自白，着实让那些心怀鬼胎的人大大地失望。苏轼在贬谪中升华了人生，超越了磨难，第一次在失意的人生中最完美、最真切、最生动地展现了东坡居士的形象，其超越自我的审美化生活范型，为后世失意文人提供了借镜。

苏轼曾在《书韩魏公黄州诗后》中这样评价黄州："黄州山水清远，土风厚善，其民寡求而不争，其士静而文，朴而不陋，虽闾巷小民，知尊爱贤者。"朴实友善的黄州，注定是苏轼的人生旅程中挥之不去的难忘记忆。

第五章 赤诚无畏守初心

神宗不忍长期遗弃旷世奇才苏轼，决定重新起用。于是，苏轼有了量移汝州、北上登州的命运转机，而且很快又接到回京履职的诏令。进京后，苏轼一路擢升，却遭到政敌的围攻。苏轼接连上书请求外任，终于获得再莅杭州的机会。在杭州，苏轼守其初心，造福黎民百姓。垂帘听政的高太后，希望苏轼能发挥王佐之才，为国效力，于是下诏让苏轼重回京城委以重任。进京之后的苏轼再次遭到政敌的围攻。心力交瘁的苏轼屡屡上书请求外任，终于获准以龙图阁学士知颍州，数月之后又改知扬州。履职颍、扬时间虽短，但不忘初心的苏轼，善政惠民，革故鼎新。这时，苏轼又接到回京的诏令，他担心再次陷入政治旋涡，便不停地上奏，祈求外任，终于得到知定州之命，却因继室王闰之病重，未能及时赴任。不久，王闰之病逝。接着，高太后也仙逝，哲宗亲政，对侍读多年的重臣苏轼下"狠手"，命苏轼即刻离京赴任并拒绝其面辞请求，后又在一群小人的撺弄下，诏令苏轼以承议郎知英州。苏轼的人生厄运再次降临，前途未卜。

北上登州

元丰七年（1084）四月，苏轼离开黄州后，先来到九江，随即前往心中向往已久的庐山。庐山不仅风景绝美，且在历史上的文化底蕴也很厚重，许多名人都曾与庐山结缘。苏轼来到西林寺，一种强烈的视觉冲击给了苏轼意想不到的灵感，他兴奋地提笔在西林寺壁上留下令后世赞不绝口的二十八个字：

横看成岭侧成峰，远近高低各不同。不识庐山真面目，只缘身在此山中。

（苏轼《题西林壁》）

这简单的四句诗，不仅让庐山永远与苏轼连接起来，更表达了深刻的哲理。随后，苏轼由庐山至弟弟苏辙任职的筠州，与弟弟共度端午。他写道：

一与子由别，却数七端午。身随彩丝系，心与昌歜苦。今年匹马来，佳节日夜数。儿童喜我至，典衣具鸡黍。水饼既怀乡，饭筒仍愍楚。谓言必一醉，快作西川语。宁知是官身，糟曲困熏煮。独携三子出，古刹访禅祖。高谈付梁罗，诗律到阿虎。归来一调笑，慰此长龃龉。

（苏轼《端午游真如，迟、适、远从，子由在酒局》）

兄弟两人已经多年没有在一起过端午了，这次苏轼量移汝州，第一站就到弟弟这里来，所以心情是舒畅的，正所谓"归来一调笑，慰此长龃龉"。

六月，苏轼长子苏迈被任命为德兴尉，苏轼送苏迈至鄱阳湖口，知道这里有石钟山。历史上，郦道元以为"下临深潭，微风鼓浪，水石相搏，声如洪钟"。但这一说法大家都常常怀疑。人们以钟磬置水中，虽大风浪不能鸣，更何况是石头。到了唐代，李渤"始访其遗踪，得双石于潭上，扣而聆之，南声函胡，北音清越，桴止响腾，余韵徐歇，自以为得之"。但苏轼怀疑此说，因为他认为："石之铿然有声者，所在皆是也，而此独以钟鸣，何哉？"为寻觅答案，苏轼决定与儿子前去探秘。他在《石钟山记》中写道：

至暮夜月明，独与迈乘小舟至绝壁下，大石侧立千仞，如猛兽奇鬼，森然欲搏人。而山上栖鹘，闻人声亦惊起，磔磔云霄间。又有若老人咳且笑于山谷中者，或曰此鹳鹤也。余方心动欲还，而大声发于水上，噌吰如钟鼓不绝，舟人大恐。徐而察之，则山下皆石穴罅，不知其浅深，微波入焉，涵澹澎湃而为此也。舟回至两山间，将入港口，有大石当中流，可坐百人，空中而多窍，与风水相吞吐，有窾坎镗鞳之声，与向之噌吰者相应，如乐作焉。

基于这样的亲证，苏轼得出这样的结论：

事不目见耳闻，而臆断其有无，可乎？郦元之所见闻，殆与余同，而言之不详。士大夫终不肯以小舟夜泊绝壁之下，故莫能知。而渔工水师，虽知而不能言。此世所以不传也。而陋者乃以斧斤考击而求之，自以为得其实。余是以记之，盖叹郦元之简，而笑李渤之陋也。

这篇有名的散文，是苏轼一生探奇寻幽、追逐真理、追求真实的历史见证。

苏轼继续一路向东，七月，到达金陵。王安石自熙宁九年（1076）罢相后，一直生活在金陵。苏轼与王安石同是欧阳修的学生，但此前因为政见不同，彼此闹得很不愉快。但苏轼与王安石都算得上是品德高尚之人，他们并无自己的私心。王安石对自己曾经纵用一帮只知道讨好谄媚的小人多有后悔，所以，当苏轼被这些小人陷害、死生未卜的时候，他果断地站出来替苏轼说话。据说，神宗在相当大的程度上是因为王安石请求宽容苏轼而下定了释放苏轼的决心。王安石得知苏轼将过金陵的消息后，决定前往相见。于是，他穿着野服，骑着毛驴，来到江边与苏轼会面。大家不拘礼节，捐弃前嫌，相约一同游蒋山，并在一起相互唱和，愉快地度过了几天。王安石对苏轼的才情与正直非常佩服，交口称赞苏轼："不知更几百年，方有如此人物。"（江少虞《事实类苑》卷四十）苏轼对王安石也有了新认识，在《次荆公韵四绝》之三中这样写道：

> 骑驴渺渺入荒陂，想见先生未病时。劝我试求三亩宅，从公已觉十年迟。

王安石希望苏轼能在金陵买田，以便相互往来，可以看出王安石对苏轼是真心的喜欢。苏轼也表达了这种相识恨晚的心情——"从公已觉十年迟"。这句话透露出太多值得玩味的意思。如果十年前王安石对苏轼的认识能够像今天这样理性与坦诚，苏轼与王安石能够携手合作，助推国家的发展大计，大宋王朝的历史说不定要大大的改写。但是，历史是不能假设的，苏轼的这句话，多少有那么一些无奈与叹惋。苏轼后来在《上荆公书》中写道：

> 近者经由，屡获请见，存抚教诲，恩意甚厚。别来切计，台候万福。轼始欲买田金陵，庶几得陪杖屦，老于钟山之下。既已不遂，今来仪真又二十余日，日以求田为事，然成否未可知也。若幸而成，扁舟往来，见公不难也。

由这封信可知，苏轼确实有买田金陵的打算，但最后没有成。后来转往金陵附近的仪真（即今江苏仪征），希望能够在那里买田置地。

苏轼在金陵与王安石相见甚欢，但有一件事却让他非常伤心，那就是小儿子苏遁的早夭。

苏遁，小名干儿，为王朝云在黄州所生。干儿的眉角与苏轼很像，所以，苏轼特别高兴。儿子出生三日，按照传统习俗为其洗"三朝"，苏轼还赋诗一首：

人皆养子望聪明，我被聪明误一生。惟愿孩儿愚且鲁，无灾无难到公卿。

（苏轼《洗儿》）

这是苏轼遭受人生重大打击之后的愤激之语。遗憾的是，苏轼对干儿"愚且鲁"和"无灾无难"的期盼未能实现，干儿存活了十个月零一天就匆匆离开了人世。王朝云痛不欲生，年近半百的苏轼也"老泪如泻水"，写了两首诗哀叹。
第一首云：

吾年四十九，羁旅失幼子。幼子真吾儿，眉角生已似。未期观所好，蹁跹逐书史。摇头却梨栗，似识非分耻。吾老常鲜欢，赖此一笑喜。忽然遭夺去，恶业我累尔。衣薪那免俗，变灭须臾耳。归来怀抱空，老泪如泻水。

对于老来得子的苏轼，这一打击是非常大的。特别是遭遇人生重大变故之后的苏轼，赖此小儿的天真可爱，给苏轼带来了难得的快乐。只可惜这种快乐转瞬即逝，令苏轼老泪纵横，万分伤悲。

而小儿的母亲王朝云，则更加悲恸，来看苏轼的第二首诗：

我泪犹可拭，日远当日忘。母哭不可闻，欲与汝俱亡。故衣尚悬架，涨乳已流床。感此欲忘生，一卧终日僵。中年忝闻道，梦幻讲已详。储药如丘山，临病更求方。仍将恩爱刃，割此衰老肠。知迷欲自反，一恸送余伤。

（苏轼《去岁九月二十七日，在黄州，生子名遁，小名干儿，颀然颖异。至今年七月二十八日，病亡于金陵，作二诗哭之》）

虽然干儿只有十个月大，但这种人生的死别，还是如刀子在割肠一样，哀痛无比。作为干儿的生母,王朝云的伤心无人能比。人生多么无奈。尽管苏轼已深刻体悟"人生如梦"的真谛,但在面对自己亲人的生离死别上,悲痛之情还是难以抑制。这或许就是人生的残酷吧。

苏轼对朝中把持政要的那些佞臣始终心有余悸,神宗痛下手诏,让苏轼量移汝州,本是好事,但苏轼依然很忐忑,正如他在给王文甫的信中所坦陈的:"前蒙恩量移汝州,比欲乞依旧黄州住,细思罪大责轻,君恩至厚,不可不奔赴。数日念之,行计决矣。……本意终老江湖,与公扁舟往来,而事与心违,何胜慨叹。"(苏轼《与王文甫》)

这种感慨,苏轼在与刘仲达的相会中更有体现。苏轼十七岁时就在家乡眉山与刘仲达交游往来,没想到三十多年之后,他们在泗州(今安徽泗县)不期而遇。这是元丰七年(1084)的十二月,他们携手同游南山,抚今追昔,不禁唏嘘感叹:

三十三年,漂流江海,万里烟浪云帆。故人惊怪,憔悴老青衫。我自疏狂异趣,君何事、奔走尘凡?流年尽,穷途坐守,船尾冻相衔。

巉巉。淮浦外,层楼翠壁,古寺空岩。步携手林间,笑挽纤纤。莫上孤峰尽处,萦望眼、云水相搀。家何在?因君问我,归步绕松杉。

(苏轼《满庭芳》)

当年故乡手种的松杉,如今只能梦中想见。被故人惊怪"憔悴老青衫"的苏轼,现在已是心力交瘁。特别是从黄州这一路走来,一家人旅途劳顿,身体受罪,纷纷患病,加之幼子夭亡,赀用罄竭,苏轼实在无法再忍受这种痛苦,于是在泗州拿起笔,含泪上书神宗,乞求允许他在常州居住,言辞真切悲恸:

臣闻圣人之行法也,如雷霆之震草木,威怒虽甚,而归于欲其生;人主之罪人也,如父母之谴子孙,鞭挞甚严,而不忍致之死。臣漂流弃物,枯槁余生。泣血书词,呼天请命。愿回日月之照,一明葵藿之心。此言朝闻,夕死无憾。臣轼诚惶诚恐,顿首顿首。臣昔者尝对便殿,亲闻德音。似蒙圣知,不在人后。而狂狷妄发,上负恩私。既有司皆以为可诛,虽明主不得而独赦。一从吏议,坐废五年。积忧薰心,惊齿发之先变;抱恨刻骨,伤皮肉之仅存。近者蒙恩量移汝州,伏读训词,有"人材实难,弗忍终弃"之语。岂独知免于缧绁,亦将有望于桑榆。但未死亡,终见天日。岂敢复以迟暮为叹,更生徼觊之心。但以禄廪久空,衣食不继。累重道远,不免舟行。自离黄州,风涛惊恐,举家重病,一子丧亡。今虽已至泗州,而赀用罄竭,去汝尚远,难于陆行。无屋可居,无田可食,二十余口,不知所归,饥寒之忧,近在朝夕。与其强颜忍耻,干求于众人,不若归命投诚,控告于君父。臣有薄田在常州宜兴县,粗给馆粥,欲望圣慈,许于常州居住。

(苏轼《乞常州居住表》)

虽然苏轼已上书神宗,但要得到神宗诏旨,那还需要时日。苏轼也不能在泗州坐等。不得已,苏轼还要继续沿淮河北上,这已经是元丰八年(1085)正月了。等到二月神宗诏令传来,苏轼已经走到南都。虽然好消息来得晚了一点,但苏轼还是对神宗的恩准满怀感激。于是,他调转船头,折回常州。苏轼有《满庭芳》词记之,他在序中说:

余居黄五年,将赴临汝,作《满庭芳》一篇,以别黄人。既至南都,蒙恩放归阳羡,复作一篇。

其词云:

归去来兮,清溪无底,上有千仞嵯峨。画桥西畔,天远夕阳多。老去君恩未报,空回首、弹铗悲歌。船头转,长风万里,归马驻平坡。

无何。何处是,银潢尽处,天女停梭。问人间何事,久戏风波。顾问同来稚子,应烂汝、腰下长柯。青衫破,群仙笑我,千缕挂烟蓑。

这首词,苏轼以冯谖弹铗求人自比,既对皇帝心怀感恩,也对自己这些年来是是非非的人生遭际深表无奈。然而,无奈的人生有时就是那样的无奈。苏轼还在为神宗的放归谋划幸福的未来，谁知，就在神宗恩准苏轼居住常州的次月，也即元丰八年（1085）三月，神宗驾崩。这让苏轼万分震惊。他知道这些年多亏神宗的眷顾，不然，可能早都命殒黄泉了。他在给王定国的回信中曾这样表达他的担忧：

> 先帝升遐，天下所共哀慕，而不肖与公，蒙恩尤深，固宜作挽词，少陈万一。然有所不敢者耳。必深察此意。无状罪废，众欲置之死，而先帝独哀之，而今而后，谁复出我于沟壑者，归耕没齿而已矣。
>
> （苏轼《答王定国》之二）

"而今而后，谁复出我于沟壑者"，可见苏轼对神宗的感激与感念。

带着这种感激与感念，苏轼携家眷于元丰八年（1085）五月二十二日抵达常州，接连上了两道《到常州谢表》，表达由衷的谢意。第一道云：

> 臣轼言。先蒙恩授汝州团练副使本州安置，寻上表乞于常州居住，奉圣旨，依所乞，臣已于今月二十二日到常州讫者。积疢难磨，未经洗涤；至仁易感，许即便安。祗荷宠灵，惟知感涕。中谢。伏念臣所犯罪戾，本合诛夷。向非先帝之至明，岂有余生于今日。衔恩未报，有志不从。已分没身，寄残骸于魑魅；敢期择地，收暮景于桑榆。此盖伏遇皇帝陛下，仁孝生知，聪明天纵。寅奉上帝之眷命，述修累圣之成谋。念此菅蒯之微，庶几簪履之旧。俾安田亩，稍出缧囚。饱食无思，但日陶于新化；杜门自省，当益念于往愆。臣无任。

神宗病逝后，其子赵煦，年仅十岁。神宗之母，英宗之后，力主"子承父业"之家法，推孙子赵煦继承皇位，由其垂帘辅政。高太后虽为妇人，却精明能干。她深知现在朝中被一帮佞臣把持，弄得乌烟瘴气，当初神宗变法的良好初衷已被这帮人糟蹋得面目全非，朝廷内外，一团戾气，怨声载道。她首先拿宰相王珪开刀，罢黜王珪宰相之职，起用司马光为门下侍郎，吕公著为尚书左丞，决心尽废新法，贬斥新党要员，恢复旧制，起用旧臣。也许是基于这样的政治背景，

苏轼的第二道谢表写道:

> 臣轼言。先蒙恩授汝州团练副使本州安置,寻上表乞于常州居住,奉圣旨,依所乞,臣已于今月二十二日到常州讫者。罪大人微,自甘永弃;食贫口众,未免求安。忽奉俞音,出于独断;仰衔恩施,不觉涕零。中谢。伏念臣猥以凡材,早尘仕籍。生逢有作之圣,独抱不移之愚。废弃六年,已忘形于田野,溯沿万里,偶脱命于江潭。岂谓此生,得从所便。此盖伏遇太皇太后陛下,厚德载物,至仁代天。春生秋成,本无心于草木;风行雷动,自有信于虫鱼。致此幽顽,亦叨恩宥。耕田凿井,得渐齿于平民;碎首刳肝,尚未知其死所。臣无任。

苏轼对神宗先帝、对高太后心存感激之情,希望能在常州稍事安稳,耕田凿井,过平民的生活。苏轼对常州确有一种独特的归宿之感,诚如元丰七年(1084)十月二日在《楚颂帖》中所写:

> 吾来阳羡,船入荆溪,意思豁然,如惬平生之欲。逝将归老,殆是前缘。王逸少云:"我卒当以乐死。"殆非虚言。吾性好种植,能手自接果木,尤好栽橘。阳羡在洞庭上,柑橘栽至易得。当买一小园,种柑橘三百本。屈原作《橘颂》,吾园若成,当作一亭,名之曰楚颂。

苏轼对阳羡的感情,有如前缘注定。他多次表达这种意愿,如"吾行四方而无归兮,逝将此焉止息"(苏轼《钱君倚哀词》)。而"逝将归老""逝将此焉止息",不幸成为谶言,苏轼后来真的就病逝于常州阳羡。对于这种如梦中般的归宿,苏轼的兴奋是非常直白的:

> 十年归梦寄西风,此去真为田舍翁。剩觅蜀冈新井水,要携乡味过江东。
>
> (苏轼《归宜兴留题竹西寺》之一)

买田阳羡吾将老，从来只为溪山好。来往一虚舟，聊随物外游。

有书仍懒著，水调歌归去。筋力不辞诗，要须风雨时。

（苏轼《菩萨蛮》）

要在异乡过出家乡的味道，沉醉于这一方的山水，"来往一虚舟，聊随物外游"。这勾画的是一种桃花源般的世外生活。但理想愿望总归是美好的，而现实往往难遂人愿。神宗驾崩之后两个月，也就是元丰八年（1085）五月六日，"诏责授汝州团练副使、本州安置苏轼复朝奉郎、知登州（治今山东蓬莱）"（李焘《续资治通鉴长编》卷三百五十六）。当时苏轼尚未达到常州贬所。六月，告下，苏轼复朝奉郎，起知登州军州事。重新被任用知州，对于经历了"乌台诗案"风云、已被废弃赋闲了六年的苏轼来说，多少有些意外，也与他欲"逝将归老"常州的愿望矛盾。但从小接受的教育，使苏轼"奋厉有当世志"。现在国家需要，他尤感念"先帝全臣于众怒必死之中，陛下起臣于散官永弃之地"，"登虽小郡，地号极边。自惊缧绁之余，忽有民社之寄"，所以，"没身难报，碎首为期"（苏轼《登州谢上表》之一），表达了自己感激奋勇、履职尽责的决心。

苏轼收拾行囊，很快就踏上了北去登州的行程。苏轼先后经过海州、密州。来到阔别了近十年的密州，苏轼的心情分外激动。密州太守霍翔置酒超然台上，密州百姓听闻他们敬重的苏太守要路过密州，都扶老携幼，夹道欢迎，其场面十分感人。苏轼有诗为记：

昔饮雩泉别常山，天寒岁在龙蛇间。山中儿童拍手笑，问我西去何当还。十年不赴竹马约，扁舟独与渔蓑闲。重来父老喜我在，扶挈老幼相遮攀。当时襁褓皆七尺，而我安得留朱颜。问今太守为谁欤？护羌充国鬓未斑。躬持牛酒劳行役，无复杞菊嘲寒悭。超然置酒寻旧迹，尚有诗赋镵坚顽。孤云落日在马耳，照耀金碧开烟鬟。郑淇自古北流水，跳波下濑鸣玦环。愿公谈笑作石埭，坐使城郭生溪湾。

（苏轼《再过超然台赠太守霍翔》）

如今的密州，已今非昔比，当年摘食杞菊的往事，已成为记忆。当年苏轼尚有未了心愿，就是在郏淇河边，修建一座水库，改善密州的生态，"坐使城郭生溪湾"，达到保障全城生产和生活所需的目的。这一未了之愿，苏轼希望现任太守霍翔能够实现。

惜别密州，十月十五日，苏轼来到登州。

到了登州，苏轼来不及休整，就马不停蹄地到处调研。苏轼在《登州谢上表》中有描述："臣所领州，下临涨海。人淳事简，地瘠民贫。入境问农，首见父老。戴白扶杖，争来马前。"在这份谢表中，苏轼又强调道："登虽小郡，地号极边。"

登州为海防边城，战略地位十分重要。通过调查，苏轼发现这里边防松弛，兵士常抽调他处，导致"武艺惰废，有误缓急"。尽管苏轼已接到诏令还朝，但他还是出于对国家边防安危的使命感与责任感，在《登州召还议水军状》中非常详尽地将他通过调研获取的信息以及自己的思考认认真真地进行了汇报。他说：

> 右臣窃见登州地近北虏，号为极边，虏中山川，隐约可见，便风一帆，奋至城下。自国朝以来，常屯重兵，教习水战，旦暮传烽，以通警急。每岁四月，遣兵戍驼基岛，至八月方还，以备不虞。自景德以后，屯兵常不下四五千人。除本州诸军外，更于京师、南京、济、郓、兖、单等州差拨兵马屯驻。至庆历二年，知州郭志高为诸处差来兵马头项不一，军政不肃，擘画奏乞创置澄海水军弩手两指挥，并旧有平海两指挥，并用教习水军，以备北虏，为京东一路捍屏，虏知有备，故未尝有警。议者见其久安，使谓无事。近岁始差平海六十人分屯密州信阳、板桥、涛洛三处，去年本路安抚司又更差澄海二百人往莱州，一百人往密州屯驻。检会景德三年五月十二日圣旨指挥，今后宣命抽差本城兵士往诸处，只于威边等指挥内差拨，即不得抽差平海兵士。其澄海兵士，虽无不许差出指挥，盖缘元初创置，本为抵替诸州差来兵马，岂有却许差往诸处之理。显是不合差拨。不惟兵势分弱，以起戎心，而此四指挥更番差出，无处学习水战，武艺惰废，有误缓急。伏乞朝廷详酌，明降指挥，今后登州平海、澄海四指挥兵士，并不得差往别州屯驻。

有历史，有现状，有数据，有建言，充分体现苏轼有未雨绸缪的战略思维与忧患意识。

此外，苏轼在调查中还发现，登州本临海，海水晒盐是当地的传统产业，盐民靠卖盐为生，但现在实行官府垄断，形成"三害"：

> 臣所领登州，计入海中三百里，地瘠民贫，商贾不至，所在盐货，只是居民吃用。今来既榷入官，官买价钱，比之灶户卖与百姓，三不及一，灶户失业，渐以逃亡，其害一也。居民咫尺大海，而令顿食贵盐，深山穷谷，遂至食淡，其害二也。商贾不来，盐积不散，有入无出，所在官舍皆满，至于露积，若行配卖，即与福建、江西之患无异，若不配卖，即一二年间，举为粪土，坐弃官本，官吏被责，专副破家，其害三也。官无一毫之利，而民受三害，决可废罢。

（苏轼《乞罢登莱榷盐状》）

为此苏轼请求，"先罢登莱两州榷盐，依旧令灶户卖与百姓，官收盐税"。这份奏状由于苏轼在登州时间太短，没来得及撰写上奏，直到离开登州之后的十二月初才上奏，由此可见苏轼强烈的责任感。

由于苏轼的努力，登州军政与社会面貌为之一新。

但是，苏轼刚到任登州五日，也就是十月二十日，就接到朝廷诏令，以礼部郎中召还。

在登州，苏轼见到了传说中的海市蜃楼。于是，苏轼兴奋地写下《海市》，他在序中说：

> 予闻登州海市旧矣。父老云：常出于春夏，今岁晚不复见矣。予到官五日而去，以不见为恨，祷于海神广德王之庙，明日见焉，乃作此诗。

其诗云：

东方云海空复空，群仙出没空明中。荡摇浮世生万象，岂有贝阙藏珠宫。心知所见皆幻影，敢以耳目烦神工。岁寒水冷天地闭，为我起蛰鞭鱼龙。重楼翠阜出霜晓，异事惊倒百岁翁。人间所得容力取，世外无物谁为雄。率然有请不我拒，信我人厄非天穷。潮阳太守南迁归，喜见石廪堆祝融。自言正直动山鬼，岂知造物哀龙钟。伸眉一笑岂易得，神之报汝亦已丰。斜阳万里孤鸟没，但见碧海磨青铜。新诗绮语亦安用，相与变灭随东风。

　　登州是苏轼为官时间最短的，仅有五天。蓬莱仙境是天下人都向往的，这里的海市蜃楼一般出现在四五月，苏轼去的时候已是十月。尽管任职时间如此仓促，苏轼还是不希望错过这里的美景。于是，向海神广德王庙祈祷，奇迹居然出现了："率然有请不我拒，信我人厄非天穷。"苏轼心里琢磨着，或许是自己的正直感动了山鬼，又或许是造物主哀怜自己的老态龙钟。不管怎样，心中的期许实现了，所以，苏轼伸眉一笑，觉得海神对自己的报答已经够丰盛了。

入奉禁闼

自元丰八年（1085）十月二十日接到朝廷礼部郎中召还令后，苏轼即南下返京，一路经过莱州、青州、济南、郓州、南都，于十二月上旬抵达京师。半个月后，又升任起居舍人。起居舍人又称右史，是专门负责记录皇帝的起居，包括指令、命令、决定、巡察活动等，之后要及时撰写起居注，属于皇帝的近臣，这需要由非常可靠的人担任。苏轼刚从"乌台诗案"的阴影中走出，又才履新边郡小州，现在突然回到中央任职，而且是担任如此零距离接触皇帝的要职，十分惶恐，于是，赶紧递上辞免状：

> 臣受材浅薄，临事迂疏。起于罪废之中，未有丝毫之效。骤升清职，必致烦言。愿回虚授之恩，庶免素餐之愧。所有告身，不敢祗受。
>
> （苏轼《辞免起居舍人第一状》）

看到辞免未予获准，苏轼又呈上第二状：

> 右臣近奏乞辞免起居舍人恩命，准尚书省札子奉圣旨不许辞免者。天威在颜，不违咫尺。父命于子，惟所东西。况兹久废之余，敢有不回之意。伏念臣受性褊狷，赋命奇穷。既早窃于贤科，复滥登于册府。多取天下之公器，又处众人之所争。若此而全，从来未有。今者出于九死之地，始有再生

之心。危迹粗安，惊魂未返。若骤膺非分之宠，恐别生意外之忧。纵无人灾，必有鬼责。伏望圣慈，廓天地包函之量，推父母爱怜之心。知其实出于至诚，止欲自处于无过。追还新命，更选异材。使之识分以安身，孰与包羞而冒宠。再伸微恳，伏俟重诛。所有告身，臣不敢祗受。

（苏轼《辞免起居舍人第二状》）

苏轼是一个很有自知之明的人，自己刚从泥潭中爬出，如此快速的擢升，定会引来争议，招致意外。但了解仁宗有"为子孙得两宰相"赞誉的高太后，知道苏轼的才华，也为此前苏轼所蒙受的冤屈深表同情，因此，她有很强烈的意愿，要重用苏轼，快速让苏轼回到该有的位置，以使其发挥该有的重要作用。很显然，她对苏轼的请辞能够理解，但不予支持。三个月后，也即元祐元年（1086）三月，苏轼进一步升为中书舍人。中书舍人负责起草诏令，参与国家机密，地位在起居舍人之上。按惯例，此官职需要通过相关的考试，合格之后才能任命。但苏轼当时文名已重天下，加之此前陈尧佐、杨亿、欧阳修均有未经考试而直接担任知制诰的先例，所以高太后选择了直接任命。苏轼当然还是惊恐万状，急忙呈上自己的辞免状：

伏念臣顷自贬所，起知登州，到州五日，而召以省郎，到省半月，而擢为右史。欲自勉强，少酬恩私。而才无他长，职有常守。出入禁闼，三月有余，考论事功，一毫无取。今又冒荣直授，躐众骤迁。非次之升，既难以处；不试而用，尤非所安。愿回异恩，免速官谤。所有告身，臣不敢祗受。

（苏轼《辞免中书舍人状》）

当然，苏轼的辞免也未能允准。八月，苏轼又再升为翰林学士知制诰。这是"将相之储"的职位，正三品，专掌皇帝诏令，是皇帝最亲近最信任的顾问和秘书，其地位之高，可以想象。苏轼"宠至若惊"，连上两份辞免状，坦言"非高材重德雅望，不在此选。臣自量三者皆追人，骤当殊擢，实不自安"（苏轼《辞免翰林学士第一状》），但均未获批。就这样，在不到一年的时间里，苏轼

连升三级，即苏轼自己所说的"曾未周岁，而阅三官"，苏轼谦虚地说："试以百为，而无一可。"（苏轼《谢宣召入院状》之二）

苏轼入翰林院的请辞不但没有得到允准，反而被"特赐衣一对，金腰带一条，金镀银鞍辔马一匹，被三品之服章"。苏轼不能再违拗下去，只得表态："揽佩以思，遂识断金之义；举鞭自誓，敢忘希骥之心。"（苏轼《谢对衣金带马表》之一）"敢不激昂晚节，砥砺初心。"（苏轼《谢翰林学士表》之一）

元祐二年（1087）七月二十六日，苏轼再次擢升为翰林学士兼侍读。所谓侍读，就是陪侍皇帝读书，也就是皇帝的老师。这份工作压力大、责任大，非饱学之士和道德模范，不得胜任。苏轼在辞免状中说：

入侍迩英，其选至重。非独分摘章句，实以仰备顾问。臣学术浅陋，恐非其人。况臣待罪禁林，初无吏责。又加廪赐之厚，益负尸素之忧。伏望圣慈，察其诚心，追回新命，以授能者。

（苏轼《辞免侍读状》）

但苏轼的请辞没有得到批准，只能接受。在谢表中苏轼这样写道：

窃惟讲读之臣，止以言语为职。考功课吏，无殿最之可书；陈善闭邪，有膏泽之潜润。岂臣愚陋，亦所克堪。此盖伏遇太皇太后陛下，忧思深长，德业久大。受先帝投艰之托，为神孙经远之谋。故选左右前后之人，罔非吉士；使知兴亡治乱之效，莫若多闻。谓臣虽无大过人之才，知臣粗有不欺君之实。故使朝夕，与于讨论。奉永日之清闲，未知所报；毕微生于尽瘁，终致此心。

（苏轼《谢除侍读表》之二）

由于与高太后有如此近距离的接触，他们之间相处甚为融洽。《宋史·苏轼传》记载了一段高太后与苏轼之间的对话，颇有意思：

轼尝锁宿禁中,召入对便殿,宣仁后问曰:"卿前年为何官?"曰:"臣为常州团练副使。"曰:"今为何官?"曰:"臣今待罪翰林学士。"曰:"何以遽至此?"曰:"遭遇太皇太后、皇帝陛下。"曰:"非也。"曰:"岂大臣论荐乎?"曰:"亦非也。"轼惊曰:"臣虽无状,不敢自他途以进。"曰:"此先帝意也。先帝每诵卿文章,必叹曰:'奇才,奇才!'但未及进用卿耳。"轼不觉哭失声,宣仁后与哲宗亦泣,左右皆感涕。已而命坐赐茶,撤御前金莲烛送归院。

宣仁后即高太后。由这段对话可知,神宗对苏轼非常器重。苏轼今天的荣耀,实际上是高太后在弥补神宗的遗憾。

但是,苏轼在朝中的工作并不愉快,原因在于神宗时期改革的初衷不但没有达到,反而离目标越来越远。神宗之后,高太后欲校正方向,起用当初反对变法的一派旧臣。司马光为相之后,动作很快很大,要求马上废除新法,要一切"皆如旧制"。当初参与王安石变法的大臣,虽然竭力想维持神宗时的原状,但元祐初年,这批人陆续被赶出了朝廷。原来因反对王安石变法而被排挤出朝的旧臣,又先后被重新起用,这些人一般都支持司马光尽废新法,力图恢复仁宗朝的政策。苏轼当初确实反对王安石变法,也因为坚持孔子"诗可以怨"的诗教,而被朝中以兴新法为名而搅和在一起的群小攻击陷害,差点丢了性命。如果要分新党、旧党,苏轼当然属于旧党。

然而,苏轼与旧党不同的是,他不赞成"非此即彼",即:凡是新党赞成的,我们就反对;凡是新党反对的,我们就支持。苏轼为官处事,有一个最大的原则,也是根本性的原则,那就是实事求是。当时,苏轼在杭州、密州、徐州等地为官时,虽然对新法多有揶揄嘲讽,有时甚至拒不执行,但是,平心而论,苏轼也发现新法在某些方面给百姓带来了好处,也有一些合理的成分,所以他在黄州时期写给滕达道的信中坦言:"吾侪新法之初,辄守偏见,至有异同之论。虽此心耿耿,归于忧国,而所言差谬,少有中理者。今圣德日新,众化大成,回视向之所执,益觉疏矣。若变志易守以求进取,固所不敢,若哓哓不已,则忧患愈深。"(苏轼《与滕达道》之十九)苏轼在这里,并非因为受到"乌台诗案"的惊吓而违心自责,更非忏悔,而是源于一种实事求是的信念。在这里苏轼已经说得很清楚了，如果他"变志易守以求进取"，他是"固所不敢"，做不到的；如果"哓哓不已"，不停争辩，则"忧患愈深"，此正所谓"话多必失"。这是苏轼私下与好友之间的通信，并非广而告之，则应当属于他内心最真实的想法。

基于这样的认识，苏轼觉得司马光对新法的全盘否定，显然是欠妥当的。具体而言，苏轼对司马光废除那些有弊无利的新法是支持赞成的，分歧主要在于是否有必要废除免役法，恢复差役法。苏轼在《辩试馆职策问札子》之二中有详细的说明：

> 臣前岁自登州召还，始见故相司马光，光即与臣论当今要务，条其所欲行者。臣即答言："公所欲行者诸事，皆上合天心，下合人望，无可疑者。惟役法一事，未可轻议。何则？差役、免役，各有利害。免役之害，掊敛民财，十室九空，钱聚于上，而下有钱荒之患；差役之害，民常在官，不得专力于农，而贪吏猾胥，得缘为奸。此二害轻重，盖略相等，今以彼易此，民未必乐。"光闻之愕然，曰："若如君言，计将安出？"臣即答言："法相因则事易成，事有渐则民不惊。昔三代之法，兵农为一，至秦始分为二，及唐中叶，尽变府兵为长征之卒，自尔以来，民不知兵，兵不知农，农出谷帛以养兵，兵出性命以卫农，天下便之，虽圣人复起，不能易也。今免役之法，实大类此。公欲骤罢免役而行差役，正如罢长征而复民兵，盖未易也。先帝本意，使民户率出钱，专力于农，虽有贪吏滑胥，无所施其虐。坊场河渡，官自出卖，而以其钱雇募衙前，民不知有仓库纲运破家之祸，此万世之利也，决不可变。独有二弊：多取宽剩役钱，以供他用实封；争买坊场河渡，以长不实之价。此乃王安石、吕惠卿之阴谋，非先帝本意也。公若尽去二弊，而不变其法，则民悦而事易成。今宽剩役钱，名为十分取二，通计天下，乃及十五，而其实一钱无用。公若尽去此五分，又使民得从其便，以布帛谷米折纳役钱，而官亦以为雇直，则钱荒之弊，亦可尽去。如此，而天下便之，则公又何求？若其未也，徐更议之，亦未晚也。"光闻臣言，大以为不然。

从这段对话中，可以看出苏轼与司马光的分歧。苏轼是辩证地看待新法与旧法，比较其利害得失，而司马光则"专欲变熙宁之法，不复校量利害，参用所长也"。除差役、免役之争外，苏轼还根据他在密州推行给田募役法的经验，要求在河北、河东、陕西三路实行给田募役法：

> 臣又与光言："熙宁中常行给田募役法，其法以系官田及以宽剩役钱买民田以募役人，大略如边郡弓箭手。臣时知密州，推行其法，先募弓手，民甚便之。此本先帝圣意所建，推行未几，为左右异议而罢。今略计天下宽剩钱斛约三千万贯石，兵兴支用，仅耗其半，此本民力，当复为民用。今内帑山积，公若力言于上，索还此钱，复完三千万贯石，而推行先帝买田募役法于河北、河东、陕西三路，数年之后，三路役人，可减大半，优裕民力，以待边鄙缓急之用，此万世之利，社稷之福也。"光尤以为不可。

司马光仍然不同意苏轼的建议。后来，朝廷又命苏轼参与详定役法，苏轼当然还是坚持自己的观点，认为衙前之役可雇不可差，先帝（神宗）的雇役法可守不可废，并在政事堂上向司马光逐条陈述役法不可废的理由。司马光很恼怒，但苏轼仍坚持自己的观点。场面非常尴尬。但是苏轼还是忍了，没有发作。等回到家中，苏轼才将怒气发泄出来，连呼："司马牛！司马牛！"

苏轼感觉自己因为坚持原则，不随意阿附，得罪了旧党成员，在朝中不受待见，请求解除他参与详定役法的差事，同时申请离开朝廷，到地方任职，但没有得到允准。在给杨元素的信中，苏轼将当时的境况做了倾诉：

> 昔之君子，惟荆是师。今之君子，惟温是随。所随不同，其为随一也。老弟与温相知至深，始终无间，然多不随耳。致此烦言，盖始于此。然进退得丧，齐之久矣，皆不足道。
>
> （苏轼《与杨元素》之二）

这里所谓的"荆"即为荆国公王安石，而"温"则为温国公司马光。苏轼与司马光之间本来是很友好的，远远不同于与王安石的关系。当初苏轼母亲程夫人病逝，司马光为其撰写了墓志铭，对程夫人赞不绝口。元丰八年（1085）六月，司马光还向朝廷推荐苏轼兄弟。苏轼回到中央后，当时司马光与章惇不合，苏轼还劝章惇尊重司马光。元祐元年（1086）九月一日，司马光卒，追封司马光为温国公的制词还是苏轼撰写的，苏轼对司马光给予了充分的肯定：

> 执德不回，用安社稷为悦；以死勤事，坐致股肱或亏。方予访落之初，遽兴珍瘁之感。其于恤典，岂限彝章。具官司马光，超轶绝尘，应期降命。蹈履九德，湛涵六经。逮事仁宗，以论思献纳任言责；翊我英祖，以安危治乱鉴古今。粤惟先朝，延登近弼。方事献可而替否，不肯枉尺而直寻。绸绎新书，优游卒岁。乃心无不在王室，不起何以慰苍生。顾惟眇躬，肇称殷祀。

（苏轼《司马光左仆射追封温国公制》）

苏轼遭受压力，也是因为司马光的去世。当时朝廷任命程颐主司马光丧事，程颐泥行古礼，苏轼每戏之，遂结怨，程颐及其所谓的"洛党"成员，对苏轼大为不满。加之，苏轼从登州回京之后，升迁之快，度越流辈，引起不少人的嫉恨乃至恐慌。因为苏轼独立不倚，敢于坚持原则，所以，那些有一己之私的人往往不能乐见苏轼的升达，唯恐苏轼对事不对人的刚直作风会伤害自己的利益。他们合谋要挑苏轼的"刺儿"。

机会终于来了。

元祐元年（1086）十一月二十九日，朝廷诏令举行官职考试，命苏轼与邓温伯撰写策题。邓温伯撰写两道策题，苏轼撰写一道策题，最后，高太后选定苏轼的策题。策题中有"使忠厚而不媮，励精而不刻"之语。朱光庭断章取义，弹劾苏轼以"媮""刻"讥议仁宗和神宗。御史中丞傅尧俞和侍御史王岩叟也相继上书，弹劾苏轼不应拿祖宗来论议。苏轼对此予以坚决驳斥。

元祐二年（1087）十月，苏轼再次主持官职考试，所出策题为《两汉之政治》。官职考试结束后，监察御史杨康国、赵挺之等人，又偷梁换柱，曲解题意，上书弹劾苏轼公然毫无忌惮地欺骗蒙蔽二圣的聪明，用心险恶，谴责苏轼把轻薄、虚诞如王巩、黄庭坚之辈举荐给朝廷。苏轼对此当然也极力驳斥。

但是，这些看得见、看不见的政敌没完没了的围攻，让苏轼心力交瘁，他只有一条路，乞求到地方任职，远离中央，也远离这块是非之地。

元祐三年（1088）十月十七日，苏轼向高太后递交了《乞郡札子》。在这篇札子中，苏轼详细地列述了他与司马光政见上的分歧，以及他人利用这种分歧所作的挑拨。苏轼又以汉宣帝杀盖宽饶、唐太宗杀刘洎为例，说明他为什么要祈请离开中央。他回顾了当初李定、舒亶、何正臣是如何陷害自己的，现在赵挺之完全"以白为黑，以西为东"，其"崄毒甚于李定、舒亶、何正臣"。最后苏轼这样说道：

古人有言曰："为君难，为臣不易。"臣欲依违苟且，雷同众人，则内愧本心，上负明主。若不改其操，知无不言，则恐怨仇交攻，不死即废。伏望圣慈念为臣之不易，哀臣处此之至难，始终保全，措之不争之地，特赐指挥，检会前奏，早赐施行。

元祐四年（1089）三月十六日，高太后终于同意苏轼的请求，诏令苏轼以龙图阁学士知杭州。

再莅杭州

苏轼一到中央工作，就会因为这样那样的原因，生出诸多的不愉快，而履职地方，无论是发达郡州，还是穷苦边城，苏轼的心情好似放飞，无比愉悦惬意。

元祐四年（1089）四月二十一日，苏轼离开京城，一路经过陈州、南都、宿州、楚州、高邮、扬州、润州、常州、苏州、秀州，于七月三日抵达杭州。

自熙宁七年（1074）离开杭州，到现在出知杭州，时间已经过去了整整十五年。杭州对于苏轼来说充满情感，苏轼连上两道《杭州谢上表》，这种喜悦之情溢于言表：

> 臣已于今月三日到任上讫者。始衰而病，岂非满溢之灾；乞越得杭，又过平生之望。

> 伏念臣受宠逾涯，积忧成疾。既思退就于安养，又欲少逃于满盈。仰荷至仁，曲从微愿。江山故国，所至如归；父老遗民，与臣相问。知朝廷辍近侍为太守，盖圣主视天下如一家。鞭扑未施，争讼几绝。臣之厚幸，岂易名言。

"江山故国，所至如归；父老遗民，与臣相问"，这是多么温暖、多么温馨的感觉与画面！

然而，这次苏轼一到杭州，就遇到了一起聚众闹事事件。起因是，近年来，杭州民间例织"轻疏糊药绸绢"以备送纳。官府想选收好绢，但一些"奸猾人户及揽纳人递相扇和，不纳好绢。致使官吏无由拣择，期限既迫，不免受纳。岁岁如此，习以成风"。苏轼想革除此弊。结果当地富豪颜巽之子颜章、颜益煽动两百余人入州衙喧诉。苏轼一边以理喻遣，一边打探奸凶之人。最后，逮捕了颜章、颜益。第二天，州民就不敢再交这种"轻疏糊药绸绢"，也不敢再聚众喧闹了。苏轼通过察访得知，"颜章、颜益系第一等豪户颜巽之子。巽先充书手，因受赃虚消税赋，刺配本州牢城，寻即用幸计构胥吏、医人，托患放停，又为诈将产业重叠当出官盐，刺配滁州牢城，依前托患放停归乡。父子奸凶，众所畏恶。下狱之日，闾里称快"。为此，苏轼对他们做出如下判决："颜章、颜益，家传凶狡，气盖乡间。故能奋臂一呼，从者数百。欲以摇动长吏，胁制监官。蠹害之深，难从常法。已刺配本州牢城去讫。"同时，苏轼还"以散行晓示乡村城郭人户，今后更不得织造轻疏糊药绸绢，以备纳官。庶几明年全革此弊"（苏轼《奏为法外刺配罪人待罪状》）。苏轼严惩邪恶，维护正道，彰显为官者的浩然正气，令人肃然起敬。

元祐五年（1090），由于近年来杭州水旱相从，饥疫并作，苏轼向朝廷请求，"免本路上供米三之一，复得赐度僧牒，易米以救饥者。明年春，又减价粜常平米，多作饘粥、药剂，遣使挟医分坊治病，活者甚众"（《宋史·苏轼传》）。苏轼说："杭，水陆之会，疫死比他处常多。"于是，"裒羡缗得二千，复发橐中黄金五十两，以作病坊，稍畜钱粮待之"。面对疫情，苏轼果断建立公共病坊——安乐坊，除了公费，自己还捐出五十两黄金。这个安乐坊专门收治穷困病人，为减少疫情传播和病死亡率做出了重要贡献。苏轼知杭州的三年时间，这个病坊治好了千余病人，直到苏轼去世时，这个病坊还在。这应该是中国有文献记载以来最早的官办病坊。依我们今人的眼光审视之，其重大的社会意义与历史贡献，确实值得颂扬！

苏轼比较了熙宁八年（1075）的灾伤与这次的灾伤的处置方式，并得出相应的结论，很有价值。他写道：

> 臣闻事豫则立，不豫则废，此古今不刊之语也。至于救灾恤患，尤当在早。若灾伤之民，救之于未饥，则用物约而所及广，不过宽减上供，粜卖常平，官无大失，而人人受赐，今岁之事是也。若救之于已饥，则用物博而所及微，至于耗散省仓，亏损课利，官为一困，而已饥之民，终于死亡，熙宁之事是也。
>
> （苏轼《奏浙西灾伤第一状》）

苏轼善于未雨绸缪、由小见大、由近及远，往往事半而功倍。就在元祐五年（1090），苏轼目睹了西湖水中多葑致淤，有必废之渐，有五不可废之忧，于是奏乞利用赈灾余缗并特别拨款，修浚被称为杭州之眉目的西湖。苏轼说：

> 杭州之有西湖，如人之有眉目，盖不可废也。唐长庆中，白居易为刺史。方是时，湖溉田千余顷。及钱氏有国，置撩湖兵士千人，日夜开浚。自国初以来，稍废不治，水涸草生，渐成葑田。熙宁中，臣通判本州，则湖之葑合，盖十二三耳。至今才十六七年之间，遂埋塞其半。父老皆言十年以来，水浅葑横，如云翳空，倏忽便满，更二十年，无西湖矣。使杭州而无西湖，如人去其眉目，岂复为人乎？
>
> （苏轼《杭州乞度牒开西湖状》）

于是，苏轼招募饥民，兴功开西湖，包括疏浚茅山、盐桥二河。以茅山一河专受江潮，以盐桥一河专受西湖之水。又修一闸，江潮来时闭闸，以防江潮进入城中运河，江潮退后开闸。

苏轼命民工将疏浚西湖挖出的葑泥筑成八百八十丈长的长堤，把"内湖"与"外湖"联结起来。西湖疏浚后，苏轼又组织在湖中种菱，以其收入作为以后开浚西湖的费用，又于堤上种植芙蓉、杨柳，使这一工程充分发挥了航运、灌溉、饮水、环保、休闲娱乐等功能，同时也让"数千人得食其力以度此凶岁"（苏轼《杭州乞度牒开西湖状》）。

这是一项深得人心的民心工程，是一项造福子孙后代的伟大工程，也是一举数得的"创意"工程（以工代赈，让饥民自食其力，有脸面地获得酬劳，两全其美），因而也成为中国历史上各级地方官实施仁政惠民、科学治城的典范。

西湖修浚后，杭州人民为感谢苏轼，抬上猪，挑上酒，前来给苏轼拜年。苏轼收下猪肉后，让人切成小方块，辅之以葱、姜、盐、酱、糖等调料，烧成红亮亮的肉，拿去犒劳疏浚西湖的民工，大家赞不绝口，纷纷将这种好吃的肉呼为"东坡肉"。至今"东坡肉"都是杭州本地的一道名菜。

熙宁五年（1072）秋，苏轼通判杭州时曾疏浚钱塘六井。经过十八年的运行，引水竹管已坏，六井及嘉祐中知州沈遘所置大井——沈公井也都已经干涸，"居民去水远者，率以七八钱买水一斛，而军营尤以为苦"。苏轼了解到，当年参与修井的四位僧人，已亡去三人，只余七十余岁的子珪尚健在。苏轼征求子珪的意见，改用瓦筒引水，筒外再加装石槽，这样，"底盖坚厚，锢捍周密，水既足用，永无坏理"。"又于六井中控引余波，至仁和门外，及威果、雄节等指挥五营之间，创为二井，皆自来去井最远难得水处。西湖甘水，殆遍一城，军民相庆"（苏轼《乞子珪师号状》）。

《宋史·苏轼传》这样评价苏轼的杭州之业："轼二十年间再莅杭，有德于民，家有画像，饮食必祝，又作生祠以报。"苏轼对杭州百姓确实充满感情，《春渚纪闻》还记载了一件颇为动人有趣的故事。说当时有一个制扇的人欠绫绢钱二万不还，债主告到苏轼那里。苏轼把欠债的制扇人叫到官府询问情况。制扇人说："某家以制扇为业，适父死，而又自今春已来，连雨天寒，所制不售，非固负之也。"苏轼把制扇人仔细地打量了一番，觉得他不像有钱不还的人，于是告诉他："你把你制作的扇子拿来，我来帮你卖。"不一会儿，扇子送到了。苏轼选择白团夹绢的二十把扇子，在上面作行书、草圣及枯木竹石，很快就完成了。苏轼说："你拿出去卖吧，赶快把欠债还了。"这个制扇人抱着扇子哭着谢过苏轼，刚刚走出府门，扇子就被爱好书画的人纷纷抢购，大家争着"以千钱取一扇"。很快，这批扇子就售罄。没有买到扇子的人，"懊恨不胜而去"。于是，制扇人就把所欠的绫绢钱还了。全城的人无不被苏轼的良善惠助所感动。

其实，爱是相互的。苏轼为杭州人民做了很多实实在在的好事、善事、功德无量的事，杭州人民也时时挂念着苏轼。苏轼"乌台诗案"后，杭州百姓设香案为苏轼祈福禳灾。苏轼被贬到黄州后，杭州百姓每年两次派代表给苏轼送去杭州特产，以示慰问。苏轼有诗记之：

  昨夜风月清，梦到西湖上。朝来闻好语，扣户得吴饷。轻圆白晒荔，脆酽红螺酱。更将西庵茶，劝我洗江瘴。故人情义重，说我必西向。一年两仆夫，千里问无恙。相期结书社，未怕供诗帐。还将梦魂去，一夜到江涨。

（苏轼《杭州故人信至齐安》）

若不是苏轼有德有功于杭州百姓，杭州百姓何以会每年凑钱雇仆夫，一年两次不远千里到黄州来问候他？苏轼的官品与人品，千载之后，也令人肃然起敬。

出入中外

元祐四年(1089)三月,苏轼以龙图阁学士知杭州。在杭州任期未满两年,元祐六年(1091)正月二十六日,除吏部尚书。苏轼因在杭州处理灾务,未能成行。稍后,二月四日,苏轼又得到诏令,除翰林学士承旨。其弟苏辙则以龙图阁学士、御史中丞为中大夫,守尚书右丞。苏轼对到中央履职已有严重的心理阴影。接到诏令后,苏轼一边起身前往京城,一边沿路递交辞免状,接连上三章乞免。表面上,苏轼请辞的原因是"两目昏暗,左臂不仁"(苏轼《辞免翰林学士承旨第一状》),再进一步,"弟辙已除尚书右丞。兄居禁林,弟为执政。在公朝既合回避,于私门实惧满盈"(苏轼《辞免翰林学士承旨第一状》)。这两条理由都是客观的,而最为深层次的原因,则是担心再遭朝中新旧两党的攻击。但苏轼的请辞,没有得到朝廷的应允。

没有办法,苏轼只好进京履职。苏轼的预感非常准确,进京之后,苏轼即遭到贾易等人的攻击。这次攻击与前几次手段大体相同,不外就是拿苏轼的文字和行事开刀。

比如,元丰八年(1085)五月,苏轼请求到常州居住,并在常州买田置屋。当时他路过扬州竹西寺时,得到买田成功的消息,很高兴,就在僧舍的墙壁上题写了三首诗,其中第三首是这样写的:

此生已觉都无事,今岁仍逢大有年。山寺归来闻好语,野花啼鸟亦欣然。

（苏轼《归宜兴留题竹西寺》之三）

神宗于元丰八年（1085）三月去世，这首诗五月写出，于是，贾易、赵君锡抓住这个时间点，攻击苏轼"有欣幸先帝上仙之意"，指出："且置田极小事，何至'野花啼鸟亦欣然'哉！又先帝山陵未毕，人臣泣血号慕正剧，轼以买田而欣踊如此，其义安在？谓此生无事，以年逢大有，亦有何说乎？是可谓痛心疾首而莫之堪忍者也。"（李焘《续资治通鉴长编》卷四百六十三）

这又是一起以己度人的文字冤案，苏轼非常气愤，他在《辨题诗札子》中这样写道：

> 臣于是岁三月六日，在南京闻先帝遗诏，举哀挂服了当，迤逦往常州。是时新经大变，臣子之心，孰不忧惧。至五月初间，因往扬州竹西寺，见百姓父老十数人，相与道旁语笑。其间一人以两手加额，云："见说好个少年官家。"其言虽鄙俗不典，然臣实喜闻百姓讴歌吾君之子，出于至诚。又是时，臣初得请归耕常州，盖将老焉，而淮浙间所在丰熟，因作诗云："此生已觉都无事，今岁仍逢大有年。山寺归来闻好语，野花啼鸟亦欣然。"盖喜闻此语，故窃记之于诗，书之当途僧舍壁上。臣若稍有不善之意，岂敢复书壁上以示人乎？又其时去先帝上仙，已及两月，决非"山寺归来"始闻之语，事理明白，无人不知。而君锡等辄敢挟情，公然诬罔。伏乞付外施行，稍正国法。所贵今后臣子，不为仇人无故加以恶逆之罪。

再如，苏轼在杭州任上，曾法外刺配颜章、颜益。贾易攻击说："其在杭州，务以暴横立威，故决配税户颜章兄弟，皆无罪之人，今则渐蒙贷免矣。"（李焘《续资治通鉴长编》卷四百六十三）其实苏轼法外刺配二颜，意在消除积弊，但这些别有用心的人，拿这件事来攻击他。苏轼指出，"易（贾易）前者乞放颜益，已蒙施行，今又乞放颜章。以此见易之心，未尝一日不在倾臣"（苏轼《乞外补回避贾易札子》），"其意岂为颜章等哉？以此知党人之意，未尝一日不在倾臣，洗垢求瑕，止得此事"（苏轼《杭州召还乞郡状》）。

此外，苏轼对灾民的关心，积极寻求朝廷的政策支持，不遗余力致力于城市公益事业与民生福祉，也为那些党人所攻击。如贾易这样攻击苏轼："既而专为姑息，以邀小人之誉；兼设欺弊，以窃忠荩之名。如累年灾伤不过一二分，轼则张大其言，以甚于熙宁七八年之患。彼年饥馑疾疫，人之死亡者十有五六，岂有更甚于此者。又尝建言以兴修水利者，皆为虚妄无实。而自为奏请浚治西湖，乞赐度牒，卖钱雇役，闻亦不免科借居民什器畚锸之类，虐使捍江厢卒，筑为长堤于湖中，以事游观，于公私并无利害。监司畏其强，无敢触其锋者，况敢检按其不法耶！今既召还，则盛引贪利小人，相与倡言圣眷隆厚，必求外补，非首相不可留也。"（李焘《续资治通鉴长编》卷四百六十三）

对于这样的攻击，苏轼已经忍无可忍。他说："只如浙西水灾，臣在杭州及替还中路并到阙以来，累次奏论，词意恳切。寻蒙圣慈采纳施行。而易扇摇台官安鼎、杨畏，并入文字，以谓回邪之人，眩惑朝廷，乞加考验，治其尤者。宰相以下，心知其非，然畏易之狠，不敢不行。赖给事中封驳，谏官论奏，方持其议。易等但务快其私忿，苟可以倾臣，即不顾一方生灵坠其沟壑。若非给事中范祖禹，谏官郑雍、姚勔，偶非其党，犹肯为陛下腹心耳目，依公论奏，则行下其言，浙中官吏，承望风旨，更不敢以实奏灾伤，则亿万性命，流亡寇贼，意外之患，何所不至。陛下指挥执政擘划救济，非不丁宁，而易等方欲行遣官吏言灾伤者，与圣意大异，而执政相顾不言，俛俛行下。显是威势已成，上下慑服，宁违二圣指挥，莫违贾易意旨。"贾易如此猖獗，连为灾民祈请，也要成为罪过，苏轼觉得跟这样的人在一起，迟早要给陷害致死。如果此风不刹，将来朋党之患，那就十分可怕了。于是，苏轼愤激地说道："臣是何人，敢不回避。若不早去，不过数日，必为易等所倾。一身不足顾惜，但恐倾臣之后，朋党益众，羽翼成就，非细故也。"（苏轼《乞外补回避贾易札子》）

受到这样的蓄意挑衅和围攻，苏轼觉得身心疲惫。由于前面三状乞请恩准他到扬、越、陈、蔡地方上去做官，都没有得到允准，五月十九日苏轼再呈《杭州召还乞郡状》。在这篇奏状中，苏轼历数自己为官的坎坷旅程，坦言自己劫后余生，不愿再回中央，惹恼那些嫉恨他的人，以求"远祸全身"。奏状披露肝肺，言辞恳切，十分感人。在这篇奏札中，苏轼自我剖析，坦言自己因为才华和性格耿直，自反对王安石新政以来，即遭受群小攻击。苏轼自知当时如果自己稍微变通一下，"少加附会"，"进用可必"。但因为"蒙二帝非常之知"，所以，"不忍欺天负心"，因此要"具论安石所为不可施行状，以裨万一"。后来，一连串的攻击，以至皇帝都挡不住，苏轼用古语"聚蚊成雷，积羽沉舟"象喻。乌台案发，湖州就逮之后，苏轼曾多次萌生自杀念头，所幸皇帝的种种眷顾，让苏轼劫后余生。再回京城后，苏轼秉承"独立不倚，知无不言"的处事原则，又先后与孙永、傅尧俞、韩维争议，与司马光异论，又素疾程颐之奸，引起颐党侧目，加之极力反对周秩上疏乞用王安石配享之事，这些都让苏轼感觉"风雨欲来"，因此，累章力求补外。在苏轼看来，如果他"贪得患失，随世俛仰，改其常度，则陛下亦安所用"，而如果他"守其初心，始终不变，则群小侧目，必无安理"。虽然苏轼自知有"二圣（高太后、哲宗）深知"，但"亦恐终不胜众"。他反复计虑，莫若求去："非不怀恋天地父母之恩，而衰老之余，耻复与群小计较短长曲直，为世间高人长者所笑。"所以，苏轼请求安排"执政检会累奏，只作亲嫌回避，早除一郡"，并乞求他的这些奏状不要外传，以免被小人利用。进而苏轼表态："若朝廷不以臣不才，犹欲驱使，或除一重难边郡，臣不敢辞避。报国之心，死而后已。惟不愿在禁近，使党人猜疑，别加阴中也。"

高太后亲眼看到苏轼的处境，虽然一心希望苏轼能发挥王佐之才，为国家大事更多地出智出力，但也十分认同苏轼的请求，决定尊重苏轼的选择，于元祐六年（1091）八月五日，诏命苏轼以龙图阁学士知颍州。

八月二十二日，苏轼来到颍州。颍州对于苏轼来说，有特殊的感情。他的恩师欧阳修曾知颍州，晚年又辞官归隐于此。虽然欧阳修和他的夫人都已先后驾鹤西去，但欧阳修的精神还在，欧阳修的教诲还在。欧阳修的三儿子欧阳棐的一个女儿跟苏轼的次子苏迨成婚，欧苏之间更多了一层姻亲关系。在颍州，苏轼逐渐从京城紧张压抑的氛围中走出来，其热爱自然、流连山水的天性又重新被唤醒，他与亲家欧阳棐等赋诗饮酒，泛舟颍水。他写道：

我性喜临水，得颍意甚奇。到官十日来，九日河之湄。吏民笑相语，使君老而痴。使君实不痴,流水有令姿。绕郡十余里,不驶亦不迟。上流直而清,下流曲而漪。画船俯明镜,笑问汝为谁。忽然生鳞甲,乱我须与眉。散为百东坡,顷刻复在兹。此岂水薄相,与我相娱嬉。声色与臭味,颠倒眩小儿。等是儿戏物,水中少磷缁。赵陈两欧阳,同参天人师。观妙各有得,共赋泛颍诗。

(苏轼《泛颍》)

颍州的山水美景与和畅的人际关系,让苏轼玩性大发,到颍州十天,就有九天来到颍河边。苏轼自嘲,说自己是"老而痴",以致坐在画船上,看到明镜般的河水,顿起无数的涟漪,映照出自己多样的姿态——"散为百东坡"。苏轼童心未泯,笑称这是河水与自己"相娱嬉"。这种于自然野趣中的"观妙",苏轼的兴奋确乎发自内心。

苏轼这种"喜临水"的天性,使他每到一地,总关心那里的水生态与水文化。颍州也有一个西湖,苏轼希望它更好地发挥水利灌溉的作用,于是奏请朝廷把整治黄河的役夫留下一万人来治理颍州境内的沟渠,并以余力疏浚逐渐干涸的颍州西湖。苏轼在《再次韵赵德麟新开西湖》中说:

使君不用山鞠穷,饥民自逃泥水中。欲将百渎起凶岁,免使甑石愁扬雄。西湖虽小亦西子,萦流作态清而丰。千夫余力起三闸,焦陂下与长淮通。十年憔悴尘土窟,清澜一洗啼痕空。王孙本自有仙骨,平生宿卫明光宫。一行作吏人不识,正似云月初朦胧。时临此水照冰雪,莫遣白发生秋风。定须却致两黄鹄,新与上帝开濯龙。湖成君归侍帝侧,灯花已缀钗头虫。

苏轼在这首诗的末尾,有这样的自注:"予以颍人苦饥,奏乞留黄河夫万人,修境内沟洫,诏许之,因以余力浚治此湖。"当时,浚治颍州西湖是苏轼奏请的,但尚未完工,苏轼就移知扬州了。后来颍州西湖告浚,颍州通判赵令畤(字德麟)寄诗给苏轼,苏轼很高兴,有次韵:

太山秋毫两无穷，巨细本出相形中。大千起灭一尘里，未觉杭颍谁雌雄。我在钱塘拓湖渌，大堤士女争昌丰。六桥横绝天汉上，北山始与南屏通。忽惊二十五万丈，老葑席卷苍云空。曷来颍尾弄秋色，一水萦带昭灵宫。坐思吴越不可到，借君月斧修朣胧。二十四桥亦何有，换此十顷玻璃风。雷塘水干禾黍满，宝钗耕出余鸾龙。明年诗客来吊古，伴我霜夜号秋虫。

（苏轼《轼在颍州与赵德麟同治西湖，未成，改扬州。三月十六日湖成，德麟有诗见怀，次韵》）

在苏轼的眼里，杭州西湖与颍州西湖并无大小之分、雌雄之别，都是西子，都能改善当地百姓的生产与生活，都是值得留心与留意的事业。但是，苏轼并非拍脑袋做事的领导，他的施政决策，一定是建立在调查研究、实事求是的基础之上，一定要遵从科学，因循自然，绝不是想当然的瞎指挥。比如元祐六年（1091）八月，苏轼到颍州任职。九月，陈州知州李承之、府界提刑罗适、都水监所差官及本路提刑、转运司就一同到颍州，要与苏轼商议开建八丈沟的事。苏轼以刚到颍州不了解情况为由，拒绝了，提出待他了解具体情况之后，再作商议。苏轼查阅资料得知，"胡宗愈、罗适、崔公度、李承之以为可开，曾肇、陆佃、朱勃以为不可开，然皆不曾差壕寨用水平打量，见地形的实高下丈尺，是致臆度利害，口争胜负，久而不决"（苏轼《奏论八丈沟不可开状》）。原来，大家都是仅凭头脑中的想象臆断，没有实际的测量，所以彼此争议不绝，但谁都说服不了谁。苏轼有感于此，决定要科学决策，不能拍脑袋行事。于是，"选差教练使史昱等，令管押壕寨，自蔡口至淮上，计会本州逐县官吏，子细打量，每二十五步立一竿，每竿用水平量见高下尺寸，凡五千八百一十一竿，然后地面高下、沟身深浅、淮之涨水高低、沟之下口有无壅遏可得而见"（苏轼《奏论八丈沟不可开状》）。通过这样的实地测量，苏轼发现问题了。原来淮水水位很高，比新沟几乎要高出一丈。如果凿黄堆，淮水就会倒流，不但不能解决陈州的水患，还会给颍州造成严重的水患。经过充分的调研，苏轼理直气壮地指出："臣今来到任已两月，体问得颍州境内诸水，但遇淮水涨溢。颍河下口壅遏不行，则皆横流为害，下冒田庐，上逼城郭，历旬弥月，不减尺寸。但淮水朝落，则颍河暮退，数日之间，千沟百港，一时收缩。以此验之，若淮水不涨，则一颍河泄之足矣。若淮不免涨，则虽复旁开百沟，亦须下入于淮，淮水一涨，百沟皆壅，无益于事，而况一八丈沟乎？"（苏轼《奏论八丈沟不可开状》）由于苏轼的责任担当与科学施政，避免了这场"起夫十八万人，用钱米三十七万贯石，开沟之后，又别夺万寿等三县农民产业，不知凡几千百顷，又别破人夫钱米以兴陂塘"（苏轼《申省论八丈沟利害二首》之二）的政绩工程。

当时由于颍州自然灾害频发，官民生活都很艰苦，农民以榆树叶、马齿苋充饥，苏轼作为一州之长，也感叹生活的艰难，有《到颍未几，公帑已竭，斋厨索然，戏作数句》记之：

我昔在东武，吏方谨新书。斋空不知春，客至先愁予。采杞聊自诳，食菊不敢余。岁月今几何，齿发日向疏。幸此一郡老，依然十年初。梦饮本来空，真饱竟亦虚。尚有赤脚婢，能烹頳尾鱼。心知皆梦耳，慎勿歌归欤。

苏轼回忆十多年前做密州知州时所遇到的官府斋厨空荡，与通判刘廷式沿城墙采摘枸杞充饥的事，感叹时间已经过去了这么久，连吃饱饭这样的基本需求竟然还是那样的虚幻。苏轼忧百姓之所忧。苏轼在颍州的副手赵德麟，在《侯鲭录》中记录了当时苏轼为饥民着想的故事：

元祐六年，汝阴久雪。一日，天未明，东坡来召议事曰："某一夕不寐，念颍人之饥，欲出百余千，造饼救之。老妻谓某曰：'子昨过陈，见傅钦之言，签判在陈，赈济有功，何不问其赈济之法。'某遂相召。"余笑谢曰："已备之矣。今细民之困，不过食与火耳。义仓之积谷数千硕，可以支散，以救下民。作院有炭数万称，酒务有余柴数十万称，依原价卖之，二事可济下民。"坡曰："吾事济矣。"遂草放积欠赈济奏檄上台寺。教授陈履常闻之，有诗："掠地冲风敌万人，蔽天密雪几微尘。漫山塞壑疑无地，投隙穿帷巧致身。映积读书今已老，闭门高卧不缘贫。遥知更上湖边寺，一笑潜回万宝春。"坡次韵曰："可怜扰扰雪中人，饥饱终同寓一尘。老桧作花终强项，冻鸢储肉巧谋身。忍寒吟咏君堪笑，得暖欢呼我未贫。坐听屐声知有路，拥衾来看玉梅春。"予次韵曰："坎壈中年坐废人，老来貂鼎视埃尘。铁霜带面惟忧国，机阱当前不为身。发廪已康诸县命，蠲逋一洗几年贫。归来又扫宽民奏，惭愧毫端尔许春。"

这里的汝阴，即指颍州，老妻指苏轼的妻子王闰之，签判指赵德麟。解决了眼前的困难，苏轼并未完全放心，他担心来年饥民、流民滚滚而来，特别是浙西灾情也很严重，届时流民北上，颍州就会首当其害。于是，元祐六年（1091）十二月二十五日，苏轼上奏朝廷：

> 臣伏望圣慈，愍念淮浙累岁灾伤，来年春夏必有流民。而颍州正当南北孔道，万一扶老携幼，坌集境内，理难斥遣。若饥毙道路，臭秽薰蒸，民同被灾疫之害。弱者既转沟壑，则强者必聚为寇盗。欲乞特赐度牒一百道，委臣出卖，将钱兑买前件小麦、粟米、菉豆、豌豆四色，封桩斛斗，候有流民到州，逐放支给赈济。如至时却无流民，自当封桩，度牒价钱，别听朝廷指挥。
>
> （苏轼《乞赐度牒籴斛斗准备赈济淮浙流民状》）

苏轼未雨绸缪，提早防范，显示了为官者的科学思维。对过境流民施救，彰显了苏轼人道主义的精神品质。

这时，苏轼的愁眉略微舒展一点。

元祐七年（1092）正月，苏轼看到州府堂前的梅花大开，月色鲜霁，心情大好。王夫人对苏轼说："春月色胜如秋月色，秋月令人凄惨，春月令人和悦，何如召赵德麟辈来饮此花下？"苏轼大喜，对王夫人说："吾不知子亦能诗耶？此真诗家语耳。"于是召集赵德麟、二欧等，饮于花下，并用王夫人之语作《减字木兰花》词：

> 春庭月午，摇荡香醪光欲舞。步转回廊，半落梅花婉娩香。
> 轻云薄雾，总是少年行乐处。不似秋光，只共离人照断肠。

然而，苏轼在颍州刚刚把工作理顺，元祐七年（1092）正月二十四日，就接到诏令，移知郓州，二十八日，又改知扬州，其具体的身份和职责是，以龙图阁学士、左朝奉郎知扬州军州事充淮南东路兵马钤辖。苏轼感到很诧异，在《送芝上人游庐山》中委婉地表达了自己的情绪：

> 二年阅三州，我老不自惜。团团如磨牛，步步踏陈迹。岂知世外人，长与鱼鸟逸。老芝如云月，炯炯时一出。比年三见之，常若有所适。逝将走庐阜，计阔道愈密。吾生如寄耳，出处谁能必。江南千万峰，何处访子室。

苏轼元祐六年（1091）三月还在杭州，旋即除翰林学士承旨，入朝仅数月，又于同年八月知颍州，元祐七年（1092）正月又改知扬州。在不到一年的时间里，就履职杭州、颍州、扬州三州，苏轼感叹自己像推磨的老牛，团团转，而且都是在那些频繁往来的老地方。推磨的老牛，掌握不了自己的命运。苏轼也身不由己。由此，苏轼非常羡慕芝上人"长与鱼鸟逸"的自由生活。"吾生如寄耳"，道出了苏轼难言的苦衷。

在从颍州到扬州的路上，苏轼看到麻麦如云，一派丰收景象。可是，当他"屏去吏卒，亲入村落，访问父老"，没想到父老却一脸的忧色。苏轼大惑不解。父老告诉他："丰年不如凶年。天灾流行，民虽乏食，缩衣节口，犹可以生。若丰年举催积欠，胥徒在门，枷棒在身，则人户求死不得。"说罢，父老流泪，苏轼也"不觉流涕"。再到城里，苏轼看到多有流民。官吏告诉他："以夏麦既熟，举催积欠，故流民不敢归乡。"苏轼愤然感叹道："臣闻之孔子曰：'苛政猛于虎。'昔常不信其言，以今观之，殆有甚者。水旱杀人，百倍于虎，而人畏催欠，乃甚于水旱。"苏轼私下一算，"每州催欠吏卒不下五百人，以天下言之，是常有二十余万虎狼，散在民间，百姓何由安生，朝廷仁政何由得成乎"（苏轼《论积欠六事并乞检会应诏四事一处行下状》）。由此，苏轼对扬州百姓积欠之事耿耿于怀，请求朝廷停止催欠，"使久困之民，稍知一饱之乐。……与天下疲民，一洗疮痏"（苏轼《再论积欠六事四事札子》）。

苏轼多次到扬州，对扬州非常熟悉。扬州的风景与名胜，也令苏轼陶醉。这次，苏轼于二月二十六日到任。因为沿途了解到的民生疾苦，让苏轼心情沉重。到了扬州，苏轼来不及旧地重游，就马不停蹄地进一步深入调研。三月，通过调研，苏轼就想整顿扬州的不良社会风气。历史上，洛阳牡丹名冠天下。钱惟演作洛阳留守时，置驿站，把牡丹驰送宫廷。苏轼对此很反感，认为："洛花有识，鄙之。此宫妾爱君之意也。"扬州芍药也十分有名，蔡京作扬州太守时，也仿洛阳作万花会，用花十万多枝。苏轼刚到扬州，认为这种追逐形式，"既困诸邑，吏缘为奸"（苏轼《仇池笔记》卷上）的事，必须坚决及时制止，于是，首先向这种不正之风开刀，果断叫停万花会。

通过调研，苏轼还发现，江南漕运存在严重问题。过去船夫可以私载货物，船夫因此比较富裕，以官船为家，官家所载货物损失较少，时间也快。后来一律不准私载货物，船夫只好盗官物以济饥寒。如此一来，官私两伤。苏轼发现，"嘉祐以前，岁运六百万石，而以欠折六七万石为多"。苏轼来扬州的前一年，"止运四百五十余万石，而欠折之多，约至三十余万石"，此乃"运法之坏，一至于此"。苏轼指出，每年因为"所断粮纲欠折干系人，徒流不可胜数。衣粮罄于折会，船车尽于折卖，质妻鬻子，饥瘦伶俜，聚为乞丐，散为盗贼"。苏轼认为，对于这种"朝廷之大计，生民之大病"，"如臣等辈，岂可坐观而不救"（苏轼《论纲梢欠折利害状》）。对此，苏轼要求恢复原有办法，听任船夫私载货物。认为若能这样，必有五利：

> 纲梢饱暖，惜身畏法，运馈不大陷失，一利也。省徒配之刑，消流亡贼盗之患，二利也。梢工衣食既足，人人自重，以船为家，既免拆卖，又常修完，省逐处船场之费，三利也。押纲纲梢，既与客旅附载物货，官不点检，专拦无由乞取，然梢工自须赴务量纳税钱，以防告讦，积少成多，所获未必减于今日，四利也。自元丰之末，罢市易务、导洛司、堆垛场，议者以为

商贾必渐通行,而今八年,略无丝毫之效,京师酒税课利皆亏,房廊邸店皆空,何也?盖祖宗以来,通许纲运揽载物货,既免征税,而脚钱又轻,故物货通流,缘路虽失商税,而京师坐获富庶。自导洛司废,而淮南转运司阴收其利,数年以来,官用窘逼,转运司督迫,诸路税务日急一日,故商贾全然不行,京师坐至枯涸。今若行臣此策,东南商贾,久闭乍通,其来必倍,则京师公私数年之后,必复旧观,此五利也。

(苏轼《论纲梢欠折利害状》)

苏轼的这些认识,是基于客观的调查与理性的思考,确乎是实事求是的。朝廷采纳了苏轼的意见。

在扬州,苏轼还针对神宗朝所立的仓法大胆提出批评。苏轼指出:

臣窃谓仓法者,一时权宜指挥,天下之所骇,古今之所无,圣代之猛政也。自陛下即位,首宽此法,但其间有要剧之司,胥吏仰重禄为生者,朝廷不欲遽夺其请受,故且因循至今。盖不得已而存留,非谓此猛政可恃以为治也。自有刑罚已来,皆称罪立法,譬之权衡,轻重相报,未有百姓造铢两之罪,而人主报以钧石之刑也。今仓法不满百钱入徒,满十贯刺配沙门岛,岂非以钧石报铢两乎?天道报应,不可欺罔,当非社稷之利。凡为臣子,皆当为陛下重惜此事,岂可以小小利害而轻为之哉?

(苏轼《论仓法札子》)

苏轼思考问题的原则,在于既要为朝廷着想,更要为百姓着想。他坚持自己的观点,坚信自己的理想,无所顾忌地强调:"臣材术短浅,老病日侵,常恐大恩不报,衔恨入地,故贪及未死之间,时进謇言,但可以上益圣德,下济苍生者。臣虽以此得罪,万死无悔。若陛下以臣言为是,即乞将此札子留中省览,特发德音,主张施行。若以臣言为妄,即乞并此札子降出,议臣之罪。"(苏轼《论仓法札子》)此真可谓赤诚无畏守初心!

正当苏轼在扬州全力以赴矫正时弊、改善民生的时候,元祐七年(1092)七月二十二日,也就是苏轼到扬州不足半年的时间,朝廷又有诏令,以苏轼为兵部尚书充卤簿使。一个月以后,也就是八月二十二日,又诏令苏轼以兵部尚书、龙图阁学士兼侍读,稍后,又于十月二十三日,改苏轼为端明殿学士、礼部尚书兼翰林侍读学士。苏轼在扬州得到兵部尚书的诏令起,就沿路上章请求辞免,希望"除臣一郡",尤希望"除臣知越州一次"(苏轼《任兵部尚书乞外郡札子》),但朝廷没有同意。当苏轼得知自己除端明殿学士兼翰林侍读学士守礼部尚书时,"闻命悸恐,不知所措。臣本以宠禄过分,衰病有加,故求外补,实欲自便,而荣名骤进,两职荐加,不独于臣有非据之羞,亦恐朝廷无以待有劳之士,岂徒内愧,必致人言。伏望圣慈特赐追寝,仍乞检会前奏,除臣一郡。若越州无阙,乞自朝廷除授"(苏轼《辞两职并乞郡札子》)。苏轼深感忧虑,担心入朝之后,再次陷入政治旋涡,乞越州不行,那就降低条件吧,希望朝廷看着办,随便去哪个地方任职都可以。当得知朝廷仍然没有松口时,苏轼再上《第二札子》:

圣恩隆厚,天旨丁宁,顾臣何人,敢守微意。但本缘请外,更蒙升擢,兼带两职,近岁所无,有何劳能,被此光宠。欲乞追寝新命,令臣且依旧供职,则臣更不敢请郡。若朝廷必欲臣受此职名,即乞除臣一重难边郡,令臣尽力报称,犹可少安。臣非敢自谓知兵,若朝廷有开边伐国之谋,求深入敢战之帅,则非臣所能办。若欲保境安民,宣布威信,使吏士用命,无所失亡,则承乏之际,犹可备数。伏望朝廷于此二者择一以处臣。非独在臣分义当然,亦朝廷名器不为虚授。

苏轼觉得被朝廷赋予的责任太过重大,既作翰林侍读,又任礼部尚书,"自元丰之末,官制以来,若非身兼数器之人,未有名冠两职之重"(苏轼《谢除两职守礼部尚书表》)。苏轼恳求朝廷要么"令臣且依旧供职",要么"除臣一重难边郡"。稍后,苏轼又上奏《辞免兼侍读札子》:

臣以迂愚,本无学术,出从吏役,益复空疏。窃位禁林,已难久处,而况天纵之学，已集大成，非臣屑微所可仰望。伏望圣慈追寝成命以授能者。所有告命，未敢祗受。

没有得到恩准，苏轼只得上任。联系苏轼上任后所作《谢除两职守礼部尚书表》中对哲宗的劝谏，可知苏轼作为侍读哲宗多年的近臣，对哲宗的性格应该有深刻的了解，所以，苏轼在这篇文章中，给了哲宗六个方面的忠告：

恭惟皇帝陛下，即位以来，学如不及。问道八年，寒暑不废。讲读之官，谈王而不谈霸，言义而不言利。八年之间，指陈文理，何啻千万，虽所论不同，然其要不出六事。一曰慈，二曰俭，三曰勤，四曰慎，五曰诚，六曰明。慈者，谓好生恶杀，不喜兵刑。俭者，谓约己省费，不伤民财。勤者，谓躬亲庶政，不迩声色。慎者，谓畏天法祖，不轻人言。诚者，谓推心待下，不用智数。明者，谓专信君子，不杂小人。此六者，皆先王之陈迹，老生之常谈。言无新奇，人所忽易。譬之饮膳，则为谷米羊豕，虽非异味，而有益于人；譬之药石，则为蓍术参苓，虽无近效，而有益于命。若陛下信受此言，如御饮膳，如服药石，则天人自应，福禄难量，而臣等所学先王之道，亦不为无补于世。若陛下听而不受，受而不信，信而不行，如闻春禽之声，秋虫之鸣，过耳而已。则臣等虽三尺之喙，日诵五车之书，反不如医卜执技之流，簿书奔走之吏，其为尸素，死有余诛。伏望陛下一览臣言，少留圣意，天下幸甚。

哲宗十岁登基，现在已经十八岁，已是成人。苏轼所言六事，确为老生常谈，但也最容易为大家忽视，而且，往往是心知肚明，但就是难以执行，正所谓"听而不受，受而不信，信而不行"。苏轼苦心劝谏此六事，从背后的隐情言，哲宗因为从小荣登皇座，养成了目中无人、自以为是、我行我素等毛病，慈、俭、勤、慎、诚、明六事，确乎没当回事。为人臣之苏轼，知道哲宗成长中的天然缺陷，可谓苦口婆心规劝。元祐八年（1093）五月七日，苏轼联合吕希哲、吴安诗、丰稷、赵彦若、范祖禹、顾临，编写唐代宰相陆贽的奏议上呈哲宗，并上奏《乞校正陆贽奏议上进札子》，希望哲宗以唐宰相陆贽劝诫唐德宗的事例为镜鉴，以"发圣性之高明，成治功于岁月"：

> 臣等猥以空疏，备员讲读，圣明天纵，学问日新，臣等才有限而道无穷，心欲言而口不逮，以此自愧，莫知所为。窃谓人臣之纳忠，譬如医者之用药，药虽进于医手，方多传于古人。若已经效于世间，不必皆从于己出。伏见唐宰相陆贽，才本王佐，学为帝师。论深切于事情，言不离于道德。智如子房，而文则过；辩如贾谊，而术不疏。上以格君心之非，下以通天下之志。三代已还，一人而已。但其不幸，仕不遇时。德宗以苛刻为能，而贽谏之以忠厚。德宗以猜疑为术，而贽劝之以推诚。德宗好用兵，而贽以消兵为先。德宗好聚财，而贽以散财为急。至于用人听言之法，治边驭将之方，罪己以收人心，改过以应天道，去小人以除民患，惜名器以待有功，如此之流，未易悉数，可谓进苦口之药石，针害身之膏肓。使德宗尽用其言，则贞观可得而复。臣等每退自西阁，即私相告言，以陛下圣明，必喜贽议论，但使圣贤之相契，即如臣主之同时。昔冯唐论颇、牧之贤，则汉文为之太息。魏相条晁、董之对，则孝宣以致中兴。若陛下能自得师，莫若近取诸贽。夫六经三史、诸子百家，非无可观，皆足为治。但圣言幽远，末学支离，譬如山海之崇深，难以一二而推择。如贽之论，开卷了然。聚古今之精英，实治乱之龟鉴。臣等欲取其奏议，稍加校正，缮写进呈。愿陛下置之坐隅，如见贽面，反覆熟读，如与贽言。必能发圣性之高明，成治功于岁月。

如此真诚动情与用心用力的劝诫，足以见出包括苏轼在内的多位近臣的担忧。从后来哲宗亲政再次起用新党，对苏轼一贬再贬，再未起用的事实，就可以证明当初苏轼等人的担忧是有根据的。

高太后对孙子哲宗的德行是知晓的，鉴于苏轼一再乞求外任，便于元祐八年（1093）六月二十六日，诏命苏轼知定州。苏轼觉得定州离他置田退隐的常州太远，加之体衰多病，请求高太后改除越州。苏轼在《乞越州札子》中说：

> 臣自去岁蒙恩召还，即时奏乞越州。盖为臣从仕以来，三任浙中，粗知

土俗所宜，易于为政。又以老病日加，切于归休，旧有薄田在常州宜兴县，久荒不治，欲因赴任，到彼少加完葺，以为归计。越虽僻陋，在臣安便。及近者蒙恩知定州，虽宠眷隆异，而自早衰多难，心力疲耗，实非所堪。但以求州得州，若便辞免，是有拣择，所以勉强拜命。今复念，定虽重镇，了无边警，事权雄重，禄赐优厚。若辞定乞越，于义无嫌。伏望圣慈察臣至情，特赐改差臣越州一次。则公私皆便，臣不胜幸甚。

但是，高太后并没有同意苏轼"辞定乞越"的请求。然而，因为苏轼继室王闰之病重，所以苏轼暂时没有赴任。八月一日，王闰之在京城病逝。王闰之视前任之子苏迈如同己出，让苏轼倍感温暖。这突然的变故，给了苏轼极大的打击。这一年，苏轼五十八岁，王闰之四十六岁。苏轼在祭文中深情地写道：

昔通义君，没不待年。嗣为兄弟，莫如君贤。妇职既修，母仪甚敦。三子如一，爱出于天。从我南行，菽水欣然。汤沐两郡，喜不见颜。我曰归哉，行返丘园。曾不少须，弃我而先。孰迎我门，孰馈我田。已矣奈何，泪尽目干。旅殡国门，我实少恩。惟有同穴，尚蹈此言。

（苏轼《祭亡妻同安郡君文》）

苏轼这次进京，不出自己的所料，台官（掌纠察弹劾的御史）黄庆基又步李定、贾易的后尘，曲解附会苏轼所作文字予以攻击。如苏轼在草拟的贬逐吕惠卿的诏令中曾有这样的话："先皇帝求贤若不及，从善如转圜。始以帝尧之心，姑试伯鲧；终然孔子之圣，不信宰予。"黄庆基据此指责苏轼"诽谤指斥"先帝神宗。苏轼予以驳斥："内吕惠卿自前执政责授散官安置，诛罚至重。当时蒙朝旨节录台谏所言惠卿罪恶降下，既是词头所有，则臣安敢减落。然臣子之意，以为事涉先朝，不无所忌，故特于告词内分别解说，令天下晓然，知是惠卿之奸，而非先朝盛德之累。"至于被指斥的这段话，苏轼指出："臣之愚意，以谓古今如鲧为尧之大臣，而不害尧之仁，宰予为孔子高弟，而不害孔子之圣。又况再加贬黜，深恶其人，皆先朝本意，则臣区区之忠，盖自谓无负矣。今庆基乃反指以为诽谤指斥，不亦矫诬之甚乎？"苏轼愤怒地写道："若——似此罗织人言，则天下之人，更不敢开口动笔矣。孔子作《孝经》曰：'如临深渊，如履薄冰。'此幽王之诗也。不知孔子诽谤指斥何人乎？此风萌于朱光庭，盛于赵挺之，而极于贾易。今庆基复宗师之，臣恐阴中之害，渐不可长，非独为臣而言也。"（苏轼《辨黄庆基弹劾札子》）黄庆基攻击苏轼的，不止这一件事，还包括用颍州官钱、强买常州宜兴县姓曹人田地等，虽然此时朝廷已罢黜之，但出于对自己名节的看重，苏轼在《辨黄庆基弹劾札子》中都一一作了驳斥。

九月三日，主持"元祐更化"的高太后病逝。哲宗为皇九个年头，一直在高太后的卵翼下，早已心生厌倦和不满。高太后的离世，正好让哲宗名正言顺地临朝亲政。

哲宗亲政，首先拿苏轼开刀。他命苏轼即刻离京赴任。九月二十六日，苏轼要辞别赴定州。作为哲宗的侍读，朝廷的重臣，如今又出任边远重镇，按照传统规矩，应该上殿面辞。但哲宗却以"本任阙官迎接人众为词，降旨拒臣不令上殿"。看来，哲宗对这位"备位讲读，日侍帷幄，前后五年"的老师，已经厌倦，连多看一眼都不愿意。苏轼甚感意外，也大惑不解。但出于人臣之忠，还是"冒死进言"，呈上《朝辞赴定州论事状》。在这篇奏状中，苏轼以史为镜，劝说哲宗"听政之初，当以通下情、除壅蔽为急务"，希望哲宗不要急于求变，保持"常静而无心"，"默观庶事之利害与群臣之邪正，以三年为期。俟得利害之真，邪正之实，然后应物而作。使既作之后，天下无恨，陛下亦无悔，上下同享太平之利"。苏轼怕哲宗还不明白，奏状末尾说得更直白通俗："臣恐急进好利之臣，辄劝陛下轻有改变，故辄进此说，敢望陛下深信古语，且守中医安稳万全之策，勿为恶药所误，实社稷宗庙之利，天下幸甚。"

已经憋了很久的哲宗，对苏轼这位既是老臣也是老师的话完全置若罔闻，下决心要改弦易辙，推倒重来。礼部侍郎杨畏善于察言观色，他已经揣度出哲宗欲尽废元祐之政的心理，便伺机上疏说："神宗更法立制以垂万世，乞赐讲求以成继述之道。"（陈均《九朝编年备要》卷二十三）哲宗立即召见，询问"先朝故臣孰可召用"。杨畏遂列举推荐章惇、安焘、吕惠卿、邓温伯、李清臣等。哲宗深以为然，旋即复章惇为资政殿学士，复吕惠卿为中大夫。哲宗绍承先父的意志已定,于是改年号为"绍圣"。

苏轼带着失妻失信的沉重心情,非常郁闷地离开京城。临别时,弟弟苏辙前来送行,苏轼以颇带伤感的一首诗赠别:

> 庭下梧桐树,三年三见汝。前年适汝阴,见汝鸣秋雨。去年秋雨时,我自广陵归。今年中山去,白首归无期。客去莫叹息,主人亦是客。对床定悠悠,夜雨空萧瑟。起折梧桐枝,赠汝千里行。归来知健否?莫忘此时情。
>
> (苏轼《东府雨中别子由》)

苏轼、苏辙两兄弟年轻时曾相约的对床夜语的归乡梦,现在看来是遥不可及了。苏轼已经预感到人生的某种不祥之兆,"白首归无期"就是这种预感的表达。事实上,这次苏轼离京之后,就再也没有回来了。不仅如此,等待他的命运,是他未曾设想过的坎坷、再坎坷。

出知定州

元祐八年（1093）九月二十七日，苏轼离京赴定州履职。十月二十三日，到达定州任所。

定州，为古代中山国所在地，北邻契丹，为重要的军事要塞。苏轼沿袭一贯的作风，到定州后，抓紧时间调研。通过调研，苏轼发现定州近岁军政不严，边备松弛。比如，"甲仗库子军人张全，一年之间，持仗入库，前后盗铜锣十二面，监官明知，并不申举。又有帐设什物库子军人田平等，二年之间，盗帐设什物八百余件，银二百五十余两，恣意典卖。军城寨人户采斫禁山，开种为田，公然起税，住坐者一百八十余家。城中有开柜坊人百余户，明出牌榜，召军民赌博"。因此，"致法令不行，禁军日有逃亡，聚为盗贼，民不安居"。为此，苏轼大胆整饬军政，惩治贪官污吏，"张全、田平等，皆以付狱按治。侵斫禁山人逐次举觉，依法勘断张德等九人。其多年侵耕已成永业者，别作擘划处置，申枢密院次。开柜坊人，出榜，召人告捉。有王京等四十家，陈首改业，其余并走出州界。军民自此稍知有朝廷法令，逃军衰少，贼盗亦稀"（苏轼《乞降度牒修定州禁军营房状》）。定州军政与社会面貌为之一新。

定州因为属于边城，自"澶渊之盟"后，边境百姓自发组织起一种自卫组织弓箭社，"不论家业高下，户出一人，又自相推择家资武艺众所服者为社头、社副录事，谓之头目。带弓而锄，佩剑而樵，出入山坂，饮食长技与契丹同。私立赏罚，严于官府。分番巡逻，铺屋相望，若透漏北人及本土强盗不获，其当番人皆有重罚。遇有紧急，击鼓集众，顷刻可致千人。器甲鞍马，常若有警，盖亲戚坟墓所在，人自为战，敌甚畏之"（苏轼《乞增修弓箭社条约状》之一）。后来因为实行保甲法，弓箭社就废罢了。苏轼分析了相关地域弓箭手的生存状况，"陕西、河东弓箭手，官给良田以备甲马，今河朔沿边弓箭社，皆是人户祖业田产，官无丝毫之给，而捐躯捍边，器甲鞍马，与陕西、河东无异，苦乐相辽，未尽其用。近日霸州文安县及真定府北寨，皆有北人惊劫人户，捕盗官吏，拱手相视，无如之何，以验禁军弓手，皆不得力。向使州县逐处皆有弓箭社人户致命尽力，则北人岂敢轻犯边塞，如入无人之境"（苏轼《乞增修弓箭社条约状》之一）。为此，苏轼请求"朝廷立法，少赐优异，明设赏罚，以示惩劝"，以期重整健全定州一带的弓箭社，以固边防。

此外，苏轼还派幕官李之仪、孙敏行到各营房检查，发现营房"大段损坏，不庇风雨"，不单单是因为久不修葺，还包括当初所选"材植怯弱，人工因循，多是两椽小屋，偷地盖造，椽柱腐烂，大半无瓦，一床一灶之外，转动不得"，因此，苏轼派人对营房进行修盖整治。同时，苏轼还了解到，"云翼指挥使孙贵，到营四个月，前后敛掠一十一度，计入己赃九十八贯八百文"（苏轼《乞降度牒修定州禁军营房状》），因此，把孙贵送到司理院做进一步审查。

在整顿军纪、巩固边防的同时，苏轼又开始着手赈济灾民。元祐八年（1093），河北诸路均受灾。苏轼预计来年春夏之交，一定会出现粮食短缺，于是上奏《乞减价粜常平米赈济状》，请求朝廷减价十分之二出卖常平米，以稳定米价，使百姓受惠。考虑到民间可能有人户缺钱买米，仍不免要遭受饥饿，苏轼又于次月上奏《乞将损弱米贷与上户令赈济佃客状》，要求朝廷允许他将仓中的陈米贷给各户，待丰收之后再以新米偿还。这样，"不惟乘此饥年，人户阙食，优加赈济，又使官中却得新好白米充军粮支遣，及免年深转至损坏，尽为土壤"。这一举措，于国于民，均是利好。

在定州，苏轼殚精竭虑为国分忧，如整肃军纪、整顿边防、安抚民心、改善民生，而在京师，哲宗去"元祐化"的步伐正以令人难以置信的速度推进。哲宗亲政后，不听包括苏辙在内的大臣谏诤，执意用内臣（宦官）。元祐九年（1094）二月，哲宗又任命李清臣为中书侍郎、邓温伯为尚书左丞。此两人上台之后,对去元祐之政推波助澜,肆意挑拨离间哲宗与其祖母高太后的关系,让哲宗几乎到了无所顾忌的极端化施政的地步。

四月十二日,哲宗改年号为"绍圣",这是他与元祐之政决裂的标志,旗帜鲜明地打出了绍述先圣(其父神宗)的政治主张。"元祐党人"成为得宠的新党疯狂攻击打压的对象,元祐旧臣统统被逐出朝堂,远离京城,开始了一浪高过一浪的贬官、远谪的政治大清洗和政治大倾轧。这种疯狂的报复迫害,对在世的人自不待言,对于已经去世的人也决不放过。如元祐大臣司马光,章惇、蔡京等人就叫嚣要把他从棺材里拖出来鞭尸,以解心中之恨。不仅如此,对于像司马光、吕公著这样虽然过世但曾经被赠予了相关荣誉头衔的,也要统统夺回。

苏辙数月之内,官降三级,且列为"罪臣"。苏轼也难逃厄运。当时,侍御史虞策、殿中侍御史来之邵等重拾此前那帮弹劾苏轼之小人的老套路,诬奏苏轼在知制诰期间所作之诰词"讥斥先朝"。哲宗也无所顾惜苏轼这位多年授业解惑恩师的颜面,于闰四月三日,尽罢苏轼端明殿学士、翰林侍读学士两官职,撤销定州知州,以承议郎知英州。

第六章

不辞长作岭南人

苏轼让儿子苏过陪同,艰难地南行,但尚未到达英州,又接到诏命,贬为宁远军节度副使,惠州安置。到达惠州后,苏轼居无定所,屡屡迁居,最后选址白鹤峰修建新居。喜欢管"闲事"的苏轼,在惠州尽自己所能,做了不少惠民的善事,得到当地百姓的拥戴。

执意与苏轼同赴惠州的王朝云,忧伤成疾,不久即香消玉殒,苏轼无比悲伤。但厄运并没有放过苏轼,苏轼一家老小刚刚在白鹤峰新居团聚一个多月,苏轼就接到责授琼州别驾,移昌化军安置的告命。真是人生无常,命运多舛。

南迁岭南

苏轼接到知英州的诏令后,仰天长叹。凭他几十年宦海沉浮的阅历,他知道此去凶多吉少,前途未卜。他在给孙子发的信中说:"英州之命,未保无改也。"(苏轼《与孙子发》之一)于是,命长子苏迈带领全家去常州暂住,自己与三子苏过南迁岭南。回首自己走过的一生,苏轼感觉如同"黄粱一梦游":

> 人事千头及万头,得时何喜失时忧。只知紫绶三公贵,不觉黄粱一梦游。适见恩纶临定武,忽遭分职赴英州。南行若到江干侧,休宿浔阳旧酒楼。
>
> (苏轼《被命南迁途中寄定武同僚》)

元祐八年(1093)十一月九日,哲宗还派翰林医官王宗古到定州慰问苏轼,并"赐衣袄"。这才过去几个月,苏轼就"落两职,追一官"(苏轼《赴英州乞舟行状》)。政治风云也变幻得太快了。

苏轼一路南下,一边安慰自己"莫言西蜀万里,且到南华一游"(苏轼《仆所至,未尝出游。过长芦,闻复禅师病甚,不可不一问。既见,则有间矣。明日,阻风,复留,见之。作三绝句,呈闻复,并请转呈参寥子,各赋数首》之二),一边欣赏沿途风景,感物言情,作了不少记游诗。如:

> 八月渡长湖，萧条万象疏。秋风片帆急，暮霭一山孤。许国心犹在，康时术已虚。岷峨家万里，投老得归无。
>
> （苏轼《南康望湖亭》，一作《过洞庭》）

这是苏轼路过洞庭湖时所观察与思考的。"岷峨家万里，投老得归无"，浓浓的思乡情味，在残酷的现实面前，竟是那样的缥缈。苏轼行至滑州（今河南滑县），定州送行的人不肯再继续前行，英州来接的人又还未到，苏轼"道路之费，囊橐已空"，加之陆路颠簸，三伏毒暑，以眼前衰残之躯，恐毙于中道，因此，不敢再继续陆行，请求哲宗同意他舟行。苏轼在《赴英州乞舟行状》中这样写道：

> 近准诰命，落两职，追一官，谪守岭南小郡。臣寻火急治装，星夜上道，今已行次滑州。而自闻命已来，忧悸成疾，两目昏障，仅分道路。左手不仁，右臂缓弱，六十之年，头童齿豁，疾病如此，理不久长。而所负罪名至重，上孤恩义，下愧平生，悸伤血气，忧隔饮食，所以疾病有加无瘳。加以素来不善治生，禄赐所得，随手耗尽，道路之费，囊橐已空。臣本作陆行，日夜奔驰，速于赴任，而疾病若此，资用不继，英州接人，卒未能至，定州送人，不肯前去，雇人买马之资，无所从出。道尽途穷，譬如中流失舟，抱一浮木，恃此为命，而木将沉，臣之哀危亦云极矣。窃伏思念得罪以来，三改谪命，圣恩保全，终付一郡。岂期圣主至仁至明，尚念八年经筵之旧臣，意欲全其性命乎？臣若强衰病之余生，犯三伏之毒暑，陆走炎荒四千余里，则僵仆中途，死于逆旅之下，理在不疑。虽罪累之重，不足多惜，而死非其道，则非仁圣不杀全育之意也。轼已分散骨肉，令长子带往近地，躬耕就食，臣只带家属数人，前去汴泗之间，乘舟泛江，倍道而行，至南康军出陆赴任。所贵医药粥食，不至大段失所。臣窃揣自身，多病早衰，气息仅属，必无生还之道。然尚延晷刻于身中，毕余生于治所，虽以瘴疠死于岭表，亦所甘心，比之陆行毙于中道，藁葬路隅，常为羁鬼，则犹有间矣。恭惟圣主之德，下及昆虫，以臣曾经亲近任使，必不欲置之死地，所以轼为舟

行之计。敢望天慈，少加悯恻。

苏轼一路艰难地南行，尚未到达英州，又接到诏命，贬为宁远军节度副使，惠州安置。原来侍御史虞策盯着苏轼不放，上奏云苏轼"罪罚未当，诏轼降充左丞议郎"（彭百川《太平治迹统类》卷二十四）。苏轼早有心理准备，在给程德孺的信中写道："老兄（苏轼自谓）罪大责薄，未塞公议，再有此命，兄弟俱窜，家属流离，污辱亲旧。然业已如此，但随缘委命而已。"（苏轼《与程德孺》）"随缘委命"，道出了苏轼看淡人生、看透人生的超然与宁静。

惠州安居

苏轼于绍圣元年（1094）十月二日，到达惠州贬所。苏轼在《到惠州谢表》中说：

> 仁圣曲全，本欲畀之民社；群言交击，必将致之死亡。尚荷宽恩，止投荒服。臣轼中谢。伏念臣性资褊浅，学术荒唐。但守不移之愚，遂成难赦之咎。迹其狂妄，久合诛夷。方尚口乃穷之时，盖擢发莫数其罪。岂谓天幸，得存此生。此盖伏遇皇帝陛下，以大有为之资，行不忍人之政。汤网开其三面，舜干舞于两阶。念臣奉事有年，少加怜愍。知臣老死无日，不足诛锄。明降德音，许全余息。故使鼫鼯之马，犹获盖帷；觳觫之牛，得违刀几。臣敢不服膺严训，托命至仁；洗心自新，没齿无怨。但以瘴疠之地，魑魅为邻；衰疾交攻，无复首丘之望。精诚未泯，空余结草之忠。

苏轼始终怀揣着一颗感恩的心，以衰惫之躯，开始瘴疠之地的新生活。秉持着这样的心态，苏轼到达惠州，很惊奇地发现：

> 仿佛曾游岂梦中，欣然鸡犬识新丰。吏民惊怪坐何事，父老相携迎此翁。苏武岂知还漢北，管宁自欲老辽东。岭南万户皆春色，会有幽人客寓公。
>
> （苏轼《十月二日初到惠州》）

在苏轼的眼里，惠州是这么"眼熟"，仿佛梦里曾经来过。陕西临潼东北有新丰镇，那是因为汉高祖刘邦是丰邑（今江苏丰县）人，建都长安后，其父思念家乡，刘邦就在那里仿照丰邑改筑城寺街里，且把丰邑之民迁来，因此叫新丰（见欧阳忞《舆地广记》卷十三）。广东也有新丰县，在惠州之北。苏轼虽然是新客，但有似曾相识的感觉，以至于新丰的鸡犬都好像早已认识自己一般。而且这里的吏民父老，对他这位远道而来的"北客"，是那样的欢迎友好，用他们特殊的"岭南万户酒"款待自己。而且他们都感到莫名其妙，不知道苏轼犯了何事远逐这里，言外之意是，这贬谪来得很是冤屈。苏轼借汉代苏武出使匈奴十九年、汉末管宁避乱辽东三十七年的故事，申言自己已经做好了老死蛮荒的准备。再尝到这里的荔枝，苏轼的兴奋更加直白：

罗浮山下四时春，卢橘杨梅次第新。日啖荔枝三百颗，不辞长作岭南人。

（苏轼《食荔枝二首》之二）

原来，苏轼这里所写的荔枝树是有来历的："惠州太守东堂，祠故相陈文惠公。堂下有公手植荔枝一株，郡人谓将军树。今岁大熟，赏啖之余，下逮吏卒。其高不可致者，纵猿取之。"（苏轼《食荔枝二首》引）

从苏轼《迁居》引中可知，苏轼在惠州搬过三次家：

吾绍圣元年十月二日，至惠州，寓合江楼。是月十八日，迁于嘉祐寺。二年三月十九日，复迁于合江楼。三年四月二十日，复归于嘉祐寺。时方卜筑白鹤峰之上，新居成，庶几其少安乎？

由此可知，苏轼在惠州最早居住的地方是合江楼，前后两次搬入，住的时间有一年多。合江楼是惠州东江与西江的汇合之处，海山葱茏，二江环抱，江风习习，百鸟啼鸣，宛如蓬莱仙境。苏轼写道：

海上葱昽气佳哉，二江合处朱楼开。蓬莱方丈应不远，肯为苏子浮江来。江风初凉睡正美，楼上啼鸦呼我起。我今身世两相违，西流白日东流水。楼中老人日清新，天上岂有痴仙人。三山咫尺不归去，一杯付与罗浮春。

（苏轼《寓居合江楼》）

而寓居的嘉祐寺，松风亭下梅花盛开，这让苏轼想到自己赴黄州贬所时，在湖北麻城的春风岭上也曾遇到盛开的梅花，这让他有了一种知音难得相遇的感觉。他写道：

春风岭上淮南村，昔年梅花曾断魂。岂知流落复相见，蛮风蜒雨愁黄昏。长条半落荔枝浦，卧树独秀桄榔园。岂惟幽光留夜色，直恐冷艳排冬温。松风亭下荆棘里，两株玉蕊明朝暾。海南仙云娇堕砌，月下缟衣来扣门。酒醒梦觉起绕树，妙意有在终无言。先生独饮勿叹息，幸有落月窥清樽。

（苏轼《十一月二十六日松风亭下梅花盛开》）

苏轼对这里的梅花似有深深的眷念，写完这首，尚不过瘾，又续写一首《再用前韵》：

罗浮山下梅花村，玉雪为骨冰为魂。纷纷初疑月挂树，耿耿独与参横昏。先生索居江海上，悄如病鹤栖荒园。天香国艳肯相顾，知我酒熟诗清温。蓬莱宫中花鸟使，绿衣倒挂扶桑暾。抱丛窥我方醉卧，故遣啄木先敲门。麻姑过君急洒扫，鸟能歌舞花能言。酒醒人散山寂寂，惟有落蕊粘空樽。

这落寞孤傲的梅花，其实就是苏轼本人的象征。落寞的苏轼，感觉"中原北望无归日"（苏轼《白鹤峰新居欲成夜过西邻翟秀才二首》之一），他在给程正辅的信中说："某睹近事，已绝北归之望。然中心甚安之。未说妙理达观，但譬如元是惠州秀才，累举不第，有何不可。"（苏轼《与程正辅提刑》之二十一）苏轼把自己当成累举不第的惠州秀才，如此一来，过去的那些荣耀，统统都不过是浮云。

想通了之后，苏轼就下定决心在惠州作终老之计。他在惠州白鹤峰购买了几亩地，在这里建房二十余间，凿井四十来尺，并栽上多种果木。白鹤峰新居落成，苏轼喜作《迁居》诗：

前年家水东，回首夕阳丽。去年家水西，湿面春雨细。东西两无择，缘尽我辄逝。今年复东徙，旧馆聊一憩。已买白鹤峰，规作终老计。长江在北户，雪浪舞吾砌。青山满墙头，鬖鬖几云髻。虽惭《抱朴子》，金鼎陋蝉蜕。犹贤柳柳州，庙俎荐丹荔。吾生本无待，俯仰了此世。念念自成劫，尘尘各有际。下观生物息，相吹等蚊蚋。

"吾生本无待，俯仰了此世"，可以看出苏轼对人生的参悟已透，即使就在这白鹤峰上了结一生又有何妨？更何况这里风景如此优美，静观万物皆自得，还有什么值得去苛求呢？

惠州惠民

苏轼一生所到之处，总喜欢关注民生，关心百姓疾苦。即便是被贬谪，也难以割舍那份情怀。当年在黄州，他就管了很多"闲事"，当然，也赢得了黄州人民由衷的爱戴。现在到了惠州，苏轼虽然知道他"戴罪"的身份，但还是忍不住要去操那份"闲心"。

当时，章惇为了严管严查苏轼，就想出了一个毒招，派苏轼的表兄也是姐夫程正辅到广东，去做广东提刑。章惇与苏轼交游多年，知道苏轼的姐姐八娘当年嫁给程正辅后，因不堪程家虐待，被折磨而死。苏、程两家遂断绝往来四十余年。章惇此为意在羞辱苏轼。在筠州的苏辙得到消息后，告诉苏轼，提醒他提防一下。但苏轼经过如此多的人情世故之后，已经看破人生、看透人生。他抱着试一下的态度，主动给表兄写了一封简短的信，希望能够见上一面："知车骑不久东按，倘获一见，慰幸可量。"（苏轼《与程正辅提刑》之一）第二封信，苏轼写得稍长一点，也比较动情：

窜逐海上，诸况可知。闻老兄来，颇有佳思。昔人以三十年为一世，今吾老兄弟，不相从四十二年矣，念此，令人凄断。不知兄果能为弟一来否？然亦有少拜闻。某获谴至重，自到此旬日外，便杜门自屏，虽本郡守，亦不往拜其辱，良以近臣得罪，省躬念咎，不得不尔。老兄到此，恐亦不敢出迎。若以骨肉之爱，不责末礼而屈临之，余生之幸，非所敢望也。其余区区,殆非纸墨所能尽。

(苏轼《与程正辅提刑》之二)

这封信苏轼还在试探,不知表兄是否捐弃了过去他们之间的怨隙,更不知道表兄能否不计较他这位戴罪之人的身份而"屈临之"。果然,程正辅收到这封信后,很快就回复了,苏轼很感动,也赶紧回信说道:"专人至,承赐教累幅,感慰兼极。"(苏轼《与程正辅提刑》之三)也许是经过时间的沉淀之后,当初两家的怨隙,早已云散;也许是这位一向以严苛著称的表兄有感于表弟苏轼的悲凉命运和处境,决定捐弃前嫌。程正辅果然专程到惠州来看望苏轼,并在惠州住了十天,苏轼很是感动,写道:"兄不惜数舍之劳,以成十日之会,惟此恩意,如何可忘?别后不免数日牢落,切惟尊怀亦怅然也。"(苏轼《与程正辅提刑》之八)两兄弟"款语倾尽",相谈甚欢。苏轼虽然现在"戴罪"受贬,但其政治情怀和担当依然不减当年。程正辅虽为兄长,现在又是广东要员,但在其内心深处,还是非常欣赏表弟的才华,他多次向苏轼索要诗作和书画,也虚心向苏轼请教为政之方向、民生之诉求。苏轼因为多年养成的接近下层、倾听下层的习惯,所以没过多久就对惠州的社会问题和民生疾苦了如指掌。他希望表兄为百姓做点实实在在的好事,也希望得到表兄的真正帮助。具体而言,在程正辅的帮助下,苏轼为惠州人民做了几件很有意义的大事。

一是修建东、西二桥。惠州乃广州通衢之邑,却被东江所隔,交通甚是不便。原来在东江水合流处有一座桥,但因为年久失修,已毁。老百姓只有倚靠小舟渡河,但很危险,常常淹死人。苏轼有诗道:

嗟此病涉久,公私困留稽。奸民食此险,出没如凫鹥。似卖失船壶,如去登楼梯。不知百年来,几人陨沙泥。

(苏轼《两桥诗》之《东新桥》)

罗浮山道士邓守安主张用四十舟作为二十舫,铁锁石碇,随水涨落。榜曰东新桥。桥修好后,百姓甚觉方便。苏轼写道:

岂知涛澜上，安若堂与闺。往来无晨夜，醉病休扶携。

（苏轼《两桥诗》之《东新桥》）

惠州西面丰湖上原有长桥，屡作屡坏。栖禅院僧希固筑进两岸，为飞阁九间，尽用"白蚁不敢跻"（苏轼《两桥诗》之《西新桥》）的石盐木，坚若铁石。榜曰西新桥。桥修好后，百姓欢欣雀跃，兴奋不已。苏轼写道：

父老喜云集，箪壶无空携。三日饮不散，杀尽西村鸡。

（苏轼《两桥诗》之《西新桥》）

这两项工程从绍圣二年（1095）十月动工，至绍圣三年（1096）六月完工。为筹集维修款，苏轼捐出了自己的犀带，还动员弟妹史氏捐出朝廷所赐的数千金钱，以助经费。苏轼对这两项工程甚为满意，他在给表兄程正辅的回信中这样写道："轼入冬，眠食甚佳，几席之下，澄江碧色，鸥鹭翔集，鱼虾出没，有足乐者。又时走湖上，观作新桥。掩骼之事，亦有条理，皆粗慰人意。盖优哉游哉，聊以卒岁。"

二是关心博罗（今属广东）大火事件，推荐林抃、黄焘处理博罗大火灾后恢复工作。绍圣三年（1096）正月初一晚上，博罗遭遇火灾，恰遇飓风，火势凶猛，全城化为灰烬，百姓十分可怜。苏轼请求表兄程正辅安排林抃、黄焘处理灾后事宜，并对起造物料严加监管，以确保物实价廉，百姓真正受惠。苏轼在给表兄的信中这样写道：

本州黄焘推官，实甚廉干，郡中殊赖之。……孤进无缘自达，不免僭言，不罪！不罪！博罗正月一日夜，忽失火，一邑皆为灰烬，公私荡然。林令在式假，高簿权县。飓风猛烈，人力不加，众所知也。百姓千人，皆露宿沙滩，可知！可知！盖屋固未能，茅竹皆不可得，一壶千金之时，黄焘擘划得竹三万竿往济之，极可佳。火后事极多，林令有心力，可委。他在式假，自不当坐此。愿兄专牒此子，令修复公宇、仓库之类，及存抚被灾之民，弹压寇贼，则小民受赐矣。又，起造物料，若不依实价和买而行科配，则害民又甚于火矣。愿兄严切约束本州，或更关牒漕司，依实支破，或专委黄推官提举点检催促及觉察科配。

（苏轼《与程正辅》之三）

如此细致入微的关心与谋划，对于已是"罪人"的苏轼来说，虽"不免僭言"，但足见其对百姓疾苦冷暖的感同身受，不能不令人肃然起敬。

三是托程正辅给惠州太守或相关部门捎话，增修军人营房，改善军人生活条件，确保战斗力。他在给程正辅的信中说：

近又体问得一事，本州诸军，多阙管房，多二人共一间，极不聊生。其余即散居市井间，赁屋而已。不惟费耗，军人因此窘急作过。又本都无缘部辖，靡所不为，公私之害，可胜言哉。某得罪居此，岂敢僭管官事，但此事俗吏所忽，莫教生出一事，即悔无及也。兄弟之情不可隐，故具别纸冒闻，千万亮其本心恕罪，幸甚。此数十年积弊，难以责俗吏，非老兄才气，常欲追配古人，即劣弟也不轻发也。然千万密之。若少漏泄，即劣弟居此不安矣。

（苏轼《与程正辅》之十）

爱管"闲事"的苏轼，确实闲不住。苏轼反映的是一个积了数十年的老问题，大家习以为常，不足为怪。但古道热肠的苏轼发现了，就不能控制自己，他希望表兄发挥自己的力量，想办法去解决这一存在了几十年的老问题。最后苏轼小心翼翼地告诉表兄，不能让其他人知道是他苏轼出的主意，否则，可能要惹出麻烦。在信的末尾，苏轼还做了这样的补充："谪居之人，只愿安帖。如惠州兵卫单寡，了无城郭，奸盗所窥，又若营房不立，军政堕坏，安知无大奸生心乎？此孤旅之人，所以辄贡缕言也。"苏轼伟大的家国情怀，于此窜逐之时的建言献策，可以洞见。

四是请求表兄解决农民丰年的愁苦。苏轼了解到，惠州当地秋收丰盈，但米价却低贱，百姓愁苦不堪。原来，当地官员出于私利，一改过往丰年收米、歉年收钱的做法，现在只收钱不收米。苏轼写道："岭南钱荒久矣，今年又起纳役钱，见今质库皆闭，连车整船，载米入城，掉臂不顾，不知如何了得赋税役钱去。"（苏轼《与程正辅》之二十七）他希望表兄"力赐一言，特从其请及乞提、转共行一条，戒约州县大估米价，以致百姓重困，须得依在市见卖实直。如牒到日，已估价太高者，许依实改正，庶几疲民尽沾实惠。……若以积滞之故，年年多纳钱，少纳米，则农民益困，岭南之大患也"。这是要给百姓方便与自由，解除其生活的枷锁。

此外，在惠州，苏轼还曾推广秧马（木制插秧机），意在减轻农民插秧的劳苦，又介绍四川的水力碓磨，促进生产发展。当时广州知州王古（字敏仲）与苏轼交谊甚厚，他于绍圣三年（1096）出知广州，对苏轼十分关照，馈问无虚月，两人诗词唱和，书信往来不断。王古向苏轼请教施政问题，苏轼对他说，首先要解决广州城百姓的饮水难问题。广州城内缺淡水，无钱人只能饮又苦又咸而且又不卫生的水；特别是春夏之交，疾疫多发，就更影响人民的健康与生命。只有少数官员和有钱人才能喝到刘王山的井水。苏轼从罗浮山道士邓守安那里了解到，蒲涧山（今白云山）有个滴水岩，水量丰沛，且地处高位，水可直引入广州城，其长度不过二十里。如果在滴水岩下作一个大石槽，用五管大竹接驳起来，外面用麻绳缠住，涂上油漆，随着地势的高下，一直引入城中，然后又作一个大石槽来承接引来的水，再用大竹分引，散流到各处，用小石槽贮存起来，以便打水的人去取用，那么这项工程不过用大竹万多竿，费用不过数百千钱即可。同时，还要在循州（今广东龙川）置少许良田，令其岁入可得租课五七千左右，以便每年买一万竿大竹，做筏送到广州，以备抽换。此外，专门派遣几个兵匠，巡视检修。这样，就可使广州一城百姓，不论贫富，都可以饮用到甘凉卫生的淡水。这个方案也是邓道士提供的。王古当即采纳了苏轼的建议，着手实施。引水工程动工后，苏轼又针对出现的问题，提出解决方法："闻遂作管引蒲涧水，甚善。每竿上须钻一小眼，如菉豆大，以小竹针窒之，以验通塞。道远，日久无不塞之理，若无以验之，则一竿之塞，辄累百竿矣，仍愿公擘画少钱，令岁入五十余竿竹，不住抽换，永不废。"（苏轼《与王敏仲》之六）可以说，这是苏轼创造的中国历史上第一个"自来水"工程。引水工程完工后，苏轼又向王古建议说，广州是商旅所聚之地，人员复杂，易患传染病，如设立一医院，可及时救治病者。可见苏轼为百姓事想得是何等的周全。

上述这些善政能声，即便是一些在位的地方要员，也未必愿意去思考、去解决，可苏轼不以自己卑贱的身份而熟视无睹，总是那样奔走呼号，寝食难安般地操持着那份历久弥坚的"初心"。诚如宋人费衮在《梁溪漫志》卷四中所评述的：

> 凡此等事，多涉官政，亦易指以为恩怨。而坡奋然行之不疑，其勇于为义如此！谪居尚尔，则立朝之际，其可以死生祸福动之哉！

诚哉斯言！

痛失朝云

王朝云是苏轼的第三任妻子。那是熙宁七年（1074），苏轼正在杭州通判任上，妻子王闰之买了一个婢女，名为朝云，时年十二岁。朝云外秀内慧，深得苏轼与王闰之的喜爱，几年后成了苏轼的侍妾。在当时的时代背景下，虽然侍妾与正室有很大差异，但这并不妨害苏轼与朝云的感情。朝云颇有灵气，与苏轼精神上的共鸣颇深。比如，苏轼在京城做翰林学士的时候，有一天饭后，苏轼摸着肚子问身边的婢妾："我肚子里装的是什么？"一人回答说："都是文章。"另一人回答说："都是见识。"苏轼听了并不满意，只管摇头。而朝云却说："学士一肚皮不合时宜。"苏轼哈哈大笑，深以为然。（见费衮《梁溪漫志》卷四）

朝云进入苏家后，跟随苏轼漂泊四方。这次苏轼以"讥斥先朝"的罪名远谪岭南，已近六十岁的苏轼意识到可能要在这瘴疠之地度过余生。为了不连累他人，走到半路，苏轼让侍妾们自寻出路，众妾相继离去，只有朝云不肯离开。当时朝云已经三十二岁，但风韵依然不减当年。虽然她的儿子已经夭折，但她执意要跟苏轼一路南下，对苏轼不让她跟随前往岭南还生过气。由此可见朝云对苏轼的情感很深。

到了惠州，朝云一如既往地悉心照料苏轼的起居，但沦落天涯的悲哀难以排遣。有一天，苏轼让朝云唱一曲曾经写过的《蝶恋花》，其词云：

花褪残红青杏小。燕子飞时，绿水人家绕。枝上柳绵吹又少，天涯何处无芳草。

墙里秋千墙外道。墙外行人，墙里佳人笑。笑渐不闻声渐悄，多情却被无情恼。

朝云刚欲开口，顿时泪如雨下，唱不出来。苏轼问她为什么，朝云说那两句难以出口。苏轼问是哪两句，朝云回答说就是"枝上柳绵吹又少，天涯何处无芳草"。苏轼一听，也觉得一阵酸楚涌上心头，并有一种不祥的预兆。此后朝云常常沉吟这两句，每次都泪流满面，不久就染病卧床不起。绍圣三年（1096）七月五日，朝云病逝。从此之后，苏轼不再听这支曲子。

按照朝云的遗愿，苏轼将她安葬在惠州丰湖栖禅寺东南的松林里，让礼佛多年的朝云永远与禅寺为伴。朝云临终前，曾朗诵《金刚经》中的"六如"偈，后来栖禅寺的僧人在墓地上建了一座亭子，取名为六如亭。

朝云走后，苏轼伤心不已，写诗悼亡："伤心一念偿前债，弹指三生断后缘。"（苏轼《悼朝云》）并亲撰墓志铭，云：

东坡先生侍妾曰朝云，字子霞，姓王氏，钱塘人。敏而好义，事先生二十有三年，忠敬若一。绍圣三年七月壬辰，卒于惠州，年三十四。八月庚申，葬之丰湖之上栖禅山寺之东南。生子遁，未期而夭。盖常从比丘尼义冲学佛法，亦粗识大意。且死，诵《金刚经》四句偈以绝。铭曰：

浮屠是瞻，伽蓝是依。如汝宿心，惟佛之归。

苏轼又作疏文追荐。当年十月，岭上梅花开放，悲伤的苏轼凝望梅花，仿佛觉得它就是朝云的化身，于是，含情写下《西江月·梅花》这首词：

玉骨那愁瘴雾，冰姿自有仙风。海仙时遣探芳丛，倒挂绿毛么凤。
素面翻嫌粉涴，洗妆不褪唇红。高情已逐晓云空，不与梨花同梦！

这首咏物词，实际上是咏人。梅花与朝云，在苏轼的眼里，已分不清楚，实际上也不用去分清楚。因为，朝云与冰清玉洁的梅花已经浑然一体，难分你我。

再遭厄运

绍圣二年（1095）九月，朝廷大享明堂，大赦天下。苏轼以为"坐念北归日"（苏轼《和贫士七首》之七）的梦想马上就要实现了，谁知章惇将被贬元祐旧臣指望大赦的路堵死了，称"（吕）大防等终身不徙"（王称《东都事略》卷五十九下）。苏轼彻底失望，于是有了白鹤峰购地置房的行动。这时，有一个好消息可以暂时宽慰一下苏轼受伤的心，那就是长子苏迈被授韶州仁化（今属广东）县令。绍圣四年（1097）正月，苏迈带着自己与苏过两房的家小从宜兴南下惠州，与苏轼、苏过等团聚。苏轼一年前曾做过这样的规划，希望苏迈指射粤中差遣。想到能与家人团聚，特别是与众孙子在一起，已届花甲之年的苏轼兴奋不已，在新年寄语中，还期盼着"明年更有味，怀抱带诸孙"（苏轼《新年五首》之五）。现在白鹤峰新居已落成，一家老小数十口人终于团聚在一起，苏轼难掩心中的激动，写下了《和时运四首》，他在序中说：

> 丁丑二月十四日，白鹤峰新居成，自嘉祐寺迁入。咏渊明《时运》诗云：斯晨斯夕，言息其庐。似为余发也。乃次其韵。长子迈与余别三年矣，挈携诸孙，万里远至，老朽忧患之余，不能无欣然。

苏轼将与儿孙的欢聚在诗中进行了具体的描写：

> 旦朝丁丁，谁款我庐。子孙远至，笑语纷如。剪发垂髫，覆此瓠壶。三年一梦，乃复见余。
>
> （苏轼《和时运四首》之四）

这种欢愉团聚的日子仅仅过去一个多月，不幸的消息就如晴天霹雳传来。章惇等人以仁化与惠州相邻，贬官的亲属需要回避为由，使得苏迈不得赴任。真是空欢喜一场。苏轼在给王敏仲的信中提及此事，心中的失落与伤感溢于言表：

> 自幼累到后，诸孙病患，纷纷少暇，不若向时之阒然也。小儿授仁化，又碍新制不得赴，盖惠、韶亦邻州也。食口猥多，不知所为计。数日，又见自五羊来者，录得近报，舍弟复贬西容州，诸公皆有命，本州亦报近贬黜者，料皆是实也。闻之，忧恐不已，必得其详，敢乞尽以示下。不知某犹得久安此乎否？若知之，可密录示，得作打叠擘划也。忧患之来，想皆前定，犹欲早知，少免狼狈。
>
> （苏轼《与王敏仲》之二）

苏轼的预感不是没有道理的。就在白鹤峰新居落成没几天，也就是二月二十八日，苏辙就责授化州别驾，雷州安置。苏轼给王敏仲的信就写在惊闻弟弟苏辙贬讯之后。二十天后，即闰二月十九日，苏轼责授琼州别驾，移昌化军安置。四月十七日，苏轼正式得到"琼州别驾，昌化军安置"的告命。

苏轼在惠州曾作《纵笔》一诗：

> 白头萧散满霜风，小阁藤床寄病容。报道先生春睡美，道人轻打五更钟。

据宋人曾季狸《艇斋诗话》所载，这首诗传到京师后，"章子厚（章惇）见之，遂再贬儋耳，以为安稳，故再迁也"。陆游《老学庵笔记》则说："绍圣中贬元祐人苏子瞻儋州，子由雷州，刘莘老新州，皆戏取其字之偏旁也。时相之忍忮如此。"历史上类似的记载传闻还有一些，但其中的真伪难以确考。不过，命运对苏轼的捉弄与人生的残酷，倒是不假的。苏轼白鹤峰新居落成仅住了月余，与不远数千里前来团聚的儿孙们相聚也仅月余，又要面临生离死别的现实。人生如梦，确乎其然！

第七章

海南万里真吾乡

苏轼怀着葬身海外的决绝之心与家人告别,仅让苏过陪同,离开惠州前往海南。在海南,苏轼克服各种意想不到的困难,尽力适应海南的气候与环境,想方设法化育黎民百姓,并完成了此前未竟的学术写作。苏轼随缘自适的性格,让他在海南彻悟人生的真谛,直言"海南万里真吾乡",感叹"快意雄风海上来"的壮美,惊呼"海天风雨看纷披"的神奇。海南,这座曾经荒僻的海岛,因为苏轼的到来,从此便充满灵机与意趣。

漂洋过海

绍圣四年（1097）四月十九日，苏轼怀着葬身海外的决绝之心离开惠州前往海南。当时，苏轼一如到惠州贬所，只让苏过陪同去海南，苏迈则带着几个孩子一直护送苏轼到广州码头。临别时，"子孙恸哭于江边，已为死别；魑魅逢迎于海上，宁许生还"（苏轼《到昌化军谢表》）。本来苏轼想与王古告别，但怕连累朋友，所以写了一封信，"以代面别"。在这封信中，苏轼谈到了此行海南的后事安排：

> 某垂老投荒，无复生还之望，昨与长子迈诀，已处置后事矣。今到海南，首当作棺，次便作墓，仍留手疏与诸子，死即葬于海外，庶几延陵季子嬴博之义，父既可施之子，子独不可施之父乎？生不挈家，死不扶柩，此亦东坡之家风也。此外燕坐寂照而已。所云途中邂逅，意谓不如其已，所欲言者，岂有过此者乎？故馈缕此纸，以代面别。

（苏轼《与王敏仲》之一）

苏辙二月得到诏令被贬到雷州。诏令急迫，他便沿着三年前苏轼赶往岭南贬所的路线行进。苏轼四月十七日正式得到诏令，也迅疾被命前行。他们彼此并不知道各自最新的行程。苏轼到了梧州（今属广西），才听说苏辙尚在前面百来里的藤州（今广西藤县），于是，加快速度追上。在路上，苏轼写下了这首《吾谪海南，子由雷州，被命即行，了不相知，至梧乃闻其尚在藤也，旦夕当追及，作此诗示之》，既是宽慰弟弟，也是自我安慰：

> 九疑联绵属衡湘，苍梧独在天一方。孤城吹角烟树里，落月未落江苍茫。幽人抐枕坐叹息，我行忽至舜所藏。江边父老能说子，白须红颊如君长。莫嫌琼雷隔云海，圣恩尚许遥相望。平生学道真实意，岂与穷达俱存亡。天其以我为箕子，要使此意留要荒。他年谁作舆地志，海南万里真吾乡。

"海南万里真吾乡"，道出了苏轼一贯的随遇而安的心态，也预示着苏轼已经做好了老死蛮荒的心理准备。

五月十一日他们相遇于藤州。为了多相聚一些时日，他们有意走得慢一点。从藤州到雷州，兄弟俩一路相伴，他们当时并不知道，这竟是他们今生最后的相聚了。六月十一日，他们相别于海边。一向豁达乐观的苏轼用诗记录了他们这段难忘的幸福时光：

> 时来与物逝，路穷非我止。与子各意行，同落百蛮里。萧然两别驾，各携一稚子。子室有孟光，我室惟法喜。相逢山谷间，一月同卧起。茫茫海南北，粗亦足生理。劝我师渊明，力薄且为己。微痾坐杯酌，止酒则瘳矣。望道虽未济，隐约见津涘。从今东坡室，不立杜康祀。
>
> （苏轼《和止酒》）

孟光是东汉梁鸿之妻，是历史上有名的贤妻，这里喻指苏辙的妻子史夫人。苏轼妻妾均已亡故，因此，只有佛家的法喜为"妻"。他安慰弟弟，"茫茫海南北，粗亦足生理"。满足基本的生活生存需要，应该是能做到的。言外之意是，我们不用愁苦。苏轼当时正患病痔，他听从弟弟的建议，试图戒酒，因此，以和陶渊明《止酒》诗来赠别。弟弟苏辙也有和诗：

少年无大过,临老重复止。自言衰病根,恐在酒杯里。今年各南迁,百事付诸子。谁言瘴雾中,乃有相逢喜。连床闻动息,一夜再三起。溯流俯仰得,此病竟何理。平生不尤人,未免亦求己。非酒犹止之,其余真止矣。飘然从孔公,乘桴南海涘。路逢安期生,一笑千万祀。

(苏辙《次韵子瞻和陶公止酒》)

苏辙劝诫哥哥,不要再饮酒了,杜康不应再祀,需要祀的是长生不死的安期生。

苏轼渡海至琼州,再从琼州到澄迈,再到儋州。苏轼沿海南西北角走了一个半月形。七月二日,苏轼到达昌化军。

桃榔庵主

初到海南儋州，儋州太守张中对苏轼很好，让他借住在行衙，并着手整修官舍，希望为苏轼准备更好的住房。为了自食其力，苏轼请求张中给他一点官地耕种：

籴米买束薪，百物资之市。不缘耕樵得，饱食殊少味。再拜请邦君，愿受一廛地。知非笑昨梦，食力免内愧。春秧几时花，夏稗忽已穟。怅焉抚耒耜，谁复识此意。

（苏轼《籴米》）

苏轼希望能如黄州那样，躬耕陇亩，适应当地的气候与环境，靠劳动生存。但遗憾的是，不久之后湖南提举常平官董必察访岭南，他得知苏轼住在官舍，就派人到海南将苏轼从官舍中赶出，张中也因此被罢官赴阙。因张中屡不成行，所以苏轼先后写三首诗送别，回忆到儋州之后，张中对他的友好与关照，赞美张中的气度，感谢张中的情谊。来看初送张中：

孤生知永弃，末路嗟长勤。久安儋耳陋，日与雕题亲。海国此奇士，官居我东邻。卯酒无虚日，夜棋有达晨。小瓮多自酿，一瓢时见分。仍将对床梦，伴我五更春。暂聚水上萍，忽散风中云。恐无再见日，笑谈来生因。空吟清诗送，不救归装贫。

（苏轼《与殷晋安别〈和送昌化军使张中罢官赴阙〉》）

儋耳即儋州。张中怕苏轼刚到海南不习惯，就经常早上来陪苏轼喝酒，晚上来陪苏轼下棋，非常热情友善。苏轼对这种萍水相逢的友情非常感念，希望还有来生的因缘。再看再送张中：

胸中有佳处，海瘴不能腓。三年无所愧，十口今同归。汝去莫相怜，我生本无依。相从大块中，几合几分违。莫作往来相，而生爱见悲。悠悠含山日，炯炯留清晖。悬知冬夜长，不恨晨光迟。梦中无与别，作诗记忘遗。

（苏轼《和王抚军座送客〈再送张中〉》）

苏轼以人生中分合无定、万世无常来安慰张中，实际上也是自我安慰。在苏轼看来，只要你"胸中有佳处"，哪里都是春天，即便是在这人言人惧的瘴疠之地、海上荒岛，也没有什么可怕的。再看三送张中：

留灯坐达晓，要与影晤言。下帷对古人，何暇复窥园。使君本学武，少诵十三篇。颇能口击贼，戈戟亦森然。才智谁不如，功名叹无缘。独来向我说，愤懑当奚宣。一见胜百闻，往鏖皋兰山。白衣挟三矢，趁此征辽年。

（苏轼《和答庞参军〈三送张中〉》）

这首诗安慰张中，说他能文能武，只是不逢其时，无缘功名实现的契机。假以时日，当有施展抱负的机会与舞台。

不能在官舍借居，苏轼只好在儋州城南买地筑房，以避风雨。尽管因为张中的事件，当地官府对苏轼冷淡，但是当地百姓对苏轼很友好，特别是追随苏轼的那些学子，帮他建屋。他在给程天侔的信中对这些给予他帮助的学生发出这样的感叹："近与儿子结茅屋数椽居之，仅庇风雨，然劳费已不赀矣。赖十数学生助工作，躬泥水之役，愧之不可言也。"（苏轼《答程天侔》之一）

因屋子四周有很多桄榔树，苏轼就用桄榔叶编制"苏东坡"三字挂在门上，将这一新居取名为"桄榔庵"，并写下《桄榔庵铭并叙》：

东坡居士谪于儋耳，无地可居，偃息于桄榔林中，摘叶书铭，以记其处。

九山一区，帝为方舆。神尻以游，孰非吾居。百柱赑屃，万瓦披敷。上栋下宇，不烦兵夫。海氛瘴雾，吞吐吸呼。蝮蛇魑魅，出怒入娱。习居堂奥，杂处童奴。东坡居士，强安四隅。以动寓止，以实托虚。放此四大，还于一如。东坡非名，岷峨非庐。须发不改，示现毗卢。无作无止，无欠无余。生谓之宅，死谓之墟。三十六年，吾其舍此。跨汗漫而游鸿蒙之都乎？

"生谓之宅，死谓之墟"，表明了苏轼老死于此的决心。对于在这个环境艰苦的地方终于有了这样的立锥之地和避风雨的小窝，苏轼还是掩饰不住内心的激动，兴奋地写道：

朝阳入北林，竹树散疏影。短篱寻丈间，寄我无穷境。旧居无一席，逐客犹遭屏。结茅得兹地，翳翳村巷永。数朝风雨凉，畦菊发新颖。俯仰可卒岁，何必谋二顷。

（苏轼《新居》）

迁居的当晚，苏轼听到邻居家有儿童的读书声，感觉非常美好，遂有诗记之：

幽居乱蛙黾，生理半人禽。跫然已可喜，况闻弦诵音。儿声自圆美，谁家两青衿。且欣习齐咻，未敢笑越吟。九龄起韶石，姜子家日南。吾道无南北，安知不生今。海阔尚挂斗，天高欲横参。荆榛短墙缺，灯火破屋深。引书与相和，置酒仍独斟。可以侑我醉，琅然如玉琴。

（苏轼《迁居之夕闻邻舍儿诵书欣然而作》）

在苏轼的耳里,"儿声自圆美",且"可以侑我醉,琅然如玉琴";在苏轼的心里,这里虽然遥远偏僻,但"吾道无南北","海阔尚挂斗,天高欲横参"。所以,苏轼感叹"荆榛短墙缺,灯火破屋深",于是"引书与相和"。这是一幅非常生动的海南普通民居夜诵晚课图。对于一生热爱学习、享受读书又饱经沧桑的苏轼来说,这读书声无疑是最美的和声,是最温馨的小夜曲。

海南风光

苏轼一生因为做官或被窜逐，走南闯北，到过不少地方。他虽然出生在西南内陆的成都平原，但早已经见过大海。但是，海南作为中国最南端的大岛，四围环海，又地处热带，风光与大陆有很大差异。苏轼以前从未见过。这里的山水时令、动物植物，对他来说，无不充满新奇，正所谓"海南风物异中华"。所以，来到海南，苏轼对这里的一切充满了好奇，也用他的笔为我们留下了那个时代他眼中的海南。

绍圣四年（1097）六月，苏轼在去儋州的路上，一场奇丽的风雨以及风雨中瑰玮的山川陵谷景致，就曾给他强烈的视觉冲击，也让他梦境与实境相互碰撞。他不禁发出这样的感叹：

四州环一岛，百洞蟠其中。我行西北隅，如度月半弓。登高望中原，但见积水空。此生当安归，四顾真途穷。眇观大瀛海，坐咏谈天翁。茫茫太仓中，一米谁雌雄。幽怀忽破散，永啸来天风。千山动鳞甲，万谷酣笙钟。安知非群仙，钧天宴未终。喜我归有期，举酒属青童。急雨岂无意，催诗走群龙。梦云忽变色，笑电亦改容。应怪东坡老，颜衰语徒工。久矣此妙声，不闻蓬莱宫。

（苏轼《行琼、儋间，肩舆坐睡。梦中得句云：千山动鳞甲，万谷酣笙钟。觉而遇清风急雨，戏作此数句》）

急雨催促诗情，诗情慰藉心灵。登高眺望中原，无奈"但见积水空"。远离中原的苏轼已经做好了"此生当安归"的准备。面对茫茫太仓，苏轼发现人何其渺小。此时，天风吹散了苏轼的幽梦，苏轼看到了一个让他震撼的场景："千山动鳞甲，万谷酣笙钟。"千山如鳞甲般舞动，万谷如笙钟般酣鸣。这幅浩大飘荡的风景，让苏轼感觉有如钧天广乐，群仙朝会，一种莫名的惊奇快慰在苏轼心中升腾。

在澄迈驿通潮阁，苏轼还看到这样一幅壮美的晚潮景致：

倦客愁闻归路遥，眼明飞阁俯长桥。贪看白鹭横秋浦，不觉青林没晚潮。

（苏轼《澄迈驿通潮阁二首》之一）

这是动态的海南风景。在苏轼眼里，静态的海南风景也十分迷人。苏轼初到儋州，看到拔地耸立的儋耳山，不禁诗兴大发，写下了这首著名的《儋耳山》：

突兀隘空虚，他山总不如。君看道傍石，尽是补天余。

《广东通志》卷十三谓儋州松林山，"在城东北二十里，一名儋耳山，又名藤山。高八十丈，为州主山。旧多松树。峰顶圆耸，土石五色，上有博望台，下有石岩。宋高僧和靖、仙人白玉蟾俱修炼于此"。故儋耳山亦即松林山。八十丈的高度，与大陆的崇山峻岭相比，可能真算不了什么，但在波涛汹涌的南海之上，有此高耸之山，就显得十分突兀显眼了。"他山总不如"，见出苏轼复杂的情感取向。《列子·汤问》云："天地亦物也，物有不足，故昔者女娲氏炼五色石以补其阙。"据《广东通志》提示，儋耳山"土石五色"，故苏轼用女娲补天之典故。其实，这既是苏轼的实写，也是其心中的象喻。苏轼作为才华横溢的大学士，本可以如这补天石一样为大宋王朝效力补益，却不幸被一群小人排挤贬谪到天涯海角的海南，这是多么的无奈。

海南地处中国南端，纬度低，这里几乎没有冬季，故在大陆还是早春的立春时节，这里已经是一片浓春景象。元符二年（1099）立春，苏轼写下了这首《减字木兰花》：

　　春牛春杖，无限春风来海上。便与春工，染得桃红似肉红。
　　春幡春胜，一阵春风吹酒醒。不似天涯，卷起杨花似雪花。

这首词最精彩的是上下阕最后一句中的"桃红似肉红"与"杨花似雪花"。桃红似肉红，一是形容桃花的浓艳，二是暗喻春色之重。林逋有"桃花枝重肉红垂"之句，欧阳修在《洛阳牡丹记》中也有"千叶肉红花"之牡丹的记述，苏轼这里化用有惊异惊喜之情。杨花与雪花之间，本多互喻，苏轼自己就常常这样互喻。如《少年游》：

　　去年相送，余杭门外，飞雪似杨花。今年春尽，杨花似雪，犹不见还家。
　　对酒卷帘邀明月，风露透窗纱。恰似姮娥怜双燕，分明照、画梁斜。

而最有意味的当数这首《水龙吟·次韵章质夫杨花词》：

　　似花还似非花，也无人惜从教坠。抛家傍路，思量却是，无情有思。萦损柔肠，困酣娇眼，欲开还闭。梦随风万里，寻郎去处，又还被、莺呼起。
　　不恨此花飞尽，恨西园、落红难缀。晓来雨过，遗踪何在？一池萍碎。春色三分，二分尘土，一分流水。细看来，不是杨花，点点是离人泪。

这首拟人化的咏物词，把暮春时节的杨花比喻为伤情的离人，非常生动形象。而在这首海南词中，杨花又再次勾起了苏轼的情思。"一阵春风吹酒醒"，点出了春色的恼人和无奈。"不似天涯，卷起杨花似雪花"，则是借物抒情，"似花还似非花"的杨花，触动了远在天涯的苏轼的心弦，不似天涯，实是天涯！一种不知何时能够北归的怅惘在心中油然而生。所以，那个"点点是离人泪"的杨花，实是苏轼本人的象喻。而杨花似雪花的比喻，也给了苏轼精神上一丝安慰——他似乎又回到了瑞雪飞舞的北国。

海南的冬天的确异于北方，所以在苏轼的笔下，海南岛的冬天是一幅热带风景图：

> 不用长愁挂月村，槟榔生子竹生孙。新巢语燕还窥砚，旧雨来人不到门。春水芦根看鹤立，夕阳枫叶见鸦翻。此生念念随泡影，莫认家山作本元。
>
> （苏轼《庚辰岁人日作，时闻黄河已复北流，老臣旧数论此，今斯言乃验》之二）

庚辰为元符三年（1100），人日即正月初七。这幅燕语鸦翻的美景图是北方故乡人日所不能看到的。

再来看苏轼对海南黎母的描绘：

> 稍喜海南州，自古无战场。奇峰望黎母，何异嵩与邙。飞泉泻万仞，舞鹤双低昂。分流未入海，膏泽弥此方。
>
> （苏轼《和陶拟古九首》之四）

这里的黎母即黎母山，亦即五指山。《琼州志》载："五指山一名黎母山。"《名胜志》载："山在琼州府定安县南。一云婺女星常降此山，名黎婺。一云昔雷摄一蛇卵在山中，生一女，有交趾人过海采香，因与野合，其后子孙众多，是为黎人之祖，故曰黎母。"而飞泉，据《琼州志》载："昌江在昌化县城南十里，源自五指山。至侯村，分南北二派。南江西流，经赤坎村，会海潮成港。北江绕县南流，西至泥浦，与潮相汇，径入海。"在苏轼眼里，海南岛的黎母山与中原的嵩山、邙山一样，都是祖国的名山，都膏泽着一方乡土。

苏轼、苏辙兄弟自小感情甚笃，晚年两人都远谪岭南，苏轼在海南，苏辙在雷州半岛。兄弟两人隔着一个琼州海峡，真可谓"同落百蛮里""萧然两别驾"（苏轼《和陶止酒》）。尽管如此，兄弟两人还是经常和诗通信，互寄礼物。无奈绍圣四年（1097）十月，海道风雨，儋州和雷州之间邮传不通。苏轼不得子由书信，不停念叨，于是作《和陶停云四首》，苏辙随后也有次韵。在这首诗里，苏轼对海南飓风的描写颇为形象："飓作海浑，天水溟蒙。云屯九河，雪立三江。"这与我们今天看到的台风来临时的景象是非常吻合的。而苏轼"如今破茅屋，一夕或三迁。风雨睡不知，黄叶满枕前"（苏轼《和陶怨诗楚调示庞主簿邓治中》），以及"从我来海南，幽绝无四邻"（苏轼《和陶杂诗十一首》之一）的自述，可窥探这时的海南风雨飘荡，这时的苏轼破屋难挨、生活酸辛。

在海南，有一种五色雀，常以两绛者为长，进止必随焉。俗谓之凤凰。久旱而见辄雨，潦则反是。苏轼卜居儋耳城南，此鸟尝一至庭下。后又见之进士黎子云及其弟威家。既去，苏轼举酒祝曰："若为吾来者，当再集也。"已而果然，于是苏轼为之赋诗一首，曰：

粲粲五色羽，炎方凤之徒。青黄缟玄服，翼卫两绛朱。仁心知闵农，常告雨霁符。我穷惟四壁，破屋无瞻乌。惠然此粲者，来集竹与梧。锵鸣如玉佩，意欲相嬉娱。寂寞两黎生，食菜真臞儒。小圃散春物，野桃陈雪肤。举杯得一笑，见此红鸾雏。高情如飞仙，未易握粟呼。胡为去复来，眷眷岂属吾。回翔天壤间，何必怀此都。

（苏轼《五色雀》）

五色雀为神鸟，久旱见辄雨，久雨见辄晴，所以苏轼说它是"仁心知闵农，常告雨霁符"。不仅如此，它还颇通灵性。有贵人至，有喜事，往往能见其身影。苏轼此诗作于元符三年（1100）正月，二月，苏轼就因徽宗登极恩移廉州安置。宋人李光有诗题记之曰："海南有五色雀，土人呼为小凤，罕有见者。苏子瞻谪居此郡，绍圣庚辰冬再见之。常作诗记其事。公实以是年北归。癸酉冬，予亦两见之。今二年矣，乙亥八月二十二日会客陈氏园，飞鸣庭下，回翔久之，众客惊叹创见。因赋是诗。"明人彭大翼《山堂肆考》卷二百十五云："晋灼曰：神雀大如鹨，黄喉，白颈，黑背，腹有斑文，或五彩者有之。东坡《序》：'海南有五色雀，常以两绛者为长，进退必随焉。俗谓之凤皇。云久旱则见雨，潦则反。吾居儋耳，见之。"又说："惠州罗浮山有五色雀，有贵人至，则先翔集。"

海南民风

作为大学士,苏轼虽为谪客,但关心地方教育的爱心从未中断。在海南,苏轼就非常关心这里的教育,他曾经参观城东学舍,有感于沧海之滨的弦歌之废,写道:

闻有古学舍,窃怀渊明欣。摄衣造两塾,窥户无一人。邦风方杞夷,庙貌犹殷因。先生馔已缺,弟子散莫臻。忍饥坐谈道,嗟我亦晚闻。永言百世祀,未补平生勤。今此复何国,岂与陈蔡邻。永愧虞仲翔,弦歌沧海滨。

(苏轼《和陶示周掾祖谢和游城东学舍作》)

苏轼在海南兴文重教,化育当地百姓的事迹,确有很多。比如,当时海南人不肯耕作,"多荒田",苏轼和陶渊明《劝农》,希望海南人改变现状,直言:

听我苦言,其福永久。利尔锄耜,好尔邻偶。斩艾蓬藋,南东其亩。父兄搢梃,以抶游手。

(苏轼《和陶劝农四首》之四)

海南人不过寒食节,而以上巳(三月三)上冢,苏轼在《海南人不作寒食而以上巳上冢,予携一瓢酒,寻诸生,皆出矣,独老符秀才在,因与饮,至醉,符盖儋人之安贫守静者也》中进行了描述:

老鸦衔肉纸飞灰，万里家山安在哉！苍耳林中太白过，鹿门山下德公回。管宁投老终归去，王式当年本不来。记取城南上巳日，木棉花落刺桐开。

这首诗描述了上巳时节，海南的风俗与景致。这天，海南人大都去上冢。苏轼携酒寻诸生不得，只有老秀才符林在。因此，与之相饮至醉。苏轼的记述让这位安贫守静的儋人符林得以流传，故元人方回在《瀛奎律髓》中感叹道："昌黎不谪潮州，后世岂知有赵德；东坡不落海南，后世岂知有符林。"

在苏轼笔下，还有一位可爱的黎胞：

黎山有幽子，形槁神独完。负薪入城市，笑我儒衣冠。生不闻诗书，岂知有孔颜。翛然独往来，荣辱未易关。日暮鸟兽散，家在孤云端。问答了不通，叹息指屡弹。似言君贵人，草莽栖龙鸾。遗我吉贝布，海风今岁寒。

（苏轼《和陶拟古九首》之九）

这位消瘦的黎胞，尽管"生不闻诗书"，更"岂知有孔颜"，但却人格独立，精神矍铄，将荣辱抛在脑后。苏轼与他语言不通，只能用手比画，但他们似乎心灵相通。这位黎族同胞还送给沦落于此的大学士一块吉贝布，希望苏轼能用来抵御海风。据《广东通志》卷五十二《物产志》载："吉贝布，土人于中春种吉贝核，五六粒一坎，以土掩之。五月即生花结子。壳内藏三四房。烈日中房开，有棉花垂下，洁白如雪，绞去其核，纺以为布，细腻精密，轻如蚕纸，又名白氎布。若初结子时遇雨，则房不开而无棉，故不能常得，颇为珍贵云。"可见吉贝布是相当珍贵的。这位黎族同胞的善良、淳朴、大方在苏轼笔下得到生动再现。

在苏轼笔下，还有不少诗描绘了海南的社会生活百态，颇有意味。如《被酒独行，遍至子云威徽先觉四黎之舍三首》：

半醒半醉问诸黎，竹刺藤梢步步迷。但寻牛矢觅归路，家在牛栏西复西。

总角黎家三小童，口吹葱叶送迎翁。莫作天涯万里意，溪边自有舞雩风。

符老风情奈老何，朱颜减尽鬓丝多。投梭每因东邻女，换扇唯逢春梦婆。

这组诗是苏轼醉眼中的海南风情，有自然之景，有儿童之趣，有老妇之智。原诗在"春梦婆"后有苏轼自注："是日，复见符林秀才，说换扇之事。"《侯鲭录》载："东坡老人在昌化，尝负大瓢行歌于田间，有老妇年七十，谓坡云：'内翰昔日富贵，一场春梦。'坡然之。里人呼此媪为春梦婆。""春梦婆"也因此永载文学史册，成为海南老妇人的智慧代表。

有一次，苏轼到访黎子云家，在返回途中遇雨，便向农妇借了一顶斗笠和一双木屐，因为不习惯，穿戴得很别扭，引得孩子们大笑。有人据此画了一幅《东坡笠屐图》，该图已成为苏轼在海南生活的生动写照，被广为传移摹写。

绍圣四年（1097）六月，苏轼在琼州得双泉于城之东北隅，其味甚甘，乃告琼人。两泉相隔咫尺而异味，琼人皆得其福。元符三年（1100）六月，苏轼北还复路过此地，太守承议郎陆公求泉上之亭名与诗。苏轼名之曰"洞酌亭"，其诗曰：

洞酌彼两泉，挹彼注兹。一瓶之中，有渑有淄。以瀹以烹，众喊莫齐。自江徂海，浩然无私。岂弟君子，江海是仪。既味我泉，亦哜我诗。

（苏轼《洞酌亭诗》）

苏轼的发现，福泽一方百姓；而苏轼的题咏，也让此两泉成为琼州的名胜。毋庸讳言，远隔中原的海南，虽文教不兴，经济不举，但海南黎民为人淳朴，待苏轼颇为友善，所以苏轼对海南多有感情。宋人范正敏《遁斋闲览》有云："东坡自海南还，过润州，州牧，故人也，出郊迓之，因问海南风土人情如何？东坡云：'风土极善，人情不恶。'"此可一证。

海南情结

贬谪海南，对苏轼来说，确实是人生的巨大挑战。这里的自然条件与大陆迥异，远离亲朋好友，生活十分艰苦。苏轼在给程天侔的信中这样写道："此间食无肉，病无药，居无室，出无友，冬无炭，夏无寒泉，然亦未易悉数，大率皆无尔。"（苏轼《答程天侔》之一）在《与元老侄孙》之二中，苏轼说得更具体形象：

> 老人住海外如昨，但近来多病瘦悴，不复往日，不知余年复得相见否？循、惠不得书久矣。旅况牢落，不言可知。又海南连岁不熟，饮食百物艰难，又泉（州）、广（州）海舶绝不至，药物酱酢等皆无，厄穷至此，委命而已。老人与过子相对，如两苦行僧耳。

苏轼说他与儿子苏过好似苦行僧。但是，苏轼毕竟是经过大风大浪考验过的，所以，物质的困穷不能扼杀苏轼热爱生活、享受生活、活在当下的"快乐天性"，就在给元老侄孙的这封信中，苏轼叙述了上述窘困之后，接着说："然胸中亦超然自得，不改其度，知之，免忧。"苏轼超然免忧的方式方法很多，如以陶渊明为精神偶像，疯狂地追和其诗，开后人追和古人的先河。苏轼的和陶诗起于扬州，而盛于惠州和儋州时期。苏轼追和陶渊明的心路历程，其弟苏辙能了解，苏辙在《子瞻和陶渊明诗集引》中这样写道：

东坡先生谪居儋耳,置家罗浮之下,独与幼子过负担渡海。葺茅竹而居之,日啖薯芋,而华屋玉食之念不存于胸中。平生无所嗜好,以图史为园囿,文章为鼓吹,至此亦皆罢去。独喜为诗,精深华妙,不见老人衰惫之气。

是时,辙亦迁海康,书来告曰:"古之诗人有拟古之作矣,未有追和古人者也。追和古人,则始于东坡。吾于诗人,无所甚好,独好渊明之诗。渊明作诗不多,然其诗质而实绮,癯而实腴。自曹、刘、鲍、谢、李、杜诸人皆莫及也。吾前后和其诗凡百数十篇,至其得意,自谓不甚愧渊明。今将集而并录之,以遗后之君子。子为我志之。然吾于渊明,岂独好其诗也哉?如其为人,实有感焉。渊明临终,疏告俨等:'吾少而穷苦,每以家贫,东西游走。性刚才拙,与物多忤,自量为己,必贻俗患,黾勉辞世,使汝等幼而饥寒。'渊明此语,盖实录也。吾今真有此病而不蚤自知,半生出仕,以犯世患,此所以深服渊明,欲以晚节师范其万一也。"

嗟夫!渊明不肯为五斗米一束带见乡里小人,而子瞻出仕三十余年,为狱吏所折困,终不能悛,以陷于大难,乃欲以桑榆之末景,自托于渊明,其谁肯信之?虽然,子瞻之仕,其出入进退,犹可考也。后之君子其必有以处之矣。孔子曰:"述而不作,信而好古,窃比于我老彭。"孟子曰:"曾子、子思同道。"区区之迹,盖未足以论士也。

由苏辙的这段文字可以知道,苏轼追和陶渊明更多的是追慕陶渊明的精神世界,苏轼晚年思考人生、参悟人生真谛的远世模范乃陶渊明。

苏轼撰写学术著作的集中用功始于贬谪黄州时期,特别是受父亲嘱托的《易传》,先是在黄州撰写部分,后来贬官海南,又重操旧业,不但进一步修订之前的著述,还计划著《志林》(史论)一百篇,惜乎仅完成十三篇即病。苏轼对自己花在《周易》上的功夫颇为自重,曾说:"《易》韦三绝丘犹然,如我当以犀革编。"(苏轼《夜梦并引》)因此,对它的价值颇有自信:"所喜者,在海南了得《易》《书》《论语传》数十卷,似有益于骨朽后人耳目也。"(苏轼《与李之仪》之一)临终前,他将这三部书托付给钱济明,并说:"某前在海外,

了得《易》《书》《论语》三书,今尽以付子,愿勿以示人,三十年后会有知者。"(何薳《春渚纪闻》)

在海南,苏轼还用心去培养中青年学人。虽然海南远离大陆,其时又尚未完全开化,但仍有一批中青年士人追随苏轼的脚步,用心接受苏轼的指导,留下不少美谈。如琼州人姜唐佐,元符二年(1099)九月从琼州到儋州来向苏轼问学,直到元符三年(1100)三月才回去。潮州人吴子野,跟随苏轼二十余年。苏轼贬谪惠州,他跟随到惠州;苏轼贬谪儋州,他跟随到儋州。后来在陪送苏轼北还途中去世。苏轼有《祭吴子野文》:

朝奉郎、提举成都玉局观苏轼谨以清酌庶羞之奠,告于故吴子野远游先生之灵。

呜呼子野,道与世违。寂默自求,阖门垂帏。兀尔坐忘,有似子微。或似壶子,杜气发机。遍交公卿,靡所求希。急人缓己,忘其渴饥。道路为家,惟义是归。卒老于行,终不自非。送我北还,中道弊衣。有疾不药,但却甘肥。问以后事,一笑而麾。飘然脱去,云散露晞。我独何为,感叹歔欷。一酹告诀,逝舟东飞。

再有儋州人黎子云兄弟,住在儋州城东南,贫而好学,"躬农圃之劳",苏轼曾与儋州太守张中一同去访问。看到他们家"临大池,水木幽茂",坐中客人提议大家筹钱在这里修筑房屋,苏轼觉得这主意甚好,并将其屋命名为"载酒堂",并用陶渊明《始春怀古田舍》韵作《和陶癸卯岁始春怀古田舍二首》:

退居有成言,垂老竟未践。何曾渊明归,屡作敬通免。休闲等一味,妄想生愧赧。聊将自知明,稍积在家善。城东两黎子,室迩人自远。呼我钓其池,人鱼两忘返。使君亦命驾,恨子林塘浅。

茅茨破不补,嗟子乃尔贫。菜肥人愈瘦,灶闲井常勤。我欲致薄少,解衣劝坐人。临池作虚堂,雨急瓦声新。客来有美载,果熟多幽欣。丹荔破玉肤，黄柑溢芳津。借我三亩地，结茅为子邻。缺舌傥可学，化为黎母民。

由这两首诗，可以看到苏轼对后学的鼓励，对海南的认同，以至有"缺舌傥可学，化为黎母民"的心愿。

海南儋州载酒堂苏轼像

当时还有一个叫郑清叟的人，冒着风涛、海盗两大危险来从苏轼游学。苏轼曾有《赠郑清叟秀才》一诗记之：

风涛战扶胥，海贼横泥子。胡为犯二怖，博此一笑喜。问君奚所欲，欲谈仁义耳。我才不逮人，所有聊足已。安能相付予，过听君误矣。霜风扫瘴毒，冬日稍清美。年来万事足，所欠惟一死。澹然两无求，滑净空棐几。

扶胥、泥子，皆是经海之处。苏轼笑言自己"才不逮人"，其所有仅能聊足自己而已，哪里还有多余的赠予呢。其实，这是苏轼的自谦。苏轼到来之前，儋州的文化尚处于蒙昧时期，宋朝开国百年有余，这里尚无人进士及第。而在苏轼北归不久，姜唐佐就举乡贡。此前，姜唐佐曾向苏轼乞诗，苏轼就在他的扇子上题了一联：

沧海何曾断地脉，白袍端合破天荒。

姜唐佐请求苏轼将这联诗补成完整的一首诗。苏轼说："等到你登科之后，当为你补足。"后来姜唐佐发奋读书，惜乎上京应试时，苏轼已仙逝。崇宁二年（1103）正月，姜唐佐去找苏辙，苏辙看到亡兄的手迹，再看到姜唐佐的进步，"览之流涕"，遂为其补足成完帙：

生长茅间有异芳，风流稷下古诸姜。适从琼管鱼龙窟，秀出羊城翰墨场。
沧海何曾断地脉，白袍端合破天荒。锦衣他日千人看，始信东坡眼目长。

（苏辙《补子瞻赠姜唐佐秀才》）

这确实是一桩千古美谈。大观三年（1109），苏轼去世之后仅数年，海南历史上就出现了第一位进士，他就是儋州人符确。后来，海南学人不断，文运赓续，薪火相传，苏轼的化育之功，日月可鉴。

当然，支撑苏轼在条件艰苦的海南生存下去并能北归，与他随遇而安的性格和超然物外的心态有很大的关系。当然，我们每个人都是血肉之躯，都是有情感的人，不可能对任何事情都无动于衷。不可否认，对于长期在大陆生活的苏轼来说，远谪海南、多病的老身、迥异的气候和环境，不啻为一场严峻的考验。当权者欲置苏轼于死地的险恶用心，在一个更比一个遥远的贬谪地中，已昭然若揭，它给苏轼心灵的冲击和人生的打击是毋庸讳言的。刚到海南，苏轼凄凉、困顿、伤怨乃至绝望，种种悲伤烦恼情绪不时袭上心头。有作品为证：

世事一场大梦，人生几度秋凉。夜来风叶已鸣廊，看取眉头鬓上。
酒贱常愁客少，月明多被云妨。中秋谁与共孤光，把盏凄然北望。

（苏轼《西江月》）

该词写作时间历来多有争论。据孔凡礼等先生考证，该词当作于绍圣四年（1097）中秋，地点是儋州。词中对海南居所的破陋（"夜来风叶已鸣廊"），远谪天涯的孤独绝望（"酒贱常愁客少""中秋谁与共孤光""把盏凄然北望"），以及对人生如梦、世态炎凉的感伤（"世事一场大梦，人生几度秋凉""月明多被云妨"）等，都做了尽情的抒发。透过该词的几个关键词："世事""大梦""人生""秋凉""客少""孤光""凄然""北望"，可以清楚地看到一个被人抛弃陷害、孤苦难耐、有冤难申的文人形象。这种心境和愁绪在诸如"吾已矣，乘桴且恁浮于海"（苏轼《千秋岁·次韵少游》）、"今困天涯"（苏轼《踏青游》）、"渡海十年归"（苏轼《次前韵寄子由》）等句中都能窥见。但苏轼毕竟是一个精通佛道的智者，屡次的失意和迁谪，已让苏轼学会了调侃、随缘和自嘲。这种随遇而安的性格，让苏轼很快在海南找到了自己的归宿，很快就融入海南的山水之中，并有一种特殊的亲切之感。即便是生活条件简陋困苦，苏轼也能从中发现美，发现自得其乐的快乐因子。如这首《次韵子由三首》之一《东亭》：

仙山佛国本同归，世路玄关两背驰。到处不妨闲卜筑，流年自可数期颐。遥知小槛临廛市，定有新松长棘茨。谁道茅檐劣容膝，海天风雨看纷披。

苏轼以苏辙在雷州城外所筑东亭为对象，尽情想象这个小亭内外的世界。苏轼仿佛自己驻足儋州城外小亭，突然一个浩大的世界不禁在眼前敞亮，放大，那就是"海天风雨看纷披"！建筑的小与海天的大形成强烈对比；物质的困穷、仕路的坎坷、人生的失意，与自己精神的富足、胸襟的博大和生命的张力形成强烈对比。"海天风雨"，既是亭中所见之实景，更是苏轼心中的象喻。苏轼的言外之意甚明：人生无常，世路难料，但有弹性的生命，任由海天风雨的纷披，那倒是一种难得的风景，大可以尽情享受。

这种自得其乐，在《次韵子由三首》之三的《椰子冠》中也能清楚地看到：

天教日饮欲全丝,美酒生林不待仪。自漉疏巾邀醉客,更将空壳付冠师。规摹简古人争看,簪导轻安发不知。更著短檐高屋帽,东坡何事不违时。

这种随缘自适,颇有"日啖荔枝三百颗,不辞长作岭南人"的况味。苏轼戴着这种轻便的"短檐高屋帽",颇为自得,且以"何事不违时"而自矜。

住在儋耳,苏轼对儋耳便情有独钟,他在以"儋耳"命名的诗中说:

霹雳收威暮雨开,独凭栏槛倚崔嵬。垂天雌霓云端下,快意雄风海上来。野老已歌丰岁语,除书欲放逐臣回。残年饱饭东坡老,一壑能专万事灰。

(苏轼《儋耳》)

"快意雄风海上来",这太有苏轼豪放的气度与风范了,而且,非常具有热带海岛海南的特色。当苏辙读到苏轼的这首诗时,也大发感慨,说这首诗"精深华妙,不见老人衰惫之气"(苏辙《子瞻和陶渊明诗集引》)。

在儋耳,苏轼得到一个乌喙的海獒,很通人性,苏轼格外高兴:

乌喙本海獒,幸我为之主。食余已瓠肥,终不忧鼎俎。昼驯识宾客,夜悍为门户。知我当北还,掉尾喜欲舞。跳踉趁僮仆,吐舌喘汗雨。长桥不肯蹋,径度清深浦。拍浮似鹅鸭,登岸剧虎虓。盗肉亦小疵,鞭棰当贳汝。再拜谢恩厚,天不遣言语。何当寄家书,黄耳定乃祖。

(苏轼《予来儋耳,得吠狗,曰乌觜,甚猛而驯,随予迁合浦,过澄迈,泅而济,路人皆惊,戏为作此诗》)

"知我当北还,掉尾喜欲舞",这通人性的狗,带给苏轼莫大的喜悦和希冀。这种情缘在《独觉》一诗中也有鲜明的表现:

瘴雾三年恬不怪，反畏北风生体疥。朝来缩颈似寒鸦，焰火生薪聊一快。红波翻屋春风起，先生默坐春风里。浮空眼缬散云霞，无数心花发桃李。倏然独觉午窗明，欲觉犹闻醉鼾声。回首向来萧瑟处，也无风雨也无晴。

该诗最后两句在苏轼《定风波》词中曾出现过。该词写于元丰五年（1082），即苏轼贬谪黄州第三年。十多年后，苏轼在诗中再次使用这两句，颇有意味。黄州、惠州、儋州，是苏轼自嘲的平生功业所在。同样是贬谪，同样是人生的低潮，苏轼却在心中荡漾起同样的心绪。萧瑟也即风雨，苏轼有诗句"夜雨何时听萧瑟"（苏轼《辛丑十一月十九日，既与子由别于郑州西门之外，马上赋诗一篇寄之》）为证。这是苏轼嘉祐六年（1061）初次为官赴凤翔与弟弟苏辙在郑州西门之外话别后在马背上所作的。对床夜雨是苏轼、苏辙兄弟往昔读韦应物诗"宁知风雨夜，复此对床眠"时的憧憬与相约，二人一生都在渴盼梦想着这美好的人生时光。苏轼初次为官，就告诫弟弟苏辙"慎勿苦爱高官职"。其实，这与其说是苏轼对苏辙的告诫，不如说是苏轼自己为官的真实心态。所以，当命运捉弄苏轼兄弟二人远谪南国，隔海相望，那畴昔的憧憬，如今都已化为泡影。因此，也无风雨也无晴，其实就是一种幻象。阴晴风雨本是人生的常态，无风无雨无阴无晴，就是对人生的超越。而"瘴雾三年恬不怪，反畏北风生体疥"，又一次表明苏轼对贬谪之地海南的适应与喜爱，而来自北方的寒风，反而让苏轼不习惯了。这种反差既是一种自然的生理反应，也是一种心里的感觉。但它透露出苏轼此时此刻复杂的心态，也是最真实的心态。海南，注定与苏轼结下了一段永远也挥之不去的情缘。

孝子小坡

苏轼三子苏过，在苏轼身边的时间最久，受到的熏陶最多，因此也是最得东坡神韵的后人，被誉为"小坡"。苏过曾应试落榜，二十岁时曾以父亲恩荫入仕为官，任右承务郎，一年后因为苏轼被贬而去职，后来陪伴父亲流落到惠州、儋州，度过了长达七年的艰难岁月。父亲去世后，苏过又闲居十年，四十一岁才又出仕，任太原府（治今山西太原）税监、郾城（今属河南）知县、中山府（治今河北定县）通判等小职，且时间都不长。宣和五年（1123）卒于去镇阳（今河北正定）途中。

苏过是苏轼诸子中唯一有文集传世的，名为《斜川集》。因为宣和三年（1121），苏过在颍昌（今河南许昌）西湖边结茅而居，取陶渊明诗意为该地取名"小斜川"，于是自号"斜川居士"，所以其诗文集由此得名。

苏过最值得被称扬的是一直陪伴父亲远谪岭南七年，尤其是海南的三年。此时的苏轼已经年迈体衰，面对窘困的生活，苏过尽全力照顾父亲。有一次家中无米，苏过灵机一动，用山芋做成一道"玉糁羹"，大得父亲赞誉，称为"色香味皆奇绝，天上酥陀则不可知，人间决无此味也"（《东坡全集》卷二十九）。

苏过不仅在物质上尽自己所能保证父亲的基本需要，而且在精神上更能给父亲以慰藉。苏轼在给友人刘沔的信中这样夸奖苏过："幼子过，文益奇。在海外孤寂无聊，过时出一篇见娱，则为数日喜，寝食有味。"（苏轼《答刘沔都曹书》）自古以来，无数贬谪海南的人基本上都逃不脱客死蛮荒之地的宿命，苏轼能够以垂老之躯北归，儿子苏过的用心陪伴与帮助，是十分重要的一个原因。对此，苏辙高度赞扬苏过的孝行，以苏过为榜样，教导整个宗族。

第八章 云散月明谁点缀

哲宗去世,端王赵佶继位,开启徽宗时代。苏轼因为徽宗皇子降生,得以恩赦,领命北还。苏轼喜出望外,发出"九死南荒吾不恨,兹游奇绝冠平生"的慨叹。苏轼以朝奉郎、提举成都玉局观结束了自己的仕宦生涯。

苏轼这次遇赦北归,有近一年的时间都在船上,由于旅途劳顿,风寒湿热裹挟而来,年老体弱的苏轼难以抵挡,到常州后就彻底病倒,不久即溘然长逝,享年六十六岁。苏轼用"心似已灰之木,身如不系之舟。问汝平生功业,黄州惠州儋州"来定位自己的一生,给后人留下了无尽的遐想与绵绵的回味。

喜回大陆

元符三年（1100）正月，年仅二十五岁的哲宗去世。哲宗无子嗣，向太后（神宗皇后）独断决策，立端王赵佶，是为徽宗，遂权同处分军国事。徽宗被称为北宋最文艺也最荒诞的皇帝。徽宗不悉朝政，在继位之初，由向太后主政。向太后极力改变哲宗的过激做法，以韩忠彦为门下侍郎，黄履为尚书右丞，着手起用被哲宗贬黜的元祐旧臣，追复文彦博、司马光、吕公著、吕大防、刘挚等一大批旧臣，同时，罢黜章惇、安惇、蔡京、蔡卞等。韩忠彦为韩琦之子，他陈四事："一曰广仁恩，二曰开言路，三曰去疑似，四曰戒用兵。"（《宋史·韩忠彦传》）。逾月，韩忠彦又拜尚书右仆射兼中书侍郎。向太后和徽宗采纳韩忠彦进言，"数下诏蠲天下逋责，尽还流人而甄叙之，忠直敢言若知名之士，稍见收用"（《宋史·韩忠彦传》）。向太后"每闻褒录勋贤，省赋息兵，崇俭爱民之事，则喜见容色。是岁（即元符三年）降手书还政"（王称《东都事略》卷十四）。

元符三年（1100）四月二十一日，因徽宗皇子降生，诏授苏轼舒州（今安徽安庆）团练副使，永州（今湖南零陵）居住。五月，告命下，苏轼量移廉州（今广西合浦）。苏轼悬着的心终于平稳了。他稍做准备，辞别海南黎民，就踏上北归的路程。

上次赴海南苏轼于绍圣四年（1097）六月十一日渡海，七月二日到达昌化军，这次于元符三年（1100）六月二十日渡海回大陆，在海南待了整整三年的时间。虽然海南环境恶劣,生活艰苦,但苏轼与海南人民结下的友谊却是根深蒂固的。苏轼依依惜别这里的朋友,来看他的《别海南黎民表》:

> 我本海南民,寄生西蜀州。忽然跨海去,譬如事远游。平生生死梦,三者无劣优。知君不再见,欲去且少留。

在苏轼的心中,海南竟有如此的地位与分量。他称自己本来就是海南人,只不过当年寄生在了西蜀眉州。现在又要渡海北上,就如同要去出一趟远差。如今的苏轼已经六十五岁,他早已把生与死看成是一场梦,生、死与梦,本质上没有优劣等分。

苏轼来到海南岛北部的澄迈驿,登上通潮阁,北望中原,心情是那样的复杂,他在《澄迈驿通潮阁二首》中写道:

> 倦客愁闻归路遥,眼明飞阁俯长桥。贪看白鹭横秋浦,不觉青林没晚潮。

> 余生欲老海南村,帝遣巫阳招我魂。杳杳天低鹘没处,青山一发是中原。

登上这个通潮阁,看海天一色,再眺远处青山,那就是心中日夜思念的中原大陆,不觉一丝缥缈、落寞之感袭上心头。第一首的"晚潮",对应第二首的"中原",其中的酸甜苦辣,想必此时的苏轼,都已涌上心头。

毋庸讳言,作为大陆人,苏轼北归还乡的心情是客观的、迫切的,也是自然的,但苏轼有博大的胸怀,有随遇而安的品质,所以当恩赦量移北还时,苏轼对自己三年的儋州生活无怨无悔,心情竟如天容海色般的澄清。他写道:

> 参横斗转欲三更,苦雨终风也解晴。云散月明谁点缀,天容海色本澄清。空余鲁叟乘桴意,粗识轩辕奏乐声。九死南荒吾不恨,兹游奇绝冠

平生。

（苏轼《六月二十日夜渡海》）

"九死南荒吾不恨，兹游奇绝冠平生"，何其壮伟！三年的海南之谪，在苏轼看来不过是人生的一次旅行，而且是一次"绝冠平生"的旅行。虽九死犹未悔的心态，让苏轼在痛苦中发现了美，发现了人生的真谛，正所谓"天容海色本澄清"。苏轼是清白的，历史也终将还正人君子以清白。多年来盘结在胸中的冤屈，如今终得昭雪！

七月四日，苏轼到达廉州。他的心情十分放松，先后与一些老友晤面，畅叙离情。如：

> 携儿过岭今七年，晚途更着黎衣冠。白头穿林要藤帽，赤脚渡水须花缦。不愁故人惊绝倒，但使俚俗相恬安。见君合浦如梦寐，挽须握手俱汍澜。妻缝接羅雾縠细，儿送琴枕冰徽寒。无弦且寄陶令意，倒载犹作山公看。我怀汝阴六一老，眉宇秀发如春峦。羽衣鹤氅古仙伯，岌岌两柱扶霜纨。至今画像作此服，凛如退之加渥丹。尔来前辈皆鬼录，我亦带脱巾欹宽。作诗颇似六一语，往往亦带梅公酸。

（苏轼《欧阳晦夫遗接羅琴枕，戏作此诗谢之》）

苏轼一副海南黎民的装束，着实让老朋友吃惊不小。回首这些年来不少前辈纷纷谢世，苏轼也感叹自己"带脱巾欹宽"，说明身体消瘦，也相当狼狈不堪。

同年八月，苏轼又接到诏令，授舒州团练副使、永州安置。苏轼留别廉州太守：

> 编萑以苴猪，墐涂以涂之。小饼如嚼月，中有酥与饴。悬知合浦人，长诵东坡诗。好在真一酒，为我醉宗资。

（苏轼《留别廉守》）

"悬知合浦人,长诵东坡诗",这是苏轼不得意人生中值得宽慰的事情。离开廉州前,刘几仲饯别苏轼,席间闻笙箫声,苏轼有诗记之,其引云:

庚辰八月二十八日,刘几仲饯饮东坡。中觞闻笙箫声,杳杳若在云霄间,抑扬往返,粗中音节。徐而察之,则出于双瓶,水火相得,自然吟啸。盖食顷乃已。坐客惊叹,得未曾有,请作《瓶笙》诗记之。

其诗云:

孤松吟风细泠泠,独茧长缫女娲笙。陋哉石鼎逢弥明,蚯蚓窍作苍蝇声。瓶中宫商自相赓,昭文无亏亦无成。东坡醉熟呼不醒,但云作劳吾耳鸣。

八月二十九日,苏轼离开廉州,经梧州,到达广州,在那里与子孙会合。在《将至广州用过韵寄迈迨二子》中,苏轼写道:

皇天遣出家,临老乃学道。比归为儿子,破戒堪一笑。披云见天眼,回首失海潦。蛮唱与黎歌,余音犹杳杳。大儿牧众稚,四岁守孤峤。次子病学医,三折乃粗晓。小儿耕且养,得暇为书绕。我亦困诗酒,去道愈茫渺。纷纷何时定,所至皆可老。莫学柳仪曹,诗书教岷獠。亦莫事登陟,溪山有何好。安居与我游,闭户净洒扫。

这首诗,简单回忆了父子四人的遭遇。现今的苏家,为夫之妻与为子之母都已先后没世,只剩下父子几人相依为命。"比归为儿子",道出了苏轼要活着回大陆的强大内心的动力所在。垂老之际的苏轼,不想一家人再遭受分离之苦,"安居与我游,闭户净洒扫",应是此时此刻苏轼最渴望的平淡是真的生活。

在广州稍事休息后,苏轼又继续乘舟北上赴永州。十一月一日,途经英州时,得到告命,授朝奉郎,提举成都玉局观,外州军任便居住。这一告命,等于宣布了苏轼的人身自由，他可以随便选择居住地了。有意思的是，七十年前，也即仁宗天圣八年（1030）九月九日，苏洵曾来到成都玉局观求子，后喜得儿子苏轼。现在苏轼以提举成都玉局观致仕，这冥冥之中的命运安排，耐人寻味。

英州当时有江水穿城而过，将城市一分为二，交通多不方便，"旧架木作桥，每不过数年，辄为湍潦所坏"（洪迈《容斋三笔》）。郡守何智甫动议修建石桥。桥刚刚修好，恰逢苏轼自海南北归路过英州。何智甫便请苏轼为此桥赋诗一首。可迟迟没有看到苏轼把诗作送来，何智甫很着急，便又去拜访苏轼。苏轼说："轼未到桥所，难以想象落笔。"何智甫这才恍然大悟，原来苏轼作诗从不凭空杜撰，一定要有真情实感。于是，他立刻准备车马，陪同苏轼前往新桥所在地点。看到一架彩虹连通城市两翼，百姓呼拥，雀跃填道，苏轼灵感喷涌，急忙回住地提笔疾书，当晚就将诗送到何智甫手上。其诗云：

> 天壤之间，水居其多。人之往来，如鹈在河。顺水而行，云驶鸟疾。维水之利，千里咫尺。乱流而涉，过膝则止。维水之害，咫尺千里。洒彼滥觞，蛙跳鲦游。溢而怀山，神禹所忧。岂无一木，支此大坏。舞于盘涡，冰圻雷解。坐使此邦，画为两州。鸡犬相闻，秦越莫救。允毅何公，甚勇于仁。始作石梁，其艰其勤。将作复止，更此百难。公心如石，匪铁则坚。公以身先，民以悦使。老壮负石，如负其子。疏为玉虹，隐为金堤。直栏横槛，百贾所栖。我来与公，同载而出。欢呼阗道，抱其马足。我叹而言，视此滔滔。未见刚者，孰为此桥。愿公千岁，与桥寿考。持节复来，以慰父老。如朱仲卿，食于桐乡。我作铭诗，子孙不忘。

（苏轼《何公桥铭》）

为民谋福的事，苏轼最乐意做，一生做了不少。如今看到郡守何智甫勇于担当，解民之困，纾民之忧，苏轼当然高兴，所以赋长诗以记之，希望历史永远铭记。

仙逝常州

获得自由之后的苏轼继续北上。在翻越大庾岭时，在一家村店少憩。村店有一老翁，出来问随从那位官员是谁，随从回答说是苏尚书。这位老翁不敢相信，又反问道："真的是苏子瞻吗？"随从肯定地说："那当然。"那位老翁赶紧来到苏轼跟前作揖，说道："我闻人害公者百端，今日北归，是天佑善人也。"苏轼笑而谢之，因题一诗于壁间：

鹤骨霜髯心已灰，青松合抱手亲栽。问翁大庾岭头住，曾见南迁几个回？

（苏轼《赠岭上老人》）

苏轼一生行善积德，历史上贬谪岭南之人特别是远谪海南之人，活着再返回大陆，能够往返度越大庾岭的确乎没有多少。所以，老翁"天佑善人"之说，最符合苏轼的人生实际，苏轼由此也不无动情地生发了感慨。这种感慨，可以在《答苏伯固》中清楚地看到："某全躯得还，非天幸而何。"

在所作诗中，苏轼继续发出这样的慨叹：

暂著南冠不到头，却随北雁与归休。平生不作兔三窟，今古何殊貉一丘。当日无人送临贺，至今有庙祀潮州。剑关西望七千里，乘兴真为玉局游。

（苏轼《过岭》）

七年来往我何堪，又试曹溪一勺甘。梦里似曾迁海外，醉中不觉到江南。波生濯足鸣空涧，雾绕征衣滴翠岚。谁遣山鸡忽惊起，半岩花雨落毶毶。

（苏轼《过岭寄子由三首》之一）

苏轼回首七年来往返这大庾岭，顿生无限的怅惘。故乡之剑门关遥在"七千里"之外，折腾一生，就落得成都玉局观这一虚名。如今垂垂老矣，昔日未有"狡兔三窟"的预备，现如今，到哪里去度过余生呢？

苏轼对江南有很深的感情，此前曾在阳羡等处置地购房，因此，他决定遵从内心的呼唤，选择江南。当他到达虔州（今江西赣州）时，决定在常州、舒州、真州（今江苏仪征）之间选择，目的是既要山水清丽，又要离京城远一些，以免再卷入政治旋涡。他在给苏伯固的信中说："住处非舒则常，老病唯退为上策。"（苏轼《答苏伯固》之一）他已托钱济明为他在常州买房子："此行决往常州居住，不知郡中有屋可得以典买者否？如无可居，即欲往舒州、真州，皆可。如闻常州东门外，有裴氏宅出卖，虔士霍子侔大夫言。告公令一干事人与问当，若果可居，为问其直几何，度力所及，即径往议之。俟至金陵，当别遣人咨禀也。若遂此事，与公杖履往还，乐此余年，践《哀词》中始愿也。"（苏轼《答钱济明》之二）

此时苏辙也得到告命，授太中大夫，提举凤翔府上清宫，外州军任便居住。苏辙希望奔波了一辈子的两兄弟晚年能相聚在一起，他写信给苏轼，希望苏轼能到颍昌携手终老。苏轼路过真州时，得到苏辙的来信，当看到"桑榆末景，忍复离别"时，不胜唏嘘，于是决定北还颍昌。

建中靖国元年（1101）正月十三日，向太后去世，徽宗对向太后的执政方略予以反驳，韩忠彦被斥，蔡京、蔡卞、安惇等相继回到执政行列，元祐旧臣又开始受到迫害。章惇之所以被贬黜，是因为当初他曾反对立徽宗为帝。六月初，苏轼在赶往颍昌的路上，遇到表弟程德孺。程德孺作为两浙路监司，正巡按至常州、润州，特意赶来金山与苏轼会面，谈及朝廷变故。苏轼顿感大事不妙，决定放弃前往颍昌，选择离京师远一点的常州宜兴，并给苏辙写了一封信，解释了不能前往的原因：

> 兄在真州，与一家亦健。行计南北，凡几变矣。遭值如此，可叹可笑。兄近已决计从弟之言，同居颍昌，行有日矣。适值程德孺过金山，往会之，并一二亲故皆在坐。颇闻北方事，有决不可往颍昌近地居者。事皆可信，人所报，大抵相忌安排攻击者众，北行渐近，决不静尔。今已决计居常州，借得一孙家宅，极佳。浙人相喜，决不失所也。更留真十数日，便渡江往常。逾年行役，且此休息。恨不得老境兄弟相聚，此天也，吾其如天何！然亦不知天果于兄弟终不相聚乎？士君子作事，但只于省力处行，此行不遂相聚，非本意，甚省力避害也。候到定叠一两月，方遣迈去注官，迨去般家，过则不离左右也。葬地，弟请一面果决。八郎妇可用，吾无不可用也。更破十缗买地，何如留作葬事？千万莫徇俗也。林子中病伤寒十余日，便卒，所获几何，遗臭无穷，哀哉！哀哉！兄万有一稍起之命，便具所苦疾状力辞之，与迨、过闭户治田养性而已。千万勿相念，今托师是致此书。

这封家书对未能"老境兄弟相聚"，带着几许的无奈。信中透露，他是"借得一孙家宅"，而此前托钱济明购买裴氏宅，没有成功。关于苏轼在常州购房一事，费衮《梁溪漫志》卷四还记载了一件令人感佩的苏轼逸事：

> 建中靖国元年，东坡自儋北归，卜居阳羡。阳羡士大夫犹畏而不敢与之游，独士人邵民瞻从学于坡，坡亦喜其人，时时相与杖策过长桥，访山水为乐。邵为坡买一宅，为钱五百缗，坡倾囊仅能偿之。卜吉入新第。既得日矣，夜与邵步月，偶至一村落，闻妇人哭声极哀，坡徙倚听之，曰："异哉，何其悲也！岂有大难割之爱，触于其心欤？吾将问之。"遂与邵推扉而入，则一老妪，见坡泣自若。坡问妪何为哀伤至是，妪曰："吾家有一居，

相传百年，保守不敢动，以至于我。而吾子不肖，遂举以售诸人。吾今日迁徙来此，百年旧居，一旦诀别，宁不痛心？此吾之所以泣也。"坡亦为之怆然，问其故居所在，则坡以五百缗所得者也。坡因再三慰抚，徐谓之曰："妪之旧居，乃吾所售也。不必深悲，今当以是屋还妪。"即命取屋券，对妪焚之；呼其子，命翌日迎母还旧第，竟不索其直。坡自是遂还毗陵，不复买宅，而借顾塘桥孙氏居暂憩焉。是岁七月，坡竟殁于借居。前辈所为类如此，而世多不知，独吾州传其事云。

苏轼爱心广播，在常州托邵民瞻买的这位老妇人的房子，已经倾尽了苏轼所有的积蓄，所以他只能借居。

苏轼宅心仁厚，每到一处，受人拥戴敬重，那是经常的事。这次苏轼乘船到常州，当地百姓又于运河两岸，人头攒动，争睹苏轼风采。《邵氏闻见后录》载："李㒟言：东坡自海外归毗陵，病暑，著小冠，披半臂，坐船中。夹运河岸，千万人随观之。东坡顾坐客曰：'莫看杀轼否？'其为人爱慕如此。"周煇《清波杂志》在以上所述之后还有这样一段文字："则素知彼民爱慕，坡亦眷眷此地而不忘。强伯尸而祝之之意出此。"

苏轼贬谪岭南七年，尽管条件艰苦，又非常不适应湿热熏蒸的瘴疠之气，但他注重养生，因陋就简、因地制宜地在药补、食补以及起居等方面予以积极防护，起到了相当的作用。如在海南，由于条件有限，找不到洗澡陶盆（"陶匠不可求，盆斛何由足"），于是受《云笈七签》启示，睡前用双手揩摩身体，享受"干浴"的快意与自足，并风趣地以老鸡与倦马作比："老鸡卧粪土，振羽双瞑目。倦马骤风沙，奋鬣一喷玉。垢净各殊性，快惬聊自沃。"（苏轼《次韵子由浴罢》）由于重视养生，所以苏轼在岭南七年，总体而言，尚无大疾。

但这次遇赦北归，有近一年的时间都在船上，旅途劳顿，风寒湿热裹挟而来，导致身体"预警"，埋下重大隐患。当走到虔州时，"长少卧病，幸而皆愈，仆卒死者六人，可骇"（苏轼《答苏伯固》之一）。而到常州后，正直溽暑，天气炎热，加之"河水污浊，下流熏蒸"（苏轼《与米元章》之四），所以苏轼彻底病倒。建中靖国元年（1101）六月，苏轼因为病情加重，请老归田。朝廷允许苏轼以本官致仕。

六月中旬后,苏轼病情加重。他在给钱济明的信中说:

某一夜发热不可言,齿间出血如蚯蚓者无数,迨晓乃止,困惫之甚。细察疾状,专是热毒,根源不浅,当专用清凉药。已令用人参、茯苓、麦门冬三味煮浓汁,渴即少啜之,余药皆罢也。

在给米元章的信中说:

两日来,疾有增无减。虽迁闸外,风气稍清,但虚乏不能食,口殆不能言也。……某昨日归卧,遂夜。海外久无此热,殆不能堪。……某两日病不能动,口亦不欲言,但困卧耳。……某昨日啖冷过度,夜暴下,旦复疲甚。食黄蓍粥甚美。……某食则胀,不食则羸甚,昨夜通旦不交睫,端坐饱蚊子耳。不知今夕云何度?

在给径山长老惟琳的信中说:

卧病五十日,日以增剧,已颓然待尽矣。两日始微有生意,亦未可必也。适睡觉,忽见刺字,惊叹久之。暑毒如此,岂耆年者出山旅次时耶?不审比来眠食何如?某扶行不过数步,亦不能久坐,老师能相对卧谈少顷否?晚凉,更一访。

岭南万里不能死,而归宿田野,遂有不起之忧,岂非命也夫!然死生亦细故耳,无足道者,惟为佛为法为众生自重。

临死前,苏轼命诸子侍侧,告之曰:"吾生无恶,死必不坠。"(苏辙《亡兄子瞻端明墓志铭》)

建中靖国元年(1101)七月二十八日,一代宗师苏轼仙逝于常州,享年六十六岁。

苏轼仙逝之前，也即六月初在金山与表弟程德孺见面后，又去了一趟金山寺。他看到当年李公麟为他画的像还挂在墙上，不觉老泪纵横，于是在画像上题写了二十四字：

> 心似已灰之木，身如不系之舟。问汝平生功业，黄州惠州儋州。
>
> （苏轼《自题金山画像》）

历经人生的坎坷，回首自己走过的路程，似乎只有黄州、惠州和儋州这三处贬谪的地方最让他刻骨铭心。曾几何时，那个"奋厉有当世志"，一心想"致君尧舜"的苏轼，早已被污浊的官场生态折磨得九死一生，似乎也只有在这三个人生的最底层、最低潮时期，苏轼以一位罪臣的身份，为当地百姓做了力所能及的好事，最让他引以为豪。这种良知、这种担当，不要说在苏轼所处的时代绝无仅有，即便是放在整个中国的历史长河去审视，也是相当难能可贵的。

苏轼的溘然长逝，引起四方震悼。

苏辙在《亡兄子瞻端明墓志铭》中说："吴越之民，相与哭于市。其君子相吊于家，讣闻四方，无贤愚皆咨嗟出涕。太学之士数百人，相率饭僧慧林佛舍。"

李方叔（即李廌）在《悼东坡文》中写道：

> 端明尚书，德尊一代，名满五朝。道大不容，才高为累。惟行能之盖世，致媢忌之为仇。久踸踔于禁林，不遇故去；遂飘零于瘴海，卒老于行。方幸赐环，忽闻亡鉴。识与不识，罔不兴伤；闻所未闻，吾将安仿！皇天后土，知一生忠义之心；名山大川，还千古英灵之气。系斯文之兴废，与吾道之盛衰。兹乃公议之共忧，非独门人之私语。

这篇疏文对苏轼一生的概括非常允当，据《曲洧旧闻》所载，当时"人无贤愚皆诵之"，成为公论。

苏轼生前与弟弟苏辙感情最笃，惜乎临死之前未能见上苏辙一面，引以为憾。临终前，他在托付钱济明妥善保管其所传《易》《书》《论语》三书时说道："万里生还，乃以后事相托也。惟吾子由，自再贬及归，不复一见而决，此痛难堪。"（何薳《春渚纪闻》）

苏轼生前给弟弟留下书面遗嘱："即死，葬我嵩山下，子为我铭。"苏辙跟兄长苏轼的感情非常深厚，看到遗嘱后，执书哭曰："小子忍铭吾兄！"苏辙忍痛写下两篇祭文。在《亡兄子瞻端明墓志铭》中，苏辙写道：

公之于文，得之于天，少与辙皆师先君。初好贾谊、陆贽书，论古今治乱，不为空言。既而读《庄子》，喟然叹息曰："吾昔有见于中，口未能言，今见《庄子》，得吾心矣。"乃出《中庸论》，其言微妙，皆古人所未喻。尝谓辙曰："吾视今世学者，独子可与我上下耳。"既而谪居于黄，杜门深居，驰骋翰墨，其文一变，如川之方至，而辙瞠然不能及矣。后读释氏书，深悟实相，参之孔、老，博辨无碍，浩然不见其涯也。先君晚岁读《易》，玩其爻象，得其刚柔远近、喜怒逆顺之情，以观其词，皆迎刃而解。作《易传》，未完。疾革，命公述其志。公泣受命，卒以成书，然后千载之微言，焕然可知也。复作《论语说》，时发孔氏之秘。最后居海南，作《书传》，推明上古之绝学，多先儒所未达。既成三书，抚之叹曰："今世要未能信，后有君子当知我矣。"至其遇事所为诗、骚、铭、记、书、檄、论、撰，率皆过人。有《东坡集》四十卷，《后集》二十卷，《奏议》十五卷，《内制》十卷，《外制》三卷。公诗本似李、杜，晚喜陶渊明，追和之者几遍，凡四卷。幼而好书，老而不倦，自言不及晋人，至唐褚、薛、颜、柳，仿佛近之。平生笃于孝友，轻财好施。伯父太白早亡，子孙未立；杜氏姑卒，未葬。先君没，有遗言。公既除丧，即以礼葬姑；及官可荫补，复以奏伯父之曾孙彭。其于人，见善称之，如恐不及；见不善斥之，如恐不尽；见义勇于敢为，而不顾其害。用此数困于世，然终不以为恨。孔子谓伯夷、叔齐古之贤人，曰："求仁而得仁，又何怨？"公实有焉。铭曰：

苏自栾城，西宅于眉。世有潜德，而人莫知。猗歟先君，名施四方。公幼师焉，其学以光。出而从君，道直言忠。行险如夷，不谋其躬。英祖擢之,神考试之。亦既知矣,而未克施。晚侍哲皇,进以诗书。谁实间之,一斥而疏。公心如玉,焚而不灰。不变生死,孰为去来。古有微言,众说所蒙。手发其枢,恃此以终。心之所涵,遇物则见。声融金石,光溢云汉。耳目同是,举世毕知。欲造其渊,或眩以疑。绝学不继,如已断弦。百世之后,岂其无贤?我初从公,赖以有知。抚我则兄,诲我则师。皆迁于南,而不同归。天实为之,莫知我哀。

这是这篇墓志铭的最后部分,高度概括了苏轼的一生,言之切切,令人感喟!

河南郏县三苏园三苏祠

苏辙谨遵兄嘱,于崇宁元年(1102)闰六月,葬亡兄苏轼、亡嫂王氏(王闰之)、亡媳黄氏于郏城(今河南郏县)钧台乡上瑞里(俗称小峨眉山)。苏辙在《再祭亡兄端明文》中说:

呜呼!惟我与兄,出处昔同。幼学无师,先君是从。游戏图书,寤寐其中。曰予二人，要如是终。后迫寒饥，出仕于时。乡举制策，并驱而驰。猖狂妄行，误为世羁。始以是得，终以失之。兄迁于黄，我斥于筠。流落空山，友其野人。命不自知，还服簪绅。俯仰几何，宠禄遄臻。欲去未遑，祸来盈门。大庾之东，涨海之南。黎蜒杂居，非人所堪。瘴起袭帷，飓来掀檐。卧不得寐，食何暇甘？如是七年，雷雨一覃。兄归晋陵，我还颍川。欲一见之，乃有不然。瘴暑相寻，医不能痊。嗟兄与我，再起再颠。未尝不同，今乃独先。呜呼我兄，而止斯耶。昔始宦游，诵韦氏诗。夜雨对床，后勿有违。进不知退，践此祸机。欲复斯言，而天夺之。先茔在西，老泉之山。归骨其旁，自昔有言。势不克从，夫岂不怀。地虽郏鄏，山曰峨眉。天实命之，岂人也哉？我寓此邦，有田一廛。子孙安之，殆不复迁。兄来自西，于是磐桓。卜告孟秋，归于其阡。颍川有苏，肇自兄先。呜呼！尚飨！

这篇祭文对兄弟两人的出处、梦想与现实遭遇和结局做了简要回顾。一代文豪苏轼就这样长眠于中原大地的小峨眉山上。人生不如意者十之八九，苏轼用他坚实无悔的脚步走完了他充实而忙碌的一生。是非功过，任由后人评说。但苍天有眼，日月可鉴。

苏轼用他的大爱与担当，为我们抹画了一幅大写的人生。

伟哉，苏轼！

（宋）苏轼撰，（清）王文诰辑注，孔凡礼点校：《苏轼诗集》，中华书局，1982

（宋）苏轼撰，孔凡礼点校：《苏轼文集》，中华书局，1986

邹同庆、王宗堂著：《苏轼词编年校注》，中华书局，2002

张志烈、马德富、周裕锴主编：《苏轼全集校注》，河北人民出版社，2010

（宋）苏轼撰，王松龄点校：《东坡志林》，中华书局，1981

（宋）苏轼撰：《仇池笔记》，华东师范大学出版社，1983

孔凡礼撰：《苏轼年谱》，中华书局，1998

（宋）苏辙撰，陈宏天、高秀芳点校：《苏辙集》，中华书局，1990

（宋）苏洵撰，曾枣庄、金成礼笺注：《嘉祐集笺注》，上海古籍出版社，1993

（元）脱脱等撰：《宋史》，中华书局，1999

（宋）李焘撰：《续资治通鉴长编》，中华书局，2004

（宋）赵令畤撰：《侯鲭录》，中华书局，2002

（宋）何薳撰：《春渚纪闻》，中华书局，1983

莫砺锋著：《漫话东坡》，凤凰出版社，2008

曾枣庄著：《苏轼评传》，巴蜀书社，2018

熊朝东著：《千古第一文人——苏东坡》，巴蜀书社，2019

九百八十多年前诞生于西蜀眉山的苏轼,早已是享誉海内外的中华名人和世界名人,其在众多领域出类拔萃的贡献与影响,令万世景仰。

关于苏轼,实在是有太多的话题可以聊。早在苏轼还在世的时候,他就已经成为人们谈论的"焦点"。数百年来,这种热情未曾衰减。人们议苏轼,学苏轼,写苏轼,似乎永远都是那样的"亢奋",那样的"没完没了"。仅以给苏轼作传为例,自二十世纪以来,各种体例、各种风格、各种旨趣的苏轼传记就有好几十部。

对于这样一位几乎人见人爱、已有数十位前修时贤记传过的中华名人,再为其作传记,难度确乎不可谓不小。

出于对苏轼道德文章的敬爱,我们不避谫陋,希望从我们多年研习苏轼的点滴收获中,从我们的视角,用我们的语言,为这位"不以一身祸福,易其忧国之心,千载之下,生气凛然,忠臣烈士所当取法"(陆游语)的伟人——苏轼——树碑立传。我们秉持历史人物评传立足于基本历史事实的原则,所叙所述,一定要有文献支撑。对于没有文献支撑的一些传闻,我们尽量回避,更拒绝作异想天开的敷演。

任何认知都是客观世界的主观图画。尽管我们严格遵循以客观事实为导引去理解苏轼,但历史就是过往,而且一去不返。所谓"还历史的肉身",那只是一种愿景。如此说来,并不是要否定文献的历史传承价值。通过对众多历史文献的爬梳，我们希望拼贴出有一定历史"景深"的苏轼镜像。但是否如愿，话语权不在我们，而是读者。

由于学有不逮，错谬之处，尚祈读者不吝赐教。

作 者

谨识于庚子年清秋

图书在版编目（CIP）数据

苏轼传 / 潘殊闲, 张志烈著. — 成都：天地出版社, 2021.5
（四川历史名人丛书. 传记系列）
ISBN 978-7-5455-6290-3

Ⅰ.①苏… Ⅱ.①潘… ②张… Ⅲ.①苏轼（1036—1101）—传记 Ⅳ.①K825.6

中国版本图书馆CIP数据核字（2021）第039544号

四川历史名人丛书. 传记系列

苏轼传
SU SHI ZHUAN

出 品 人	杨　政
作　　者	潘殊闲　张志烈
责任编辑	杨　丹
封面设计	今亮后声
内文排版	四川胜翔数码印务设计有限公司
责任印制	刘　元

出版发行	天地出版社
	（成都市槐树街2号　邮政编码：610014）
	（北京市方庄芳群园3区3号　邮政编码：100078）
网　　址	http://www.tiandiph.com
电子邮箱	tianditg@163.com
经　　销	新华文轩出版传媒股份有限公司

印　　刷	河北鹏润印刷有限公司
版　　次	2021年5月第1版
印　　次	2021年5月第1次印刷
开　　本	710mm×1000mm　1/16
印　　张	17.5
字　　数	300千字
定　　价	58.00元
书　　号	ISBN 978-7-5455-6290-3

版权所有◆违者必究

咨询电话：（028）87734639（总编室）
购书热线：（010）67693207（营销中心）

如有印装错误，请与本社联系调换